HABITER LE DESERT / MAISONS MOZABITES

Henriette et Jean-Marc Didillon
Catherine et Pierre Donnadieu

Habiter le désert

les maisons mozabites

Recherches sur un type d'architecture traditionnelle pré-saharienne

Henriette et Jean-Marc Didillon
Catherine et Pierre Donnadieu

3ᵉ édition

Architecture + Recherches / Pierre Mardaga, éditeur

© Pierre Mardaga, éditeur
2, Galerie des Princes, 1000 Bruxelles
37, rue de la Province, 4020 Liège
D. 1986-0024-13
I.S.B.N. 2-87009-086-2

Avant-propos

L'étude que nous présentons aujourd'hui ([1]), a été entreprise au cours de la mission d'implantation de l'Atelier d'Etudes et de Restauration de la Vallée du M'Zab qui nous a été confiée en février 1970. De cette date à décembre 1972, fin de notre séjour, ce fut l'une de nos préoccupations essentielles.

L'Atelier venait d'être créé par le Gouvernement de la République Algérienne Démocratique et Populaire, sous l'impulsion en particulier d'André Ravereau, alors architecte en chef des Monuments Historiques. C'était un organisme d'intervention de ce service du Ministère de l'Information et de la Culture. Ses tâches, définies par le décret de création, étaient les suivantes ([2]):

Urbanisme, dans le cadre de la sauvegarde, du développement et de la mise en valeur du site; *Architecture*, instruction des permis de construire, établissement de plans; *Recherches* spécifiques d'ordre scientifique ou documentaire concernant la Vallée; *Formation* d'étudiants de tous pays par des stages de durée variable.

La Vallée du M'Zab est en Algérie à la fois une entité géographique et un fait culturel particulier: la société ibadhite, homogène aussi longtemps qu'elle est restée fermée sur elle-même à la suite d'un choix délibéré de ses membres, a élaboré une architecture spécifique qui traduisait matériellement les structures relativement complexes de son organisation, de son mode de vie et de sa pensée. Bien qu'issu d'une économie semi-paysanne, l'habitat présente un caractère urbain inattendu et d'origine incertaine (Moyen-Orient, Tahert, Sédrata...?).

Les constructions qui nous ont intéressés étaient de type traditionnel et appartiennent déjà au passé. Si certains des principes d'élaboration, de conception ou de réalisation existent toujours, on peut certainement les considérer comme des survivances. Des changements profonds dans la tradition, les valeurs morales et sociales qui présidaient à la vie des cités, sont intervenus depuis un siècle et interviennent encore dans le sens d'une occidentalisation ([3]) de la société ibadhite : ces transformations culturelles se répercutent sur l'environnement. L'habitat traditionnel, considéré comme rétrograde et non « civilisé », est petit à petit abandonné ou transformé et les villes, de démolition en démolition, perdent leurs caractères originaux tant physiques que culturels.

C'est de la non-concordance entre les travaux existants et nos impressions quotidiennes qu'est venue notre volonté d'étudier plus avant la vallée du M'Zab : notre pratique nous amenait à avoir de nombreux contacts avec la population, à observer les problèmes qui se posent à elle ainsi que les solutions qu'elle y apporte, et nous étions frappés du caractère partiel, parfois même du manque de sérieux des nombreux voyageurs, journalistes... qui ont voulu peindre la vie du M'Zab, qui ont souvent entériné rumeurs et légendes, jugé très ou trop vite et par rapport à leurs références européennes, se sont attachés au pittoresque et l'ont isolé de son contexte, ou plus récemment ont exprimé la nostalgie d'une vie spirituelle et agraire, hors des méfaits d'une société de consommation dirigée.

Vivant nous-mêmes, par choix, dans la vallée, parmi sinon avec la population, nous tenions à éviter toute investigation agressive, désagréablement ressentie, pour essayer de comprendre, en écartant autant que faire ce pouvait nos propres schémas culturels. Nous pensons ainsi avoir gagné la confiance de nombreuses personnes, dans le respect mutuel de nos différences.

Cette attitude réservée nous a peut-être tenus à l'écart de certains faits, attitudes ou coutumes, mais la nature et la qualité de nos relations, les sympathies partagées nous ont laissé l'impression d'avoir saisi une grande partie du style de vie, des valeurs sociales, morales et religieuses, des habitants de la vallée.

Pour mener à bien cette étude nous avons effectué des recherches bibliographiques, procédé à des visites, à des entretiens aussi bien avec les notables qu'avec les plus simples ou les plus démunis. Nous avons pris de nombreuses photographies, nous avons cherché à connaître avec précision le plus d'éléments possibles: techniques de construction, mise en œuvre des matériaux... etc.

Nous tenons à remercier tous nos amis et connaissances de la vallée qui nous ont apporté leur concours dans notre lente démarche. Sans eux, cette étude serait restée étrangère à la vie du M'Zab.

La partie graphique que nous tenons à publier comme contribution à la connaissance des architectures traditionnelles et par laquelle nous espérons faire appréhender les caractères de celle du M'Zab, avant sa disparition, est une œuvre collective, réalisée sur notre initiative dans le cadre de l'Atelier.

Ont participé à ces relevés, outre nous-mêmes, les architectes de l'Atelier: Alain Dromigny, Ronald Filson, Leo Van Looy, le photographe Ali Hamahoun, ainsi que les stagiaires accueillis: Abdelatif Ben Osman, Harriet Edgerley, François De Grandi, Boualem Lafer, Carolus Laureys, Franz Marks, Ben Mombarg, Markhlouf Naït Saada, Olivier Perrot, Nanning Tomberg, Michel Van Putten.

Qu'ils soient remerciés et voient ici leur travail autant que le nôtre

---

[1] 1977.
[2] Arrêté interministériel du 27 janvier 1970. Journal Officiel de la République Algérienne du 30 janvier 1970. 9e année. n° 10; p. 124. Depuis, des réformes ont modifié le statut administratif de l'Atelier, sinon ses objectifs.
[3] Aspiration au modèle de la société technologique avancée.

1. Définitions et mises au point

Nous entendons par «architecture traditionnelle» les constructions produites par un groupe culturel, pour lui-même, et qui servent de cadre à sa vie quotidienne: s'y inscrivent les besoins et les désirs du groupe, et, dans la mesure où ils s'en distinguent, ceux de l'individu. Qualifiée parfois de populaire ([1]), ou de spontanée, elle est rarement l'œuvre d'un spécialiste. Elle s'oppose aux monuments, aux bâtiments de style qui représentent la culture d'une élite ([2]).

Comme la tradition dont elle est issue, l'architecture évolue constamment. Ce que B. Dupaigne ([3]) écrit de la tradition s'applique également à l'architecture traditionnelle: «Il est impossible de parler d'une tradition immuable, à laquelle obéiraient l'homme et l'artisan. La tradition n'est qu'un cadre général d'habitudes de pensée et d'action, souvent implicite, inexprimé et non conscient, à l'intérieur duquel l'homme vivra avec une large part de liberté dans le détail. C'est pourquoi il est difficile d'attribuer des traits trop précis aux gens que l'on étudie, et d'oublier que les techniques et les dessins des artisans changent et se transforment, sous l'influence du temps, de la mode, des matières premières disponibles et de la tendance à la simplification du travail. Les non-respects de ce que nous appelons «la tradition» sont aussi nombreux et révélateurs que ce que nous considérions comme «soumission à la tradition». Les traditions, normalement toujours en évolution, sous l'influence de facteurs intérieurs et extérieurs à la société, sont datées.

De toute façon, il n'y a jamais, à un moment donné, de corpus complet des traditions. Il n'y a que la tradition de chacun, celle que chacun croit connaître ou détenir: les interprétations en varient.

Il n'y a pas une tradition. Une tradition fixée est figée, et elle risque vite de tourner au folklore, c'est-à-dire à une conduite qu'on s'impose, consciemment et en certaines occasions, de tenir. »

Quelques caractéristiques de l'architecture traditionnelle permettront encore de préciser notre pensée. Elle est réalisée par les utilisateurs eux-mêmes, conformément à leurs désirs ainsi qu'aux valeurs culturelles du groupe : elle émane à la fois de la communauté et de l'individu. « Architecture sans architecte » ([4]), elle est, sans intermédiaire, la concrétisation d'un style de vie.

Pas ou peu de préoccupation esthétique dans l'architecture traditionnelle. Il est certainement justifié de parler de l'harmonie qui règne entre l'homme, son environnement et sa culture : les matériaux sont utilisés soit en fonction de leurs caractéristiques physiques, chimiques et mécaniques, observées et vérifiées, soit en fonction de facteurs culturels ou économiques ([5]).

L'architecture traditionnelle participe à une transformation naturelle du milieu. Elle offre à l'architecte qui veut bien y être sensible une leçon de modestie : il y découvre une démarche, un équilibre, un style qui le laissent bien souvent désemparé, obligé de conclure à son inutilité ou à son inadaptation. Néanmoins, il n'y a rien dans l'architecture traditionnelle qui puisse être transposé tel quel dans notre « monde moderne » pour améliorer la qualité des constructions : elle ne peut nullement constituer un modèle, quoi qu'en pensent un certain nombre de « professionnels » venus visiter le M'Zab et que nous avons reçus à l'Atelier. Leur intérêt va trop vers l'image, l'enveloppe, l'anecdote, la solution technique ou esthétique, indépendamment de toute référence au vécu de l'habitant. Ils espèrent recevoir des leçons ou découvrir des solutions qui permettraient de renouveler l'architecture contemporaine. Illusion ! La démarche est totalement différente qui conduit à l'habitat traditionnel ou à l'architecture actuelle. Modes de production et rapports sociaux de l'un et de l'autre sont inconciliables. Illusion encore parce que ce n'est pas de l'architecture que viendront les changements de société.

Notre double insertion dans la Vallée du M'Zab et dans cette entreprise de conservation qu'est un service des Monuments Historiques, nous a amenés à réfléchir sur le sens de notre action. Il convient tout d'abord de distinguer un site habité et vivant tel que celui qui nous concernait, de bâtiments ou de sites n'ayant plus de valeur d'usage ou dont celle-ci ne souffre pas des contraintes d'un classement éventuel : c'est-à-dire les vestiges des palais, des temples, des forteresses, des monuments funéraires, des ponts, des remparts, etc. des temps passés, en fait tout ce qui dépassait le commun par la dimension, la splendeur, le prestige ou la signification. Comme ils étaient souvent plus solidement construits que leur environnement ces édifices étaient plus durables : c'est une des raisons pour lesquelles les archéologues et les historiens se sont longtemps intéressés à eux seulement.

Le mouvement contemporain de l'histoire se tourne davantage, mais non exclusivement, vers l'étude des hommes du commun et de leurs conditions de vie. C'est ainsi que des architectes s'orientent vers l'étude de l'architecture traditionnelle, des archéologues s'appliquent à découvrir des villes entières, même dans leurs aspects les plus communs (Catal-huyuk en Turquie, Tegdaoust en Mauritanie...), des musées proposent au public des expositions où se côtoient des œuvres exceptionnelles et les objets modestes de la vie quotidienne.

Toutes les œuvres et tous les objets du passé sont maintenant considérés au même titre comme des richesses (patrimoine). Il serait intéressant d'approfondir les raisons et les motivations de ce processus d'accumulation, qui se manifeste par les tentatives de conservation et de restauration :

a) *Justifications d'ordre scientifique*

Toutes les traces du passé constituent des documents d'ordre scientifique, sans préoccupation esthétique. Elles sont donc des archives à la disposition des chercheurs et permettent de reconstituer l'histoire de l'homme et des peuples. On pourrait objecter que la démarche scientifique n'implique pas la présence physique permanente des objets qu'elle étudie. A la limite, une fois l'objet décrit et enregistré sous toutes ses formes, l'original pourrait disparaître. Mais la science future, avec d'autres moyens, nous apprendra peut-être plus à propos de ces œuvres, il est par conséquent souhaitable de les conserver.

b) *Justifications d'ordre idéologique*

Certaines époques sont privilégiées ([6]). Elles servent de référence à l'idéologie du moment. Leurs monuments conservés exaltent la puissance de la religion, de l'Etat, des lois, d'une civilisation avec ses hiérarchies et ses valeurs. Ces lieux de la «haute tradition architecturale » (⁷) étaient réalisés à l'instigation d'une élite, le plus souvent pour elle-même ou en tous cas pour faire respecter l'image du pouvoir qu'elle voulait incarner. En tant que tels, ils ont été repris en héritage par la « culture classique ». Même lorsque celle-ci se prétend démocratique, qu'elle se veut « culture pour tous », c'est encore ce contenu qu'elle offre à la consommation des masses pour soutenir et renforcer l'idéologie dominante.

Le souci de conserver les œuvres du passé peut servir le régionalisme ou le nationalisme. Il est nécessaire pour appuyer un processus d'identification, de personnalisation. La plupart des pays colonisés devenus indépendants pratiquent ce retour aux sources. Mais s'ils comprennent l'importance de leur patrimoine culturel, ils s'attachent plus aux valeurs morales et spirituelles qu'aux traces matérielles, et n'affectent pas encore à la conservation de ces dernières des sommes considérables. Plutôt que d'accumuler des vestiges, on cherche à réactualiser un certain passé, parfois à le ressusciter.

c) *Justifications d'ordre esthétique*

Ce sont les « connaissants » qui accaparent la faculté d'apprécier la qualité esthétique d'un objet et jugent scandaleux de porter atteinte à la Beauté. Mais les critères de détermination font référence à un système de valeurs et de symboles, à une culture et une idéologie, même inconscientes : ce qui est trouvé beau et conservé à une époque peut être négligé par la suivante. (⁸)

Les partisans de l'esthétisme confèrent de plus à la Beauté des vertus morales : elle rend meilleur, elle agit sur les sentiments et la sensibilité. La conservation des témoignages de la capacité créatrice de l'homme à travers l'histoire répond également à ce que Henri Lefebvre appelle « la fiction pédagogique et la fiction culturelle » (⁹) : l'accumulation des œuvres et leur consommation devraient alimenter, stimuler la créativité de l'homme contemporain, former son goût et ses aptitudes artistiques (illusion sur laquelle il ne fonde pas d'espoir).

d) *Justifications d'ordre économique*

Les œuvres et objets de toutes les époques ont acquis une importante valeur marchande. Ils constituent de véritables placements financiers. Cela ne concerne guère directement les bâtiments si l'on excepte les demeures historiques et certaines résidences secondaires. Néanmoins les Monuments Historiques sont des biens nationaux qui alimentent un important secteur économique sans cesse en expansion : le tourisme et l'organisation des loisirs. Leur mise en valeur a souvent pour principale origine le souci d'attirer une foule de consommateurs de marchandises culturelles. Ils peuvent être la première source de revenus et d'animation de certaines régions, en favorisant le commerce local, l'hôtellerie, l'industrie des bibelots et souvenirs. Indirectement, ils alimentent aussi les mass media.

Quelques privilégiés ont la connaissance, ou l'illusion de la connaissance, qui permet de replacer les œuvres dans une totalité et d'en saisir l'essence. Aux masses reviennent des bribes d'un savoir parcellaire et superficiel, et la consommation spectaculaire, dérivatif à leur vie quotidienne.

e) *Justifications d'ordre psychosociologique*

L'engouement pour les vieilles choses, les antiquités, le rustique, exprime un besoin d'attaches culturelles, un désir «d'authenticité», une redécouverte des liens avec le passé, avec la nature. L'homme ne maîtrisant plus son existence, ou n'en n'ayant plus l'impression ni la volonté, a besoin d'évasion, de dépaysement, et cherche à faire revivre les vieux symboles. Cet échappatoire est censé consoler de la banalité de la vie quotidienne et du poids de ses contraintes.

Ces différentes justifications agissent rarement seules, elles se combinent ou s'opposent : l'économie tient une place prépondérante, elle intervient dans la destruction des sites ou dans l'attribution de moyens. Le besoin d'évasion est exploité, soit que l'on utilise l'enthousiasme du public dans des concours de sauvegarde des Monuments en péril, soit que l'on canalise les foules vers les organisations de tourisme. La science et le «Bon Goût» déplorent la détérioration des sites par les grands travaux ou par le tourisme. D'une manière générale, et dans plusieurs pays, on observe une grande disproportion entre les ambitions des objectifs de sauvegarde des Monuments Historiques qui témoignent du génie, de l'aptitude des hommes qui ont participé à leur édification, et les moyens dont disposent les institutions ([10]) qui en sont chargées.

Evoquons ici le cas des opérations de rénovation urbaine qui ont pour but la restauration et la conservation de quartiers anciens. Généralement, le processus est le suivant ([11]) : on vide le quartier de ses habitants qui sont le plus souvent des personnes âgées, des familles aux revenus modestes ou des immigrés. Ils sont relogés dans une banlieue lointaine ou rejoignent un bidonville périphérique. Ces habitants devenus indésirables sont remplacés par des touristes, des artistes, des intellectuels, des personnes aisées, des spéculateurs. Deux exemples : l'un des projets de mise en valeur de la Casbah d'Alger proposait d'en faire un vaste centre culturel et touristique ; le quartier des Halles de Paris voit proliférer les antiquaires et les commerces de luxe qui le transforment en marché de l'objet.

Parallèlement à la ruée des touristes vers les sites historiques et le centre des villes anciennes, le besoin d'évasion, de pittoresque, a trouvé un autre objectif : les régions et pays sous-développés où subsiste encore une culture populaire vécue ([12]). A parcourir les magazines, la vie quotidienne dans les campagnes reculées ou dans les pays du Tiers-Monde apparaît comme un âge d'or à jamais perdu qu'il faut avoir vu et dont il faut s'imprégner. Les premiers arrivés sont privilégiés, ils voient le spectacle «authentique», ensuite, très vite, la consommation fait son œuvre et le tourisme détruit son propre objet ([13]).

Les traditions sont réduites au folklore, et les villes et les sites à des décors désuets qui alimentent le tourisme et le commerce internationaux.

La description que fait C. Lefevre de l'effet du tourisme chez les Dogons ([14]) illustre parfaitement ce phénomène que nous avons également pu observer en Algérie et dans maints pays d'Afrique. «Déjà l'on parle, pour l'avenir touristique malien, de préserver la culture et le si riche ''folklore'' des habitants de la falaise de Bandiagara, et l'on pense irrésistiblement aux indiens d'Amérique du Nord ''préservés'' dans leurs réserves... Aujourd'hui, près du grand baobab de la place de Sanga, les paysans dogons quittent précipitamment leurs champs et, vêtus à la hâte de leurs costumes de fête, exécutent pour un peu d'argent les danses de masques désacralisées, devant les touristes médusés et ravis de contempler quelques ''scènes typiques''. L'influence néfaste des touristes sur les Dogons est manifeste : un besoin jusqu'alors inconnu a fait son apparition, posséder le plus d'argent possible, et les statuettes, volées la nuit dans les sanctuaires pour être revendues aux étrangers, en sont la triste preuve. Plus grave encore : l'art statuaire est en pleine décadence depuis que les Dogons ne sculptent plus que des souvenirs touristiques.»

Les questions se posent : est-on en droit, sous prétexte qu'ils ne sont pas conscients de la valeur de leur patrimoine architectural, d'obliger les gens à vivre dans un milieu figé et bientôt en trompe-l'œil? Le tiers-Monde ne risque-t-il pas dans ce domaine de se transformer en réserve ou les «civilisés» en visite pourraient voir sur leur territoire les diverses espèces humaines vouées à la disparition? Entre une stagnation stérile et le bouleversement destructeur du modernisme, où est le juste milieu, quelle est la solution?

Les étapes qui ont conduit au classement actuel de la Vallée du M'Zab illustrent bien ce propos. Du temps de la colonisation, un certain nombre de sites ou de bâtiments isolés ont été classés Monuments Historiques: la place du marché de Ghardaïa, le rempart de Béni Isguen, le front de Bou Noura, etc. En 1968, la Vallée entière a été proposée pour le classement. C'est en 1971 seulement qu'il devint officiel, le périmètre en ayant été réduit par rapport à la proposition (le secteur de la Daya ben Dahoua en fut exclu). Mais de 1968 à 1971, pendant les trois années de délai réglementaire entre la proposition et le classement, durant lesquelles la population est invitée à formuler ses observations et d'éventuelles oppositions, les habitants de la Vallée du M'Zab ont exprimé diversement leur désaccord. Ils n'ont pas consenti facilement au projet. Ils se sentaient lésés dans leur autonomie et ressentaient la mainmise d'un pouvoir centralisateur sur leur minorité.

Parallèlement au classement, la Vallée fut dotée d'un plan d'urbanisme. Dans les deux cas — et cela ne concerne pas que l'Algérie —, le pouvoir politique use de son autorité pour réglementer l'évolution de l'appropriation du territoire([15]).

A l'Atelier d'Etudes et de Restauration de la Vallée du M'Zab, travaillant en contact permanent avec la population, nous étions obligés de tenir compte de l'évolution de la demande en matière de construction. Les Mozabites ont toujours été des constructeurs dynamiques, volontiers disposés à retoucher ou à changer leur cadre de vie en fonction de leurs besoins ou de leurs désirs. Ils aspirent actuellement à une transformation complète. Nous étions censés empêcher la destruction des édifices et maintenir intact l'aspect extérieur des villes et des habitations: volontés contradictoires s'il en est.

Les changements dans l'habiter reflètent les mutations internes de la société Mozabite et le refus de conserver l'héritage du passé que sont certaines traditions; elles perdent peu à peu de leur importance et sont remises en cause : règles de la vie en commun, solidarité, religion, vie féminine, souci d'égalitarisme...

Cette émancipation vis-à-vis de la rigueur de la vie communautaire s'exprime dans une poussée d'individualisme et la recherche de marques extérieures de prestige. La tradition est emportée par la volonté d'accéder à une vie « moderne », de participer au progrès. De ses séjours à l'extérieur de la Vallée (dans les villes du Nord et à l'étranger) le Mozabite rapporte ce qui lui semble propre à améliorer son cadre de vie (attitudes ou objets). Il y a plusieurs années déjà, l'électricité et la T.S.F. ont été introduites avec beaucoup de réticences, les femmes peuvent quitter les villes, circuler en automobile... ([16]).

Tout ce qui, dans les habitations, est ancien, traditionnel, se voit marqué péjorativement et considéré comme un archaïsme, un manque d'aptitude à assimiler le modernisme (la mesure de protection du site a été nettement ressentie par les habitants de la Vallée comme une volonté extérieure de les maintenir dans un état primitif). Le Mozabite attend du « neuf » beaucoup d'avantages, tout particulièrement celui de le hisser au niveau des modèles qu'il s'est forgés et qui sont le plus souvent des adaptations sur le thème de la vie occidentale([17]), ou de la vie moderne dans les capitales des pays islamiques.

Les femmes, qui sont les principales utilisatrices de la maison, sont souvent à l'origine des modifications entreprises. A la suite de visites chez les voisines et de récits, frappées par les images des magazines, elles font part de leurs exigences. Les transformations souhaitées portent sur les normes de confort jugées minimum dans les pays occidentaux : adduction d'eau, installation électrique, murs lisses et peints, sols facilement lavables, évacuations saines ([18]), réduction des odeurs désagréables, ouvertures plus larges et plus nombreuses pour aérer et éclairer, plafonds plus hauts, balcons, etc. Certains de ces critères de confort sont évidemment discutables, une fois replacés dans le contexte du M'Zab.

Le mobilier aussi est transformé : lits, armoires, chaises qui n'existaient pas sous la forme occidentale dans l'habitation traditionnelle, deviennent indispensables. L'homme se fait une fierté de revenir des villes du Nord ou de l'étranger avec des objets ou des machines modernes, en particulier des appareils électro-ménagers. De nombreuses maisons sont équipées d'un réfrigérateur, d'un réchaud à gaz. La machine à coudre est adoptée depuis longtemps et maintenant la machine à tricoter s'ajoute au métier à tisser.

Tous ces besoins entraînent des changements profonds dans la conception de la maison. L'apparition de nouveaux matériaux donne de plus grandes possibilités pour libérer les surfaces. L'espace, les dimensions, l'aspect des habitations sont modifiés.

Toutes ces raisons — et bien d'autres, inhérentes aux transformations sociales — s'opposent évidemment à une réglementation de protection du site en Monuments Historique. Contre le gré des habitants, la loi interdit les changements et les démolitions ([19]).

Faut-il, pour conserver le M'Zab intact, le vider de ses habitants ? Peut-on obliger les gens à vivre comme il y a cinquante ou cent ans dans des maisons qui parfois menacent ruine ? Ou faut-il utiliser des techniques de consolidation et de restauration étrangères au mode traditionnel de construction, pour figer une architecture qui compte de nombreuses variantes sur un thème commun, et qui a toujours été changeante ?

La politique que nous essayions de suivre dans l'exercice de nos fonctions consistait à ne pas nous opposer aux désirs de la population, mais à montrer les avantages de certaines solutions traditionnelles sur les solutions importées. Amenés quotidiennement à instruire les permis de construire et de réparation dans la Vallée, nous nous rendions sur place chaque fois que l'objet du permis était une maison traditionnelle ou située dans un quartier ancien. Nous tentions, généralement en vain, de convaincre le propriétaire de renoncer à la démolition de sa maison ou aux transformations envisagées lorsqu'elles n'apportaient ni amélioration fonctionnelle, ni élévation du confort.

Dans la mesure de nos moyens (souvent avec l'aide de stagiaires algériens ou étrangers), et toujours avec l'accord du propriétaire, nous avons procédé au relevé détaillé et précis des maisons traditionnelles auxquelles nous avions ainsi accès. Dans les archives de l'Atelier existe donc, outre les relevés graphiques, une abondante documentation photographique qui concerne des maisons et des constructions aujourd'hui disparues (photos de Manuelle Roche, et du photographe de l'Atelier Ali Hamahoun).

Nous « adaptions » aussi quelques façades afin qu'elles ne « jurent » pas trop dans l'ensemble, nous réalisions des projets d'architecture dite, péjorativement et à juste titre, d'accompagnement. Malgré tous nos efforts, de nombreuses initiatives échappaient à notre contrôle : nous arrivions sur place, la maison à conserver était démolie, ou la façade non conforme construite. Dans les périodes où la réglementation cherchait à être appliquée avec plus de rigueur, les constructions clandestines étaient plus nombreuses et les demandes de permis de construire étaient rares, ce qui réduisait encore la marge d'action possible.

Ce « replâtrage » traduisait bien nos réticences devant les solutions classiques. Peut-être souhaitions-nous inconsciemment « gagner du temps ». Notre politique d'intervention était ambiguë : à la fois pour et contre la démolition. Nous ne pouvions que pencher vers la défense des habitants plutôt que vers celle des pierres, tout en déplorant qu'ils se précipitent vers ce que nous rejetions. Les solutions restent à trouver et dépassent très largement le cadre d'une intervention architecturale.

L'architecture traditionnelle est un domaine qui est exploré depuis peu. Les monographies d'ethnologues laissent rarement une place importante à la description de l'habitat, il y est souvent ramené à un schéma réducteur unique. Quelques études intéressantes ont néanmoins été consacrées à des régions ou à des populations précises. A. Rapoport, s'appuyant sur un certain nombre d'études ponctuelles, indiquées dans sa bibliographie, a fait une analyse générale qui tente de rassembler tous les facteurs intervenant dans l'architecture populaire. Mais il suggère lui-même que pour préciser la recherche dans cette perspective : « on peut aussi l'étudier en choisissant un endroit précis, et en essayant de comprendre les formes des maisons, des agglomérations, à la lumière de l'histoire, de la situation géographique, des aspects sociaux, du climat, des matériaux, des techniques de construction et d'autres variables » ([20]). Il écrit à propos de la construction « indigène pré-industrielle » : « le plan indigène procède par modèles et ajustements ou variations, aussi y trouve-t-on plus de variantes et de différences originales que dans les constructions primitives ; ce sont des exemplaires « particuliers » qui sont modifiés et non le « type » ([21]).

Cela est vrai, néanmoins le concept de modèle (pattern) utilisé nous semble procéder d'une démarche abstraite, sinon réductrice.

Dans une culture donnée, il n'existe pas de maison type définie une fois pour toutes. La chaîne historique de traditions qui forme la culture étant en évolution, il n'y a pas une « maison mozabite », mais autant de maisons mozabites qu'il y a d'habitations dans la Vallée. Leur étude nécessite donc un échantillonnage important destiné non pas à généraliser, mais à montrer les différences. Elles rendent beaucoup plus sensible la qualité de la vie de chacun que ne le ferait la définition d'un comportement idéal abstrait qui n'existe pas dans la réalité.

Il était difficile aux architectes qui nous rendaient visite de voir l'intérieur des maisons, et rares sont ceux qui ont pu se faire une idée de la richesse et de la variété de l'architecture intérieure. Les ouvrages parus jusqu'à présent faisaient état d'une ou deux observations, et ont généralement voulu en dégager une maison mozabite type, à tel point que nos visiteurs sont arrivés souvent avec une idée précise de ce que devait être la maison, toujours identique à elle-même. Ils étaient étonnés de voir dans nos explications la multiplicité des possibilités, des combinaisons, des solutions.

L'objectif de notre collection de relevés est donc de rendre sensible un style, au sens où H. Lefebvre l'entend; «... le style, lequel (exprime) l'unicité d'une pratique quotidienne et une conception du monde, incarnée dans des particularités quasi-naturelles: objets familiers, gestes, rites et cérémonies, actions et passions, savoir et sagesse » ([22]).

Cette étude de l'habiter veut contribuer à la connaissance de la vie quotidienne du M'Zab, mais nous sommes conscients de ses limites. Il faudrait rattacher ces données particulières aux rapports sociaux, aux modes de production, aux idéologies, etc. Et, de même comparer l'architecture de la Vallée du M'Zab à celle d'autres communautés ibadhites: île de Djerba en Tunisie, Djebel Nefoussa en Tripolitaine, vestiges archéologiques de Sédrata enfouis sous les sables, etc. Une étude plus générale encore pourrait faire état des ressemblances et surtout des différences que l'on peut observer entre les architectures berbères pré-sahariennes et sahariennes: Moyen Atlas marocain, les Zibans et les Aurès en Algérie, etc.

---

[1] Voir Rapoport Amos, *House form and culture*, Prentice Hall, Englewood Cliffs. New Jersey, 1969; Edition française: *Pour une anthropologie de la maison*. Dunod, Paris, 1972. Nos références pour cet ouvrage concernent l'édition française. Pages 5 et

6 Rapoport distingue trois « niveaux » dans les constructions: architecture primitive, architecture indigène ou populaire, architecture contemporaine. L'objet de notre étude se situerait au deuxième niveau et l'on peut rapporter à la vallée du M'Zab les généralités qu'il énonce à propos de la conception, de la construction et du processus d'élaboration du plan de l'habitation.

(²) A. Rapoport (*op. cit.*, p. 2) distingue « les monuments faisant partie de la haute tradition architecturale des bâtiments issus de la tradition populaire »; il ajoute que cette distinction n'avait jamais été appliquée avant lui.

(³) B. Dupaigne: *Objets et Monde*. Tome XII, fascicule III, automne 1972, pp. 318-319.

(⁴) « Architecture without architects », titre d'une exposition puis d'un ouvrage de B. Rudofsky. New York. Museum of modern art. 1964.

(⁵) C'est un des mérites de Rapoport (*op. cit.*) d'avoir montré la diversité des forces qui agissent sur la forme de l'habitat alors que la plupart des recherches qui l'ont précédé s'appuient sur un déterminant unique: climat, matériaux, topographie.

(⁶) L'Algérie coloniale avait choisi de classer un certain nombre de Monuments Historiques parmi lesquels figurent les places publiques disproportionnées construites par la France à Timimoun et à Adrar, alors que les vieux ksour-forteresses, qui les côtoient, ne furent pas mentionnés. Dans l'Algérie indépendante, on met l'accent sur l'histoire islamique et la période turque; la culture berbère se trouve encore un peu ignorée ou négligée.

(⁷) Selon la formulation de A. Rapoport, *op. cit.*, p. 2.

(⁸) La Renaissance fondait la Beauté sur les canons de l'Antiquité et méprisait tout ce qui ne s'y rapportait pas.
Françoise Fichet-Poitrey rapporte un bref historique des querelles qui voyaient s'opposer au XVIIIe siècle les partisans d'« une Beauté d'essence intemporelle existant en soi », et ceux qui considéraient la beauté comme un produit de l'habitude et de la mode. Dans le même texte, l'auteur cite Frezier, ingénieur militaire, qui affirmait: « la beauté dans ce qui concerne les arts m'a paru le plus souvent un effet de préjugé de nation et d'éducation, qui n'a rien de constant et qui est fondé sur la mode ».
Frezier, *Dissertation théorique et critique sur les ordres d'architecture*, 1739.
Fichet-Poitrey Françoise, *L'architecture fonctionnelle*, dans l'ouvrage collectif élaboré sous la direction de P. Chombart de Lauwe, *Famille et Habitation*. Tome I, Sciences Humaines et conceptions de l'habitation, Travaux de groupe d'Ethnologie Sociale, C.N.R.S., 1959, Chapitre V, p. 137.

(⁹) Lefebvre Henri, *Critique de la vie quotidienne*. Tome II, L'Arche, Paris, 1961, pp. 338 et 339.

(¹⁰) En France, malgré quelques tentatives depuis la Convention pour organiser la préservation des monuments, une commission des Monuments Historiques est constituée en 1837 seulement et ce n'est qu'en 1887 que sont décrétés les premiers principes de la protection et l'organisation du classement.

(¹¹) Les idées commencent à changer. Les méthodes suivront-elles ?

(¹²) Christine et Claude Lefevre concluent un article sur les Dogons en souhaitant que ne soit pas détruit « un exemple inoubliable de la vraie vie ». Revue Atlas n° 70, avril 1972.

(¹³) Cfr Henri Lefebvre, *op. cit.*, p. 196.

(¹⁴) Lefevre C., *Pays Dogon*, Ed. du Chêne, Paris, 1972, pp. 93 et 94.

(¹⁵) Fidèle reflet de l'ordre établi, le plan d'urbanisme, élaboré dans les bureaux des spécialistes, ne cesse de poser des problèmes d'application sur le terrain.

(¹⁶) Cfr la thèse de Merghoub, B., *Le M'Zab et la notion de développement économique*. pp. 164 à 181, où il traite de cette évolution. Thèse pour le doctorat de recherche, 1970.

(¹⁷) C'est à l'étonnement général que nous avons choisi d'habiter des maisons traditionnelles qui nous semblaient plus agréables. D'européens, on s'attendait à un autre

choix. Nous avons tenté dans nos maisons de donner des exemples de modernisation possible. En vain.
([18]) Un projet d'assainissement des villes du M'Zab par un réseau d'égouts a été élaboré et les travaux devaient commencer incessamment (1972).
([19]) Des règlements édictent les hauteurs permises, la dimension des ouvertures, interdisent les balcons... (plan d'urbanisme de la Vallée du M'Zab).
([20]) *Op. cit.*, p. 22.
([21]) *Op. cit.*, p. 6.
([22]) Lefebvre H., *Le manifeste différentialiste*, Paris, Gallimard, 1970, p. 138.

2. Le milieu

1. Données géographiques

Plusieurs études ont déjà été faites sur la Vallée du M'Zab. Elles renseignent amplement sur la géologie, le climat, l'hydrographie, etc.

Nous nous contentons, ici, de résumer brièvement l'essentiel afin de situer l'objet de notre étude dans son cadre naturel. Les ouvrages de référence se trouvent dans la bibliographie que nous invitons le lecteur à consulter pour indication.

La Vallée de l'*oued* M'Zab se situe en République Algérienne Démocratique et Populaire, dans le Sahara septentrional, au Sud de la région des Dayas, sur un plateau rocheux appelé Hamada, où n'apparaît que la roche grise et noire parfois traversée en profondeur par un *oued* sec que marque son lit de sable.

SITUATION

L'ensemble des cinq villes est situé à 32°30' de latitude Nord et à 3°45' de longitude Est, à une altitude moyenne de 500 mètres. La distance par la route est sensiblement de 600 km pour Alger, 300 pour El Goléa, 200 pour Ouargla et 1.200 pour Tamanrasset.

GEOLOGIE - HYDROGRAPHIE

Le plateau crétacé est formé par des calcaires durs du Turonien. Il est raviné en tous sens par l'érosion fluviale du début du quaternaire et sillonné d'un réseau complexe d'*oueds* dont les quatre principaux

Fig. 1. La vallée du M'Zab entre Bou Noura et El Ateuf.

forment des vallées encaissées. L'*oued* M'Zab le traverse du Nord-Ouest au Sud-Est. Cette configuration en résille a valu à la région le nom arabe de Chebka qui signifie: dentelle, filet.

L'eau n'affleure pas; par infiltration, les *oueds* — souterrains ou, en temps de crue, de surface — alimentent une nappe phréatique retenue par des marnes cénomaniennes à une profondeur de 40 à 70 mètres, ce qui permet l'utilisation de 1.500 puits environ.

Les puits à *dellou* ([1]) furent jusqu'en 1938 le seul moyen d'approvisionnement en eau. Ils fonctionnaient à l'aide d'une poulie et de la traction animale. L'extraction de l'eau représentait un travail difficile et coûteux. Pour assurer l'irrigation des palmeraies, les habitants avaient réalisé tout un ensemble hydraulique constitué de barrages, de canaux, de rigoles (*seguia*) avec distribution calibrée pour chaque jardin. Cette répartition permettait d'éviter toute perte et réalisait

Fig. 2-3. L'exploitation de l'eau : extraction, retenue, distribution.

une distribution équitable aux usagers, en fonction de leurs besoins (nature des cultures, nombre de palmiers, surface de terrain, etc.).

Depuis, des forages semi-artésiens ont été effectués; non jaillissants, ils fournissent l'eau intarissable de la nappe captive des grès du continental intercalaire. La consommation n'étant plus limitée, les besoins vont croissant, et de nouveaux forages sont nécessaires.

CLIMAT

Les données qui suivent sont celles de la station de Ghardaïa, située à 441 mètres d'altitude. Elles portent sur une dizaine d'années.

a) *Températures*

Les températures moyennes journalières enregistrées sont respectivement : — pour le mois de janvier 10,1° C, avec une amplitude journalière de 12° environ; pour le mois de juillet 33,1° C, avec une amplitude journalière de 17,5° environ.

Minimum enregistré : 0,2° C.
Maximum enregistré : 46° C.

b) *Pluies - Hygrométrie*

La moyenne annuelle de hauteur de pluie se situe entre 50 et 60 mm avec des années de grande sécheresse où la hauteur annuelle ne dépasse pas 20 à 30 mm. Les extrêmes enregistrés sont au maximum 120,5 mm; au minimum 18 mm.

On constate 10 jours de pluie annuelle en moyenne. Il faut une forte pluie de plusieurs heures pour provoquer la crue de l'*oued*, ceci n'arrive qu'une fois tous les deux ou trois ans. En 1972, année pluvieuse, nous avons constaté, exceptionnellement, deux crues.

Pour l'hygrométrie, nous trouvons une moyenne d'octobre à avril de 42 % et de mai à septembre de 4 %. Les brouillards peuvent être considérés comme nuls.

c) *Vents*

Les vents d'hiver de Nord-Ouest sont froids et relativement humides; les vents d'été de Nord-Est, forts et chauds. Des vents de sable soufflent du Sud-Ouest surtout en mars, avril et mai. Le vent violent, (16 m/s et plus) souffle 20 jours par an environ.

AGRICULTURE

Les jardins des oasis dans le lit des *oueds* déterminent une surface de terres cultivées d'environ 1.000 hectares. Y poussent à peu près 110.000 palmiers dattiers, au-dessous desquels croissent toutes sortes d'arbres fruitiers et de plantations : pêchers, abricotiers, orangers, citronniers, figuiers, nèfliers, grenadiers, vignes, cultures potagères (navets, carottes, salades, tomates, oignons, piments...) et plantes d'agrément (roses, jasmins, oranges amères...). Ces plantations n'ont jamais suffi à la consommation locale.

ELEVAGE

L'élevage est relativement peu développé. Seuls les nomades possèdent de véritables troupeaux d'ovins et de chameaux. Dans la vallée, nous trouvons plutôt des animaux domestiques : ânes et mulets servent de véhicules, de moyen de transport des marchandises ou sont utilisés pour tirer l'eau des puits (ils sont maintenant de plus en plus supplantés par la voiture et la motocyclette pour le transport et par des pompes à moteur à explosion ou électriques pour les puits). Chaque foyer possède au moins une chèvre, souvent plusieurs; quelques familles ont un cheval, d'autres élèvent un ou deux moutons, des animaux de basse-cour, volailles et lapins.

ETABLISSEMENTS HUMAINS

La Vallée du M'Zab comprend cinq *ksour* (sing.: *ksar*): petites villes fortifiées qui gardèrent leur autonomie les unes vis-à-vis des autres jusqu'à l'Indépendance de l'Algérie en 1962. Elles furent alors réunies en une seule entité administrative, prenant le nom de la principale ville, Ghardaïa, ancien cercle administratif et militaire de l'arrondissement sous la colonisation française. Ces *ksour* sont, en remontant l'*oued*:

El Ateuf, précédé de sa palmeraie, à 8 km de Bou Noura, dont la palmeraie s'étend sur un affluent du M'Zab, l'*oued* Azouil; Beni Isguen est en face, sa palmeraie s'étire le long de l'*oued* N'Tissa, autre affluent du M'Zab; Mélika et enfin Ghardaïa dont la palmeraie remonte sur plusieurs kilomètres dans l'*oued*. En amont encore, à 10 km, la Daya ben Dahoua, magnifique palmeraie créée sur décision administrative coloniale pour une partie des agrégés de Ghardaïa, les M'dabih.

Au fond de la vallée, de la Daya ben Dahoua jusqu'au barrage d'El Ateuf, l'ensemble couvre une superficie de plus de 4.000 hectares.

Deux autres villes Ibadhites existent encore dans cette région, mais n'entrent pas dans le cadre de notre étude:

Berriane, située à 43 km au Nord de Ghardaïa et Guerrara au Nord-Est, à environ 90 km de Ghardaïa et 75 km à l'Est de Berriane.

L'ensemble des sept *ksour* forme ce qu'on a appelé «la Confédération du M'Zab».

En 1972, les villes du M'Zab étaient rattachées administrativement à la *Wilaya* (préfecture) des Oasis; Ghardaïa est le siège d'une *Daïra* (sous-préfecture) qui comprend, outre les sept *ksour*, le *ksar* de Metlili habité par les Chaamba et un certain nombre de petits établissements (Zelfana, Seb-Seb, etc.) ([2]).

2. Données économiques

Déjà, aux premiers temps de leur implantation au M'Zab, les Mozabites avaient une activité économique à vocation commerciale. D'abord dans le commerce saharien puis, après la décadence de celui-ci, vers le XIVe siècle, dans l'établissement de nombreux commerces dans le Nord. En 1960, on dénombrait de 1.700 à 2.000 petits commerces de détail appartenant aux Mozabites, éparpillés dans toute l'Algérie. Il s'agissait en majorité d'épiceries.

Au M'Zab même, on trouvait à la même époque ([3]) près de 500 commerces (pas tous tenus par des Ibadhites). Les commerces du Tell, qui exigeaient pour fonctionner l'émigration d'un nombre important d'hommes ([4]), rapportaient à la Vallée 70 % des revenus de la population. Sans ses revenus extérieurs, la population n'eût pas pu se maintenir au M'Zab : l'élevage est un secteur réservé aux nomades, l'artisanat est limité et l'agriculture ne fournit pas de ressources suffisantes pour subvenir à tous les besoins. On a souvent dépeint le Mozabite comme un commerçant né, avisé; on lui inculque de bonne heure le goût du travail et le sens du commerce : « très tôt, on mêle les jeunes aux travaux de toute sorte et on éprouve leur endurance à l'effort. Le travail devient un acte de foi, de même que la persévérance pour résoudre les difficultés. Ainsi préparés, les jeunes suivent leurs aînés vers le nord du pays où ils s'endurcissent à la vie d'émigrés, loin des facilités familiales. Pendant plusieurs années, ils s'acharnent à apprendre un métier ou à accumuler des économies en vue de l'investissement dans le pays, pour l'entretien et l'équipement d'une palmeraie, ou la construction d'immeubles ([5]).

Les palmeraies, qui fournissent un appoint à l'économie familiale, ne produisent pas assez. Le M'Zab importait en 1957 ([6]) des dattes de Ouargla, El Goléa, In Salah, des fruits et légumes de Médéa et des Hauts Plateaux et pour ainsi dire la totalité des céréales dont il avait besoin.

L'artisanat représentait en 1960, 410 emplois dont plus de la moitié se rapportait au bâtiment. Presque toutes les femmes et jeunes filles tissent à domicile, mais pas en permanence et souvent pour la seule consommation familiale. Toutefois, certaines sont de véritables ouvrières dont la production est vendue sur les marchés de la Pentapole et dans le Nord (elles sont estimées à 2.000 ou 3.000 en 1960).

L'Agriculture et le bâtiment emploient un grand nombre de manœuvres Malékites.

L'industrialisation du Sahara — accompagnée d'une infrastructure routière améliorée — augmente considérablement l'activité économique de la Vallée : elle est située à proximité de deux grands chantiers d'exploitation (pétrole d'Hassi Messaoud à 280 km, gaz d'Hassi R'Mel à 40 km) qui attirèrent au moment de leur création une masse importante de main d'œuvre et firent de Ghardaïa un centre de transit. Un important secteur d'économie moderne s'est alors développé : garages, entreprises de construction, fabriques de matériaux de construction, ateliers divers. En 1960, 110 entreprises employaient 4.500 ouvriers. Outre une usine de plâtre de construction (Platna) qui existait déjà, une zone industrielle s'est créée depuis l'indépendance sur le site de Noumerate ; cependant son installation est progressive, elle n'emploie encore qu'un nombre limité de travailleurs (surtout Malékites) et ne constitue pas pour le moment une source importante de revenus, mais elle témoigne de l'esprit d'entreprise qui anime les habitants de la Vallée — (Ibadhites et Malékites).

3. Histoire et population

Les habitants de la Vallée, ou Mozabites, sont des musulmans schismatiques ou Kharedjites (c'est-à-dire « sortants »). Le schisme auquel ils se rattachent date du VIIe siècle et a pour origine la succession du Prophète. Mohamed ne s'était pas désigné de successeur. Ali, son cousin et gendre, fut proclamé *Khalife* après avoir été écarté des trois premières élections. Lors de cette succession, Mou'awia, gouverneur de Syrie, prétendant au *Khalifat*, entra en guerre contre Ali.

Au cours de la bataille de Ciffin en 657, Ali, en vue d'éviter une effusion de sang, accepta la proposition de Mou'awia de s'en remettre aux arbitres. Certains partisans d'Ali refusèrent cet arbitrage au nom de l'orthodoxie de la loi coranique : « le jugement appartient à Dieu seul ». C'est ce groupe qui fit scission. Par la suite, Ali tenta à plusieurs reprises, sans jamais y parvenir vraiment, d'exterminer les schismatiques qui affaiblissaient son autorité et qui conspiraient sans relâche contre lui et les siens.

Le Kharedjisme constitué à partir de cette divergence donna très vite naissance à différentes écoles: les Soffrites dont les doctrines furent cruelles et intransigeantes, et les Abadhites ([7]) ou Ibadhites qui, eux, professaient une doctrine plus douce et plus modérée. A Baçra en Irak, les *cheikhs* ([8]) formaient des missionnaires, les «*chourats*» qui propageaient la doctrine et poussaient à la révolte. Ceux qui partirent vers l'Orient essaimèrent bientôt dans l'Oman, à Zanzibar, etc. Cinq *tolba* ([9]) dont Abderrahmane Ibn Rostem, d'origine persane, portèrent la doctrine en Ifriquiya, plus particulièrement dans le Djebel Nefoussa, puis au Maghreb.

Au milieu du VIIIe siècle, ils étendirent leur influence à Kairouan et au Sud de l'Algérie actuelle, ralliant les tribus berbères [Zénètes surtout ([10])]. Abderrahmane Ibn Rostem fonda la ville de Tahert en 761, à 9 km de l'actuelle Tiaret, et établit une cité-état que ses *imams* successifs rendront riche et prospère durant un siècle et demi (les Rostémides). Son pouvoir s'étendra dans tout le Maghreb suivant des limites imprécises. On trouvait à cette époque des Ibadhites dans l'*oued* Righ, dans les monts du Zab, dans les Zibans, le Souf, la région d'Ouargla et de Laghouat. L'*imam* de Tahert était reconnu par les Ibadhites du Djebel Nefoussa, ceux de Sijilmassa ([11]) lui envoyaient une dîme et il était réputé jusqu'en Irak d'où on lui adressa des ambassades. En outre, les Rostémides avaient des relations commerciales avec le Soudan occidental.

Cet état maghrébin contribua à affirmer dès cette époque l'autonomie du Maghreb musulman tout en représentant l'idéal politico-religieux des Kharedjites.

Il s'effondra après l'agression des Fatimides Chiites en 909 ([12]). De petits groupes errèrent dans le pays devenu hostile, certains se réfugièrent dans la province ibadhite d'Ouargla, «la porte du Soudan», et s'installèrent à Sedrata (Isedraten). Grâce à sa fonction économique de débouché vers le Nord des caravanes d'or et d'esclaves en provenance de Gao et d'Aoudaghost ([13]) la nouvelle cité brillera très vite par sa richesse. Cette nouvelle puissance ibadhite fut, elle aussi, détruite vers 1075. Dès lors, la doctrine cessa de jouer un rôle historique en Algérie, et elle ne fut plus représentée que par les communautés du M'Zab. D'autres foyers existent encore en Arabie, dans les îles de Zanzibar, dans le Djebel Nefoussa en Tripolitaine et enfin dans l'île de Djerba en Tunisie.

ELEMENTS DE DOCTRINE RELIGIEUSE

La doctrine ibadhite puise sa substance dans le Coran considéré comme texte d'origine divine — c'est la loi fondamentale. Les règles qu'il prescrit doivent être respectées dans leur intégrité, à la lettre comme dans l'esprit. A l'inverse des autres musulmans, les Kharedjites considèrent la *Sunna*, fondée sur les «*Hadith*» et l'«*Ijtihad*» (interprétation et exégèse du Coran) qui furent transcrits tardivement, comme des textes confectionnés par les hommes, donc discutables.

Les Ibadhites se basent sur le principe de l'unicité et de la justice divines. Ils rejettent l'idée de la prédestination absolue. L'homme a le choix, il dirige sa destinée (qui est connue de Dieu à l'avance). Cette liberté lui permet d'avoir une opinion et d'interpréter valablement et utilement ce qui n'est pas dogme. L'égalité entre les croyants est fondamentale. Elle détermine la vie politique. Tout bon croyant, fût-il esclave noir, pouvait être élevé à l'imâmat si la communauté, par la voie des élections, en exprimait le vœu. Ce point de vue est très conforme à l'esprit de l'Islam; il se double d'un corollaire dont l'application est délicate: l'obligation pour les croyants de proclamer illégitime et déchu l'*imam* qui est sorti de la voie «droite».

PEUPLEMENT DU M'ZAB

Bien avant la destruction de Sédrata en 1075, des Ibadhites étaient partis à la recherche de nouveaux sites d'implantation. Des divisions intérieures et les harcèlements des nomades environnants poussèrent certains d'entre eux à se retirer dans un lieu plus défendable, plus en retrait des mouvements caravaniers. On peut se demander si cela ne correspondait pas aussi à une recherche d'austérité en opposition avec le faste de Sédrata ([14]), à moins que cette tendance ne soit apparue que plus tard, après sa chute.

Toujours est-il qu'il y a des Ibadhites au M'Zab dès le Xe siècle et peut-être même un peu plus tôt. Lorsqu'ils arrivèrent dans la Chebka, ils y trouvèrent des tribus Zénètes, les Ouacilites (nomades ou semi-nomades), qu'ils convertirent.

La chronologie de la fondation des villes est très difficile à établir car avant ou pendant l'établissement des cités actuelles, d'autres *ksour* furent édifiés. Sur ce point, nos sources sont contradictoires ou incomplètes. Voici les données que nous avons pu réunir, soit dans les textes qui traitent du M'Zab, soit auprès d'habitants de la Vallée. Un recours aux textes de la communauté et la réalisation de fouilles seraient nécessaires pour préciser et confirmer ces informations.

Le premier établissement ibadhite semble avoir été Ar'ram tal Azdit (le ksar de la poignée de laine) fondé vers 904. On peut en voir les ruines sur un piton qui domine la palmeraie d'El Ateuf. Une autre agglomération aurait existé au Nord-Ouest de Bou Noura et porté le nom de Tighzert ([15]), mais nous ne savons pas si elle fut ibadhite ou simplement berbère, c'est-à-dire antérieure à la venue des Ibadhites au M'Zab. D'autres ruines de *ksour* se trouvent encore dans la vallée : le *ksar* Aouelaouel (qui signifie « le premier ») près d'El Ateuf; Ar'ram baba Saad près de Ghardaïa et trois autres situés près de Beni-Isguen dont Boukiaou et Tirichine, ainsi qu'un *ksar* situé à Melika Bas (Ouadaï, qui signifie « du bas »), qui aurait été édifié en 1004 et détruit en 1123.

Pour les villes actuelles, nous donnons sous toutes réserves les dates d'implantation suivantes :
— El Ateuf est fondée en 1011 ou 1012, peut-être sur un ancien emplacement car les habitants montrent dans la cour de la mosquée une pierre dépassant du mur et qui proviendrait du premier édifice religieux d'El Ateuf datant de 944; Bou Noura est fondée en 1046 ou 1048; Ghardaïa en 1053; l'actuelle Melika en 1124, après la destruction du *ksar* Ouadaï, et Beni-Isguen en 1347. Puis, en quittant la vallée, Guerrara est fondée en 1630 ou 1631 près d'un ancien *ksar*, El Mabertekh, datant du XVIe siècle et enfin Berriane en 1679. Ces villes se sont créées soit à partir du mouvement d'émigration en provenance de Sédrata, soit après des luttes intestines qui secouèrent les cités, et aboutirent à l'exclusion de groupes rivaux.

INFLUENCES ETRANGERES SUR LA CONFEDERATION

Les *ksour* du M'Zab purent s'épanouir sans avoir à subir d'invasion. Les villes fortifiées offraient une protection efficace contre les nomades et contre les attaques que se portaient les villes entre elles lors de conflits intérieurs à la communauté ([16]).

A l'époque turque, aucune expédition ne fut victorieuse contre le M'Zab et les Mozabites n'eurent à subir qu'une domination théorique qui consistait pour eux à verser un tribut annuel ([17]); en échange, on les autorisait à commercer librement dans le Tell. D'autres tributs parfois fort lourds étaient versés aux convoyeurs des caravanes qui faisaient la liaison avec le Nord.

Les Français prirent Laghouat en 1852. Après quelques incidents considérés comme des actes d'indiscipline ([18]), le Gouverneur Général d'Algérie, le Comte Randon, mit les habitants du M'Zab en demeure de se soumettre. Le 24 janvier 1853, une délégation de Mozabites se rendit à Alger afin de négocier un accord. Cette délégation ne représentait qu'une partie de la population, celle qui voulait apparemment profiter de l'appui de la France pour s'imposer dans une querelle de *çoffs* (équivalent de partis politiques). Le 19 avril 1853, fut ratifiée la convention qui garantit la soumission complète des Mozabites. Ils conservaient cependant l'exercice de leurs coutumes et la liberté de commerce: ils devaient payer à la France un tribut annuel. Les *çoffs* opposés à ceux qui avaient signé la convention finirent par se révolter, provoquant batailles et assassinats dans les villes. Pour mettre fin à cette situation, le Gouverneur Général Tirman décida de faire occuper le M'Zab et en déclara l'annexion le 30 novembre 1882.

A la suite de cette occupation, une nouvelle structure administrative fut imposée aux villes de la Confédération. Le Commandement militaire désigna des *caïds*, ce qui ralentit la vie politique telle qu'elle se pratiquait auparavant en la figeant et en limitant la démocratie existante — par contre, cette situation redonna du prestige au pouvoir religieux que l'occupant ne pouvait contrôler.

La résistance au colonisateur eut pour base principale l'école religieuse où diverses tendances se firent jour, en particulier un mouvement réformateur qui tendait à un rapprochement avec les autres musulmans, sous l'impulsion du Cheikh Bayoud de Guerrara, et à une adaptation au monde moderne.

La seule question sur laquelle les Mozabites et le pouvoir colonial s'opposèrent ouvertement a été celle du service militaire qui fut refusé non seulement pour des raisons politiques (autonomie interne) mais surtout pour ses implications sociales et religieuses, car les *cheikhs* jugeaient qu'il amènerait les jeunes à quitter le M'Zab et qu'il compromettrait ainsi l'avenir de la secte ([19]).

Puis ce fut la guerre d'Algérie marquée à son début par une hostilité parfois très dure de la part d'Algériens du Nord à l'égard des Mozabites (boycott des magasins du Tell et même pillages). En 1956, un accord fut réalisé avec le F.L.N., levant le blocus et déterminant la participation des confédérés au mouvement de libération nationale. Au M'Zab, le calme régna. Enfin, l'indépendance de l'Algérie était proclamée le 5 juillet 1962.

Grâce à sa résistance aux tentatives d'agression extérieure, la communauté a pu conserver son particularisme religieux. Les Mozabites ne vivaient pourtant pas coupés de l'extérieur. Ils ont assimilé des Ibadhites d'autres régions (de Djerba par exemple) ou des étrangers convertis à leur arrivée dans la Vallée. Ils avaient également établi très tôt des relais commerciaux dans tout le Sahara jusqu'aux pays noirs. A partir du XIVe siècle, la décadence du commerce saharien (conflits politiques, attaques de caravanes...) les conduisit à étendre leur activité vers le Nord, avec lequel ils avaient déjà des relations. Peu à peu, ils monopolisèrent les échanges dans le Sahara du Nord, s'expatriant dans le Tell pour tenir des commerces qui permettaient à la Vallée du M'Zab de subsister. C'est ainsi qu'on les rencontre encore dans la plupart des villes du Nord de l'Algérie.

POPULATION

Diverses populations non Ibadhites vivent au M'Zab, certaines depuis fort longtemps. Nous nous bornerons à les passer en revue et nous tenterons de préciser leur place dans la société. Mais, dans ce domaine, la polémique est fréquente et les témoignages varient selon l'appartenance religieuse ou ethnique, aussi avons-nous peu d'informations historiques ou socio-économiques qui soient sûres.

1. *Les Ibadhites*

Ils représentent à peu près 60 % de la population de la Vallée. Ils sont en majorité d'origine berbère, mais des étrangers de même religion ou convertis ont été de tous temps intégrés à la communauté, individuellement ou par familles, et plus particulièrement des individus d'origine arabe.

Il faut leur associer une population noire et métisse, les Homris, descendants d'esclaves affranchis, convertis à l'Ibadhisme. Ils vivent dans les villes et font partie des *fractions* mais n'ont pas accès aux plus hautes charges. Bien qu'ils aient adopté beaucoup de coutumes des Ibadhites, ils ont gardé de leurs origines des fêtes et des cérémonies particulières ([20]).

2. Les Malékites

Ils représentent 40 % de la population, ils sont sédentaires, bien que d'origine nomade, et appelés « arabes » ([21]). Ils se subdivisent en plusieurs groupes ethniques :

a) Les Beni-Merzoug, qui vivent à l'intérieur des remparts de Ghardaïa et sont intégrés au sein des *fractions* ibadhites. L'assimilation a eu lieu malgré les différences ethniques et religieuses, mais elle comportait des obligations pour les Beni-Merzoug qui devaient remplir certains rôles stratégiques et économiques. Leur concours permit à Ghardaïa de retrouver son autonomie en renforçant sa puissance militaire ([22]) (enrôlement en cas d'attaque) et de relancer son économie faible jusqu'alors (versement d'impôts spécifiques, main-d'œuvre spécialisée).

b) Les M'dabih qui habitent Ghardaïa et la Daïa ben Dahoua n'ont jamais été intégrés aux *fractions*, de peur de déséquilibrer les *çoffs*. Ils furent liés par convention à la ville avec des conditions économiques draconiennes et un rôle militaire de subalternes. Ils n'avaient pas de représentation dans la vie politique et étaient seulement consultés pour les affaires les concernant directement. L'administration coloniale imposa la représentation des M'dabih à l'Assemblée traditionnelle ([23]).

c) Les Chaamba étaient liés aux Ibadhites d'une toute autre façon. Ces nomades sahariens ont leur cité religieuse à Metlili ([24]), à 40 km de Ghardaïa. Malgré les accords politiques et les contrats de bergers et de commerce établis depuis longtemps entre eux, ils harcelaient continuellement les habitants de la Vallée. Pour augmenter ses capacités stratégiques face aux autres villes, Melika conclut un pacte d'alliance militaire avec les Chaamba de Metlili, selon lequel elle versait une redevance mais gardait la suprématie politique. Cet accord conclu vers 1317 fut suivi d'échanges de familles (ou d'otages?) : des Ibadhites allèrent habiter Metlili et des Chaamba vinrent demeurer dans l'enceinte de Melika près de la porte Ben Trach. Actuellement ces familles Chaamba résident toujours à Melika et conservent le rite Malékite ([25]). Les Beni Brahim, descendants des Ibadhites envoyés à Metlili se sont convertis au Malékisme.

Depuis ces dernières années, surtout depuis l'indépendance de l'Algérie, de nombreux Chaamba se sédentarisent dans la Vallée du M'Zab, mais hors des villes traditionnelles.

d) Les Mekhama résident en petit nombre à Bou Noura et à El Ateuf, plus ou moins assimilés; ils n'ont pas eu, suivant nos informations, de rôle politique important.

3. *Les juifs*

Des Juifs, originaires, semble-t-il, le l'île de Djerba, vivaient en marge de Ghardaïa. Ils remplissaient des fonctions d'artisans (chaudronniers, forgerons, bijoutiers...). Ce groupe a entièrement émigré depuis l'indépendance de 1962.

Au recensement de 1968, la population de la Pentapole était de 46.556 habitants :
— 25.121 Ibadhites (ils sont environ 40.000 dans l'ensemble de la Confédération, c'est-à-dire en ajoutant ceux de Berriane et de Guerrara).
— 21.435 Malékites, dont beaucoup sont arrivés assez récemment (nouveaux quartiers depuis 1962).

LES LANGUES

Les Ibadhites parlent d'abord une langue berbère qui leur est propre : le *tamazir't*; beaucoup de femmes, surtout âgées, n'en connaissent pas d'autre. Chaque ville possède en outre un idiome particulier. Tous les hommes connaissent l'arabe, ils le lisent et l'écrivent grâce aux écoles religieuses (*médersa*). Depuis quelques années, les filles ont également droit à être formées dans ces écoles. Les populations malékites agrégées sont le plus souvent lettrées en arabe et parlent le berbère. Une grande partie des hommes ibadhites et malékites agrégés maîtrisent la langue française contrairement aux populations Chaamba récemment implantées dans la Vallée qui ne parlent que l'arabe.

4. Les structures sociales, politiques et religieuses

Nous avons déjà signalé que Tahert représentait l'idéal politico-religieux des Kharedjites Ibadhites. Dans cette Cité-état, l'*imam* élu, qui cumulait tous les pouvoirs, était soumis à deux influences contradictoires :

— Le jugement des *machayakhs* (*cheikhs*) issus du peuple ibadhite et qui défendaient la doctrine de la secte.

— Les pressions des notables laïcs, souvent non-ibadhites, qui soutenaient les intérêts économiques de la cité.

On observe par ailleurs qu'à Tahert, malgré le principe théorique d'élection de l'*imam*, l'imâmat est resté aux mains des Rostémides pendant presque toute la durée du royaume.

Les *ksour* de la Vallée du M'Zab dont l'autonomie a été totale pendant une dizaine de siècles (jusqu'en 1852), ne fonctionnaient pas suivant les mêmes structures. Un exécutif laïc[26] assurait la survie de la secte. La nouvelle organisation était essentiellement urbaine, profondément musulmane dans sa doctrine mais en fait berbère dans ses coutumes. Chaque ville était une petite république théocratique autonome ayant les mêmes structures, les mêmes institutions que nous décrivons plus loin. Mais du fait de leur indépendance les unes par rapport aux autres, les coutumes et les règlements qui régissaient chacune accusaient des différences dont il ne sera pas fait mention ici. Nous étudierons successivement la famille, la *fraction* ou *'Achira*, les partis ou *çoffs*, l'assemblée exécutive ou *djemaa* et enfin les structures religieuses.

LA FAMILLE

Elle est de type patriarcal et patrilinéaire et regroupe des individus liés par une dépendance économique. Elle est dirigée par son doyen, qui veille sur les actes et la moralité de chacun. Il exerce son pouvoir en prononçant bénédiction ou malédiction.

La famille est monogame, car l'application stricte du Coran rend la polygamie très difficile. Il y en a quelques cas, mais ils se présentent toujours comme des exceptions, stérilité de la première femme par exemple. La répudiation est aussi très rare, les hommes dans ce cas préfèrent placer la femme (stérile en général) dans une maison à part et lui fournir de quoi vivre.

Le mariage est l'affaire des parents des futurs conjoints: ceux-ci pourraient théoriquement refuser leur consentement mais, compte tenu de la pression sociale, le font rarement. La fille pouvait autrefois être très jeune, à peine pubère. L'âge légal est fixé maintenant à 15 ans. La virginité est naturellement exigée. Les parents du fiancé versent une dot à ceux de la jeune fille. Les deux jeunes gens ont pu se connaître à l'époque des jeux communs, mais ils ne se revoient qu'au jour de la cérémonie; un circuit d'information les a pourtant renseignés sur les qualités de leur futur époux.

Tous les veufs se remarient, car il est admis qu'un homme ne peut vivre sans les soins d'une femme.

La mère assure l'éducation des tout jeunes enfants: les plus grandes filles y participent. Cette éducation est libérale, l'enfant est sevré tard, on ne le laisse jamais pleurer.

Très tôt, garçons et filles ont des activités et des jeux séparés. Les garçons vont dès l'âge scolaire à la fois à l'école laïque et à la *médersa*, ce qui fait qu'ils passent le plus clair de leur temps à l'école. Ils jouissent de plus de liberté que les petites filles qui, elles, n'allaient jusqu'à une date récente qu'à la *médersa*, et qui participent dès que possible aux tâches de la maisonnée, pour se préparer à leur futur rôle d'épouse: entretien, soins des enfants, cuisine, tissage, ...

LES STRUCTURES SOCIALES ET POLITIQUES ([27])

a) *La Fraction ('Achira)*

Les *fractions* sont déterminées depuis la création des villes de la Chebka, à partir des ancêtres fondateurs: chacune regroupe en principe les familles à ancêtre commun. Mais elles ont reçu depuis d'autres éléments, intégrés par alliance. Elles sont dirigées par un conseil.

La *fraction* est l'unité administrative de base. A ce titre, elle jouit de la personnalité morale coutumière, possède des biens et joue un rôle essentiel: elle s'occupe des veuves, des orphelins, des déshérités, elle favorise les conciliations, exécute les jugements et prononce l'excommunication (la *tébria*) à l'égard de ceux de ses membres qui ont transgressé la règle commune.

Elle se réunit dans sa *hadjba* (maison de *fraction*) où elle discute de ses problèmes et de ceux de la communauté. Elle prend ses décisions démocratiquement, et élit un représentant, le *mokkadem*, qui siège à l'assemblée exécutive de la cité.

Il est choisi pour sa sagesse et sa représentativité, et il peut être révoqué s'il commet une faute, particulièrement en cas d'abus de pouvoir ou de non transmission des décisions du groupe.

b) *Les çoffs*

Dans la ville, les fractions se partagent en deux *çoffs* (littéralement: ligues): le *çoff* Chergui («de l'Est») et le *çoff* Gherbi («de l'Ouest»). Les *çoffs* n'ont pas d'existence institutionnelle, et peuvent être comparés à des partis politiques. Chaque *fraction* choisit de se placer dans l'un ou l'autre en fonction de ses options, elle peut changer, mais en aucun cas il n'y a d'adhésion individuelle. Chaque *çoff* lutte pour la suprématie, qui se traduira, par exemple, par l'accession d'un de ses membres à la charge de chef de l'exécutif. Ces luttes ont fréquemment provoqué des guerres civiles, qui ont abouti parfois à l'exclusion complète d'un *çoff*. C'est ainsi que sont nées Guerrara et Berriane. En période calme les *çoffs* se succédaient à tour de rôle au pouvoir.

Une telle structure dualiste non institutionnelle se retrouve chez tous les peuples berbères. Elle peut se manifester spatialement par l'existence de deux villages qui se font face, ou par la coupure de la ville en deux.

c) *L'Assemblée exécutive des laïcs - (Djemaa)*

Cette institution est en quelque sorte un conseil municipal composé d'autant de membres qu'il existe de *fractions*. Chaque *mokkadem* (représentant de la *fraction*) y siège avec voix délibérative. Il est assisté d'un suppléant éventuel qui ne siège qu'en cas d'absence, le *naïb*. Cette assemblée élit parmi ses membres un chef, le *hakem* ou *caïd*, et son adjoint. Normalement, l'adjoint est choisi dans le *çoff* opposé à celui du *hakem* et aux élections suivantes il y a permutation.

La *djemaa* s'occupait des affaires intéressant l'ensemble de la cité, elle exerçait le pouvoir temporel et si les autorités religieuses le permettaient, elle élaborait des *ittifaqat* (règlements). Elle disposait d'une police, et d'une garde qui veillait aux portes de la ville et aux tours de défense. Elle gérait une caisse alimentée par une contribution qu'elle votait chaque année et qui était répartie entre les *fractions*. Des membres de l'assemblée dirigeaient les travaux de réparation, d'entretien ou de construction, supervisaient la répartition des eaux et l'entretien des *séguia* communautaires et des barrages.

Lors de l'installation du pouvoir colonial, le rôle de la *djemaa* diminue progressivement. L'administration militaire française se superpose aux institutions traditionnelles, le *caïd* devient petit à petit un simple exécutant du pouvoir. A partir de l'institution du suffrage universel (1950), il est nommé et imposé par l'administration. En supprimant l'éligibilité du *caïd*, le pouvoir colonial empêche la rotation des *çoffs* et bloque le jeu politique de l'Assemblée.

Depuis l'indépendance de l'Algérie, les habitants de la Vallée sont groupés en une seule commune, ils participent aux assemblées municipales et préfectorales. La *djemaa*, lorsqu'elle existe encore, semble avoir un pouvoir très limité. Chaque ville a ses représentants à la commune qui peuvent agir dans le même esprit que les *mokkadem* en faisant jouer la démocratie au sein du *ksar*.

LES STRUCTURES RELIGIEUSES

Les clercs (ou *tolba*) représentent l'élite spirituelle de la cité. Ils se divisent en clercs majeurs, les *cheikhs*, et en clercs mineurs qui enseignent le Coran aux jeunes élèves. Ces clercs mineurs ou « aspirants » étudient eux-mêmes et peuvent accéder au rang de *cheikh* et même de *azzaba*. Les *azzaba* sont réunis au sein d'une assemblée religieuse et législative: la *halgat*, qui est le garant de la doctrine ibadhite et de la stabilité de la communauté.

a) *La halgat des azzabas*

Elle comprend douze membres, tous *cheikhs*. Les *azzaba* se recrutent par cooptation après que le postulant ait fait l'objet d'une enquête minutieuse. Sous la présidence du Cheikh Baba, chacun s'y trouve chargé de responsabilités particulières: le *muezzin* (ou *mouedden*) appelle à la prière, l'*imam* la dirige, d'autres sont chargés de l'instruction, du lavage des morts, des rites de cimetière, des distributions de nourriture, etc. le *cadi* juge à partir du droit coranique et d'une jurisprudence spécifique. L'*amin el mal* gère les nombreux biens de la mosquée, dits biens *habous*, terres et immeubles inaliénables.

Les réunions de la *halgat* sont secrètes, et tenues dans une pièce hermétiquement close, sans fenêtres, ou, s'il y en a, elles sont bien obstruées. De la sorte, si une information est divulguée, c'est qu'un des membres de la *halgat* a parlé et, dévoilé, il est exclu.

Au nom du savoir et de la religion, la *halgat* exerçait un très grand pouvoir, la *djemaa* lui était subordonnée, quoiqu'à certaines époques elle ait, pour les affaires temporelles, contesté son pouvoir. La *halgat* élaborait des *ittifaqat*, et approuvait ou repoussait ceux que la *djemaa* proposait.

A l'heure actuelle, le pouvoir de la *halgat* est réduit au spirituel, mais il est encore important : elle prend et fait appliquer de nombreuses décisions qui concernent tant la morale, les mœurs, la religion, que le droit. Dans ce dernier domaine, les membres de la communauté ne font appel à la justice officielle que lorsque leur litige n'a pu trouver de solution par la justice traditionnelle.

b) *L'Assemblée des timsiridines*

C'est une assemblée religieuse de femmes, placée sous la tutelle de la *halgat* et qui la seconde en quelque sorte. Les femmes qui la composent remplissent divers offices, en particulier le lavage des mortes. Elles visitent régulièrement les maisons, exerçant un contrôle draconien sur les mœurs et sur la morale, refusant les innovations. Elles ont été un frein puissant à l'introduction de nouvelles techniques, comme la TSF ou l'électricité apparue au M'Zab vers 1930 : leur maison de réunion de Beni Isguen n'a été équipée en électricité qu'en 1971.

Leur désapprobation se manifeste par une interruption plus ou moins longue des visites, et peut aller jusqu'au refus de laver une morte (ceci correspondrait, chez les catholiques, au refus des derniers sacrements).

Leur conservatisme a été un des facteurs les plus importants de la cohésion de la communauté, mais actuellement leur influence régresse, d'autant que les femmes commencent à sortir du M'Zab pour suivre leur époux, et accélèrent ainsi l'éclatement de la société traditionnelle.

c) *Le Medjeles Sidi Saïd*

C'est une assemblée de *cheikhs* ([28]) de la Vallée, qui se réunit en terrain neutre, à la mosquée Ammi Saïd, dans un cimetière proche de Ghardaïa à côté de la tombe du *Cheikh*. Elle est présidée par un des leurs, élu pour cinq ans. Elle délibère sur les points de doctrine et de jurisprudence qui intéressent la totalité de la Confédération, ainsi que sur les intérêts communs à tous. Elle élabore des *ittifaqat* qui ont force de loi pour l'ensemble de la population.

CONCLUSION

Ces assemblées régissaient toute la vie des cités. Evidemment les agissements réels ne se conformaient pas toujours à la loi ou à la tradition: le cas échéant, divers moyens de répression étaient utilisés, de la bastonnade codifiée à la mise au ban ou excommunication prononcée par la fraction, la *halgat* ou l'assemblée des *timsiridines*. Ainsi, la transgression des décisions entraînait pour un *azzaba* l'exclusion de la *halgat*, pour un autre clerc sa déchéance de religieux et son retour au statut de laïc, pour un membre de la communauté qui refusait de s'amender et de faire son autocritique, son excommunication.

Toutes les relations étant définies en termes de droits et de devoirs, les activités étant déterminées par la tradition et les *ittifaqat*, ces assemblées ont pu, jusqu'à ces dernières années, maintenir la cohérence culturelle, l'équilibre social et religieux de la communauté: les valeurs traditionnelles bénéficiaient d'une reconnaissance collective.

5. L'urbain

Les villes de la vallée, bien que relevant d'une organisation similaire, ne peuvent se réduire à un modèle. Nous dégagerons quelques points communs, puis nous montrerons les particularités de chacune.

LES VILLES DE LA VALLEE

Au départ, la constitution d'une ville n'est pas le fait du hasard. Sa création, comme ses agrandissements, ont été délibérés. Le processus de la fondation est encore connu: des gens aventureux et entreprenants se groupaient avec à leur tête un *cheikh* réputé pour sa piété et son courage, entouré d'une *halgat*, formée de disciples ou de fidèles. Ils choisissaient un site, en particulier selon ses possibilités de défense militaire. Les villes sont donc situées sur des pitons ou sur des croupes, ce qui dégage en même temps les terres cultivables et assure la mise hors d'eau (hors d'*oued*) des habitations et des espaces d'activités urbaines.

Le groupe fondateur commençait à bâtir sur le sommet une mosquée, qui était en même temps un magasin, un dépôt d'armes et une forteresse; puis l'enceinte était soigneusement tracée. Cette opération revêtait un caractère religieux et militaire; il en était de même ultérieurement pour les extensions décidées suivant les besoins de la communauté. La construction même des maisons était soumise à de véritables règles d'urbanisme qui concernaient l'orientation et la hauteur: en particulier, il ne devait pas être possible de voir chez le voisin, et il n'était pas permis de lui porter ombre, le soleil étant, pour ainsi dire, inaliénable. Mais elle devait suivre aussi d'autres règles, plus générales, d'origine religieuse: rien dans l'apparence extérieure des maisons ne devait marquer les différences de fortune, le riche ne devait pas écraser le pauvre. Cette absence d'ostentation, très respectée jusqu'à ces dernières années faisait qu'aucune maison ne tranchait sur les autres par sa grandeur ou son style, le riche et le pauvre disposaient de maisons semblables d'où toute décoration était proscrite.

A l'heure actuelle, les villes se présentent à nous un peu différemment, car certaines portions de rempart ont été détruites, certaines maisons-remparts percées de portes et de fenêtres qui ouvrent sur l'extérieur et parfois leur donnent un aspect « européen ». Mais, d'une manière générale, elles nous apparaissent le long de leurs pentes, comme formées de gradins tachés de couleurs (bleu, rose, jaune, ocre, blanc, suivant l'enduit qui les recouvre).

Cette coloration variée, présentée souvent comme un des charmes traditionnels des villes, serait en réalité un phénomène assez récent puisque les voyageurs du XIXe siècle décrivent au contraire des villes aux couleurs de terre et de roc.

« A Ghardaïa, comme à Beni-Isguen, toutes les arcades sont étagées les unes au-dessus des autres; quelques maisons, blanchies à la chaux, tranchent sur le ton grisâtre de celles qui ne le sont pas ».

Trumelet - 1854

« Dans le fond s'élève une grosse ville conique, grisâtre, parsemée de taches blanches ».

Masqueray - 1882

« L'ensemble, d'une teinte jaune assez triste, sur laquelle tranchent quelques constructions plus riches, à arcades blanchies, offre la disposition d'une vaste ruche d'argile en train de cuire au soleil ».

Amat - 1888

Fig. 4. «*La texture des villes est extrêmement serrée*» ... (p. 45).

Ce ne serait donc que récemment que les habitants de la Vallée auraient commencé à enduire leurs maisons, puis à colorer ces enduits. On trouve encore actuellement quelques maisons sans enduit.

Les cités étaient protégées (et le sont encore entièrement ou en partie) par des remparts ou des maisons-remparts, ainsi que par des tours de guet et de défense. L'enceinte était percée de portes que surveillaient des postes de garde avec chambre à l'étage. Les remparts n'avaient certainement pas pour seule fonction la défense de la ville, mais aussi la fermeture idéologique de la communauté. C'est ainsi que lors des prévisions d'urbanisme pour la ville de Beni-Isguen en 1962-1964, les autorités de la ville demandèrent la construction d'un rempart autour de l'extension prévue. Cette exigence fut abandonnée par la suite, du fait de l'évolution rapide de la communauté dans le sens de l'individualisme.

A l'intérieur des remparts, toutes les villes disposent de puits qui les approvisionnent en eau potable. Ainsi, sur des placettes ou dans des renfoncements couverts qui ne dépassent pas l'alignement des mai-

Fig. 5. «*Les ruelles sont souvent tortueuses et de forte déclivité*» (p. 46).

sons, s'ouvrent des puits profonds. Jusqu'à ces dernières années, ils constituaient la seule alimentation en eau de la ville. Le puisage et la distribution étaient effectués par des porteurs professionnels. L'importance de l'eau est telle qu'on peut supposer qu'un des facteurs de la ruine des établissements précédents de la vallée a été le tarissement des puits, l'insuffisance d'eau potable ou sa mauvaise qualité.

La texture des villes est extrêmement serrée. Ghardaïa (la ville ancienne) totalise environ 2.000 habitations, ce qui représente une moyenne d'occupation au sol de 115 m², y compris les espaces publics et les édifices communautaires (mosquées, marché, ruelles ...).

Cette texture concentrée n'entraîne pas, pour autant, une surpopulation, car nous relevons à l'intérieur des remparts existants ou lisibles, des occupations d'environ 495 habitants à l'hectare à Ghardaïa, 440 à El Ateuf, 405 à Beni-Isguen, 380 à Bou-Noura et 245 à Melika.

A l'intérieur des villes, la circulation s'effectue par des ruelles, parfois partiellement couvertes, accessibles aux piétons et aux ânes.

Fig. 6. Une « artère » de l'ancien quartier juif de Ghardaïa.

Suivant le terrain, elles sont souvent tortueuses et de forte déclivité. S'il s'y prête, le sol de la ruelle est souvent le rocher lui-même; si le terrain est sablonneux, on le recouvre d'un pavage de pierres plates. Les déclivités sont franchies par des emmarchements de hauteur très faible, mais de grande profondeur, destinés à faciliter l'accès aux ânes chargés.

Architecturalement, la ruelle n'est animée que par la forme et la couleur des murs sur lesquels jouent l'ombre et la lumière. Les façades des maisons ont comme seules ouvertures la porte d'entrée et, éventuellement, une minuscule fenêtre, en général au-dessus de la porte à l'étage. Quelques fentes verticales percent le mur par endroits, assez haut pour que les passants ne puissent voir à l'intérieur. On remarque encore les niches destinées à accueillir les lampes à huile qui servaient d'éclairage public avant l'équipement en électricité. Parfois, la maison franchit la rue, déterminant ainsi des passages couverts, ou bien elle présente un léger encorbellement de 30 à 50 cm

Fig. 7. «*Meurtrières et encorbellements*» ... (p. 48).

sur une partie de sa longueur. Meurtrières et encorbellements permettaient de tenir la rue sous le feu des fusils, ce qui était nécessaire lorsque l'ennemi avait franchi les portes ou bien lors des luttes intérieures qui secouaient la ville.

Certaines de ces ruelles sont multifonctionnelles : elles servent de passage, de marché (en prolongement à la place) et de lieu de rencontre, grâce aux banquettes maçonnées qui sont aménagées le long des murs. D'autres ne servent que de passage et d'accès aux maisons; d'autres enfin, unifonctionnelles, sont des impasses qui débouchent dans les ruelles et ne permettent que l'accès à « sa » maison.

Chaque ville possède une mosquée, caractérisée par son minaret en forme d'obélisque. C'est le siège du pouvoir religieux. Elle n'est pas plus décorée que les maisons, même le *mirhab* ne comporte ni stuc ni moulures. D'autres lieux de culte se répartissent dans la ville, soit à l'emplacement d'anciennes mosquées, soit dans des lieux privilégiés ou mythiques, soit encore près de certaines portes, car c'est à l'entrée de la ville que la famille vient réciter la *fatiha* ([29]) à l'occasion du départ d'un de ses membres. A la mosquée s'adjoignent les lieux d'enseignement religieux (la *médersa*).

La fonction économique de la ville s'organise autour de la place du marché, le *souk*, qui prend diverses formes, mais se trouve, dans la majorité des cas, délibérément rejeté à la périphérie de la ville; ceci afin que le nomade ou l'étranger qu'attire le commerce n'ait pas la possibilité d'entrer dans la ville réservée aux habitants. Le *souk* s'étend en général dans les rues avoisinantes; son importance varie selon la ville, et nous le décrirons pour chaque *ksar*. Cet espace fermé n'a pas seulement un rôle économique, il est le seul vaste lieu public ([30]) de la ville et donc le lieu de rencontre de toute la population (masculine exclusivement, il n'y a pas de lieu public pour les femmes autre que le cimetière), à l'exception des réunions religieuses ou proprement familiales. Bien souvent, l'espace du marché a servi à régler des différends entre parties et a été le théâtre de bagarres ou de batailles, qui avaient pour origine une querelle entre *çoffs* ou *fractions*.

Cimetières et palmeraies se trouvent hors des villes, mais organisés par elles et en fonction d'elles. Les cimetières sont de véritables cités des morts qui s'étendent sur des surfaces importantes et ceinturent pratiquement les villes. Chaque religion, chaque groupe de popula-

Fig. 8. Palmeraie (Beni Isguen).

tion, a ses cimetières particuliers, ainsi à Ghardaïa, les Beni Merzoug, les M'dabih, les Juifs...; mais, même pour le seul rite ibadhite, les cimetières sont dispersés, recoupant les divisions sociopolitiques de la ville en famille, *fractions*, *çoffs*. Ils sont désignés par le nom de leur santon: cimetières Ammi Saïd et Sidi Bougdemma à Ghardaïa, Sidi Aïssa à Melika, Baba Ahmed et Mamou Youssef à Beni Isguen, Sidi Brahim à El Ateuf, etc.

Le détail des usages et des rites funéraires n'entre pas dans notre propos, mais il faut signaler que les cimetières sont le lieu d'activités nombreuses et parfois intenses. Non seulement pour les enterrements, mais aussi lors de fêtes religieuses (*mahadra*) et à l'occasion de sacrifices ou de distribution de nourriture (*marouf*, aumône appelée aussi *nouba*). Ces manifestations se tiennent dans un lieu de rassemblement et de prière qui peut être couvert (mosquée ou *djemaa*) ou en plein air (*m'çolla*).

L'anonymat des maisons se retrouve dans les tombes dont la similitude, en l'absence de toute inscription, n'est rompue que par la coutume islamique qui marque la tombe de pierres levées aux pieds et à la tête, en nombre différent selon le sexe; et par une autre coutume, plus ancienne peut-être, qui consiste à déposer sur la tombe quelques objets utilitaires brisés (poterie, récipients pour les ablutions ou les rites) ayant servi au défunt et pouvant permettre à la famille de la reconnaître. Seules quelques tombes de *cheikhs* vénérés sont signalées.

Les palmeraies sont situées à proximité des villes, et munies des moyens élémentaires de défense que constituent les tours de guet qui permettent d'avertir la ville. Toutes comportent de nombreux ouvrages hydrauliques : barrages d'absorption, galeries souterraines (*foggara*), puits, ruisseaux artificiels ou rigoles (*seguia*). De nos jours, ces ouvrages hydrauliques conservent toutes leurs fonctions mais les puits sont au fur et à mesure équipés de pompes électriques.

Ces oasis tendent à devenir de véritables cités de résidences secondaires. On y construit de plus en plus de maisons occupées à la saison de la cueillette des dattes (de septembre à novembre), et davantage encore à la saison chaude, pour profiter de la relative fraîcheur que dispensent l'ombre des palmiers et l'eau dont on arrose généreusement les jardins (surtout depuis les nouveaux forages). Ce déplacement de la population vers la palmeraie l'été est facilité par le congé scolaire des enfants qui n'ont plus besoin de la proximité de l'école ([31]).

Nous allons tenter maintenant de caractériser chaque *ksar*, avec ses abords.

Ghardaïa : Tar'ardaït en berbère.

C'est la ville la plus en amont, et la plus importante. Elle s'organise autour d'une colline dont le sommet est occupé par la mosquée, son minaret, et un autre petit minaret plus ancien, conservé. Le *ksar* s'est développé de façon concentrique et nous pouvons lire sur son plan deux lignes de remparts antérieures à l'occupation actuelle. Le long de la seconde ligne, la plus éloignée de la mosquée, se trouve une petite place, la place Rahbat, ancienne place du marché, ainsi qu'une petite mosquée sans minaret qui aurait été à l'origine réservée aux Ibadhites de Ouargla de passage à Ghardaïa. La ville était encore récemment entourée de remparts qui formaient une troisième ligne, mais ils ont, maintenant, presque disparu, ou ont été débordés. Des portes, qui donnent accès aux différents quartiers existent encore, sauf dans la partie Sud.

Fig. 9. «*Le ksar s'est développé de façon concentrique*» (p. 50).

Les quartiers sont distincts et hiérarchisés : autour de la mosquée demeurent les clercs, les autorités religieuses, les familles pieuses, au Nord-Ouest, le quartier M'dabih, à l'Est le quartier des Beni-Merzoug entourent chacun leur mosquée; au Sud-Ouest, à l'extérieur de la ville, l'ancien quartier juif est occupé maintenant par des anciens *moujahidines* (combattants de la lutte pour l'indépendance) qui sont, pour la plupart, des Chaamba.

Le *souk* de Ghardaïa, à la périphérie Sud-Ouest de la ville, est le plus important de la vallée, et jusqu'au début du siècle, les caravanes venaient vendre leurs marchandises au grand marché du vendredi. Arrivant le jeudi, les nomades étaient enfermés sur la place dont les accès étaient munis de chaînes qui empêchaient toute entrée ou sortie durant la nuit.

Cette place rectangulaire, d'environ 75 m sur 44 m, est entièrement entourée d'un portique sur lequel s'ouvrent des boutiques et des magasins-réserves. Sous une portion du portique se tient le marché aux enchères : des crieurs circulent, présentant la marchandise aux acquéreurs assis sur le pourtour.

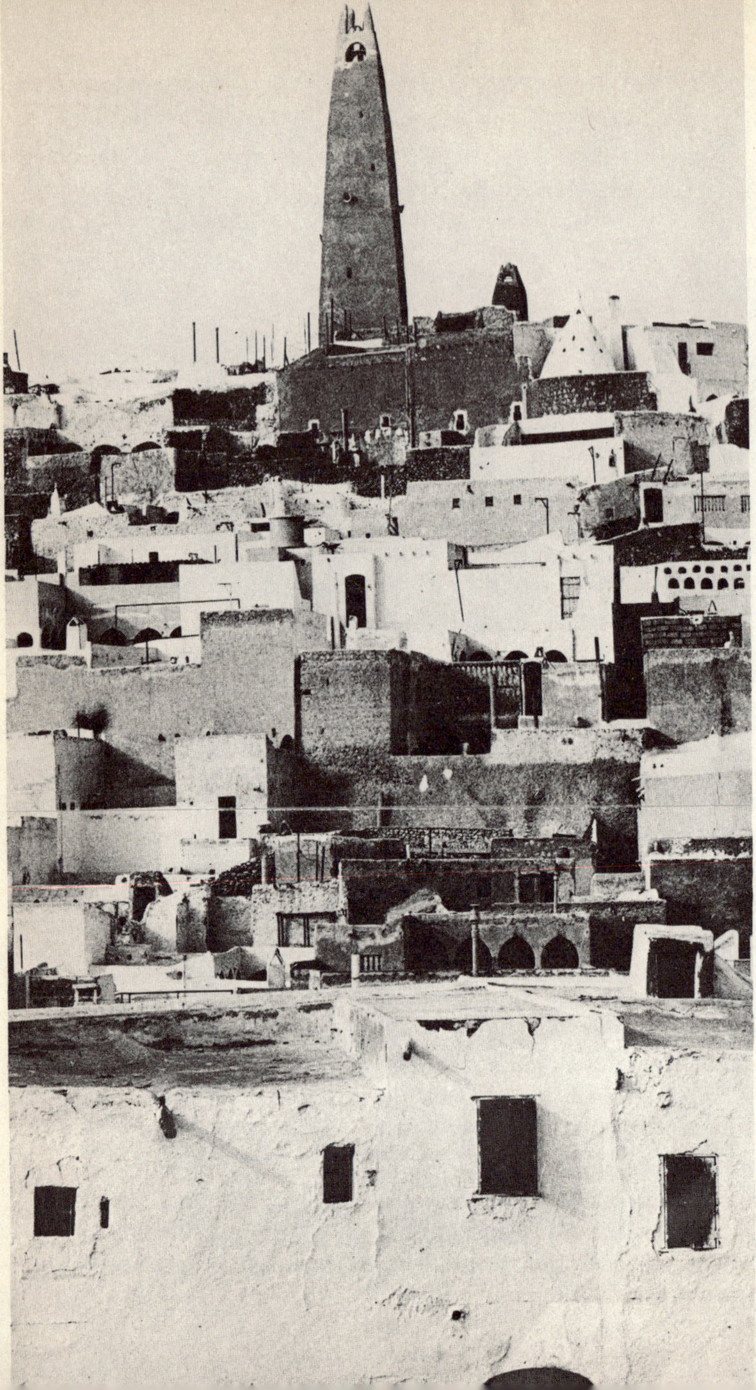

Fig. 11. Le *souk* de Ghardaïa.

La place est le centre d'autres marchés secondaires, tels que le marché de la viande (*souk el ham*), celui des légumes (*souk el khadra*). Elle est aussi le point d'aboutissement de nombreuses ruelles qui remplissent un rôle économique dans leur partie la plus proche du *souk*. Chaque type d'activité marchande se retrouvait dans un secteur délimité: rue des brodeurs, des dinandiers, des tailleurs, etc. Cette division de l'espace commence actuellement à éclater sous l'effet de la diminution du nombre des artisans et de la multiplication des produits finis manufacturés vendus dans les boutiques à l'étalage hétéroclite. En dehors de ce nœud économique, les seuls rares commerces qui existent en ville sont de première nécessité (épicerie, boulangerie) et sont situés à proximité des portes, exception faite pour trois boutiques de ce genre près de la place Rahbat.

La place du marché comportait, face au grand côté Sud-Ouest, une *m'çolla* (détruite dans les années 1960), et, vers le centre de la moitié Nord-Ouest du rectangle, une *haouita* qui existe encore, mais est

← Fig. 10. La mosquée domine les terrasses (cfr p. 101).

Fig. 12. «*L'emplacement même du commerce et des transactions*» ... (p. 54).

moins visible, une nouvelle *m'çolla* ayant été construite à l'intérieur. Lisons Mercier ([32]):

« La *haouita* est une ligne de pierres irrégulières enfoncées dans le sol et disposées en une demi-ellipse de 5 m d'ouverture environ. Ces pierres, selon la tradition, formaient autant de sièges autrefois à l'usage des membres de la *djemaa* qui s'asseyaient là pour discuter des affaires de la cité. Ce conseil laïc préférait donc l'emplacement même du commerce et des transactions pour prendre des décisions temporelles ... ».

Ghardaïa connaît une forte croissance et son éclatement crée de nouveaux quartiers, malheureusement du type «bidonville redensifié» (³³), particulièrement au Sud-Est, à l'Est et au Nord de la ville. Leur population est d'installation récente et d'origine nomade ou semi-nomade malékite.

Au Nord-Est et au Nord-Ouest, de nouveaux quartiers ibadhites forment des cités-jardins avec quelques enclaves du type précédent. Les seuls espaces laissés libres sont les cimetières qui aèrent cette agglomération. Au Nord-Ouest, à quelque deux kilomètres, commence la palmeraie dont tous les terrains appartiennent aux Ibadhites et qui se transforme peu à peu en ville d'été. Dans les jardins, les propriétaires édifient de plus en plus d'habitations, des commerces viennent s'installer durant l'été et on y trouve même une *medersa*. Il existait déjà des mosquées par quartier de palmeraie. Nous pouvons penser que les constructions et les séjours prolongés en palmeraie ne devaient guère être possibles avant la période de calme inaugurée par l'occupation française car les attaques étaient fréquentes. La principale défense de la palmeraie consistait en une grosse tour de guet qui la dominait sur les hauteurs nord de l'extrémité.

Toute la palmeraie forme un immense système hydraulique qui ne laisse perdre aucune eau grâce à des barrages et à des canaux qui servent de cheminement piétonnier en dehors des crues et qui se décomposent en dérivations complexes pour réaliser un partage équitable de l'eau.

Beni-Isguen: At Isgen en berbère

Elle est à flanc de piton, à 2,5 km de Ghardaïa, au confluent de l'*oued* N'Tissa et de l'*oued* M'Zab. Ce *ksar*, le second en importance, s'organise à partir d'une vieille ville, «Tafilalt», qui occupe la partie supérieure, et qui est actuellement habitée par une population pauvre, à majorité noire. On y trouvait un *souk*, une mosquée et un puits d'eau chaude. La ville s'est développée concentriquement, en deux périodes au moins, dont on peut lire les limites (les anciennes portes de la ville sont intactes). Enfin, elle est arrivée à son extension actuelle vers 1860, date à laquelle le nouveau rempart qui reporte l'ancienne enceinte d'environ 100 mètres vers l'*oued* N'Tissa, a été construit. Ce rempart, haut de 4 à 5 mètres, subsiste intégralement, et est régulièrement entretenu. L'entrée de la ville se fait par des portes dont les deux principales ouvrent l'une au Nord-Est vers la

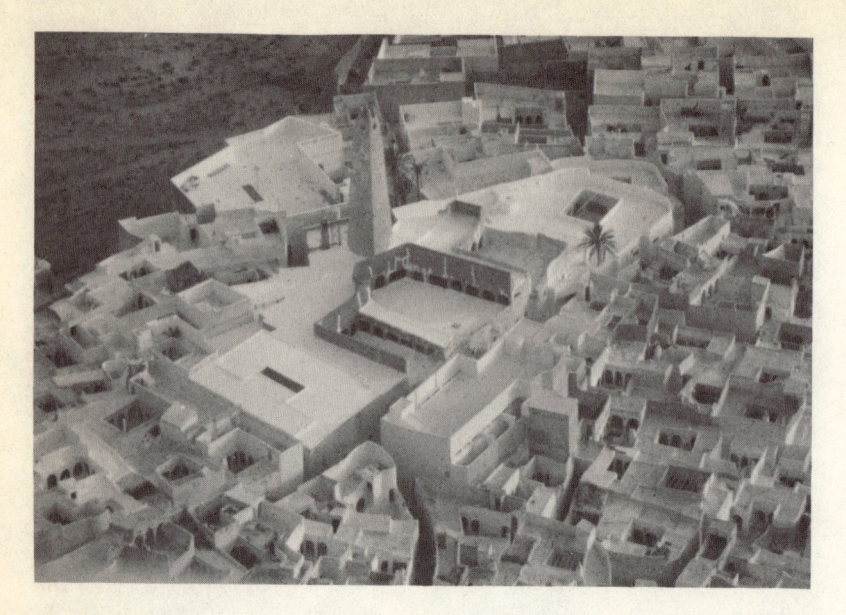

Fig. 13. « *La mosquée avec ses agrandissements successifs, ses écoles, ses salles de réunion et ses cours* » ... (p. 58).

Vallée (Bab Chergui) et l'autre au Sud-Ouest vers la palmeraie (Bab Gherbi). Encore de nos jours, elles sont fermées le soir et confiées alors à des gardiens auprès desquels il faut décliner son nom pour se faire ouvrir. Les remparts sont flanqués de quelques tours de guet, la plus grosse dominant la ville (Tour Cheikh Baelhadj appelée aussi Tour Boulila; la légende raconte qu'elle fut construite en une nuit). Un peu en contrebas de cette tour, vers le Nord-Est et en bordure des remparts, s'élève la mosquée avec son minaret.

Une rue joint la porte Nord-Est à la porte Sud-Ouest: au Nord-Ouest de cette voie, le *ksar* offre un réseau de ruelles tortueuses et très escarpées, au Sud-Est, dans la partie basse plus récente et construite sur le sable en bordure de l'*oued*, la circulation se fait par des voies en quadrillage assez régulier.

Trois lieux de culte se trouvent dans le *ksar* même : l'ancienne mosquée Tafilalt, qui ne comporte qu'une simple aire de prière sur laquelle ouvre une partie couverte. Certaines réunions s'y tiennent encore à différentes occasions mais elle est surtout fréquentée par les

Fig. 14. La rue de la mosquée: les *mirhab* sont en encorbellement.

Fig. 15. « *Le marché occupe une place triangulaire* » ... (p. 58).

femmes. Ensuite, la mosquée proprement dite avec ses agrandissements successifs, ses écoles, ses salles de réunion et ses cours. Enfin, près de la porte Chergui, et proche de la maison de réunion des *timsiridines*, se trouve un lieu de prière, Boudjira, dont un côté présente une *m'çollah* découverte pour les hommes qui viennent y réciter la *fatiha* à l'occasion du départ d'un membre de la famille, et dont l'autre côté, clôturé et reconnaissable au *mirhab* qui déborde du mur, est accessible par derrière, par des ruelles, et est réservé aux femmes. Elles viennent y tenir des réunions ou y procèdent à des distributions charitables (de coupons de tissu ou de vêtements par exemple).

Le marché occupe une place triangulaire, munie d'un puits et entourée de boutiques, aux limites antérieures de la ville. Il se tenait autrefois dans deux autres lieux, l'un près de Tafilalt, l'autre encore reconnaissable près de l'ancienne porte Est. La place n'offre qu'un petit étalage de fruits et de légumes, mais une vente aux enchères y a lieu quotidiennement, sauf le vendredi et certains jours de fête religieuse.

Elle commence environ une heure après la prière du milieu de l'après-midi : « on a le temps de faire sa prière, de prendre le thé, et de se rendre tranquillement au marché ». Elle dure environ une heure et demie et se termine à la prière du soir, au coucher du soleil.

Les marchandises vendues sont de toute sorte, de première main ou ayant déjà servi : bijoux, tapis, objets usuels, vêtements, produits agricoles, objets provenant des liquidations ou des successions, maisons même. Les nomades sont nombreux à venir y vendre leur production artisanale. Les plus encombrants des objets en vente sont exposés au milieu de la place, et un peu à part sont attachés les animaux : ânes, chèvres, moutons.

Une personne qui désire vendre un objet le confie à un vendeur patenté. La corporation n'accepte que des individus ayant fait preuve d'une bonne moralité : la fonction est souvent proposée à des hommes assez âgés et aux revenus modestes. Sur le produit de chacune de ses ventes, le vendeur reçoit un pourcentage.

Les femmes ne se montrent pas, mais peuvent vendre, et acheter aussi, en chargeant un intermédiaire d'effectuer les transactions à leur place.

Les hommes, propriétaires des objets à vendre, acheteurs éventuels, sont assis tout autour de la place, sur les banquettes maçonnées qui la cernent et dans les petites échoppes qui ouvrent derrière elles. On retrouve presque chaque soir les mêmes personnes aux mêmes places, chacun s'installant à proximité des membres de sa famille ou de sa fraction. Les nomades sont debout ou assis au centre de la place.

Les vendeurs circulent tout autour de la place, portant l'objet si son poids et son volume le permettent, et criant le prix atteint. Un premier acquéreur a proposé un prix, il ne peut être ridiculement bas et tient compte du « cours » de l'objet.

Les acquéreurs suivants montent le prix par tranches déterminées à l'avance : cinquante centimes par cinquante centimes pour les menus objets, un *dinar* par un *dinar* pour les prix plus importants, etc. Il suffit donc à un acheteur de lever la main ou de faire un signe de tête pour que le vendeur sache qu'il monte, et de combien. Le dernier enchérisseur n'emporte l'objet qu'après l'agrément du propriétaire, qui peut refuser si le prix ne le satisfait pas ou si le client ne lui convient pas.

Fig. 16. «*Les hommes sont assis tout autour de la place, sur des banquettes maçonnées*» (p. 59).

En 1972, les prix pratiqués au marché aux enchères de Beni Isguen étaient inférieurs à ceux des mêmes objets dans les boutiques de Ghardaïa : beaucoup d'acheteurs étaient des revendeurs. Les prix ne cessaient d'augmenter, pour cette raison et parce qu'ils étaient faussés par les enchères inconsidérées de certains touristes ou européens habitant la vallée.

Chaque *ksar* du M'Zab avait un marché aux enchères : seul celui de Beni Isguen a conservé sa signification, mais il tend à perdre de l'importance, la quantité des marchandises proposées diminue. Beaucoup d'objets autrefois vendus à ce marché sont maintenant cédés dans des transactions privées (bijoux, maisons, etc.).

Les acheteurs et les participants y viennent moins nombreux : c'est la trace de la moindre cohésion de la communauté. Car les hommes de la cité ne vont pas au marché pour acheter un objet précis, pour un besoin immédiat. C'est du hasard que naît le désir ou le besoin.

Le marché est beaucoup plus qu'un marché. C'est un lieu privilégié où l'on traite des affaires et où l'on voit se traiter les affaires. C'est un lieu où l'on s'informe : c'est au moment du marché que les avis officiels et les décisions municipales sont diffusées, par haut-parleur. Venir au marché est aussi un rite, un moyen de rencontrer et de se détendre, de prendre des nouvelles des uns des autres, de marquer son appartenance à la communauté. S'asseoir à une certaine place a un sens, se déplacer a un sens, être absent a un sens : ne pas se rendre au marché pouvait signifier que l'on avait quelque chose à se reprocher.

Quelques commerces de première nécessité se regroupent dans les ruelles autour de la place. Le reste de la ville ne comporte aucune boutique, mais certaines maisons, sans devantures, servent de magasins uniquement destinés aux femmes qui désirent faire des achats personnels.

Les cimetières sont nombreux à l'extérieur de la ville, en particulier au Sud-Est, de l'autre côté de l'*oued*, et sur le haut du plateau, où l'on accède par une porte percée près de la tour Boulila.

Hors des remparts, au Nord-Est, de nouveaux quartiers se construisent et s'étendent rapidement. Ils sont implantés selon le plan d'urbanisme de 1964 et leur architecture montre typiquement la transformation qui s'opère dans la société ibadhite. Ces lotissements étaient prévus pour une structure urbaine concentrée du type de celle de la ville, mais les propriétaires ont choisi d'acquérir plusieurs parcelles pour construire leur habitation au milieu d'un jardin, si bien que le tissu urbain y est très aéré.

Entre l'agrandissement malékite de Ghardaïa et l'extension de Beni Isguen, les seuls terrains non encore construits sont déjà lotis et destinés à recevoir rapidement des constructions. Ainsi, dans un avenir très proche, la jonction urbaine sera réalisée entre les deux villes.

Entre Mélika et Beni Isguen une petite agglomération de Malékites s'implante : Sidi Abbas. Elle est habitée par d'anciens travailleurs employés à Beni-Isguen qui vivaient sous la tente.

La palmeraie de Beni-Isguen s'étend le long de l'*oued* N'Tissa et comporte de nombreux ouvrages hydrauliques, notamment un grand barrage d'absorption qui permet de retenir toutes les eaux apportées par les crues, pour en nourrir le sol et remplir les puits, tout en protégeant la partie basse de la ville. Cette palmeraie qui ne s'étendait auparavant qu'au-dessus du barrage s'avance maintenant jusqu'à la ville. De nombreuses maisons sont occupées l'été; c'était déjà le cas avant l'arrivée des Français; d'anciens *ksour* existaient dans la palmeraie et des actes de propriété attestent que certaines maisons étaient construites il y a 200 ans. Cela était sans doute possible grâce au dispositif de défense de la palmeraie. Il ceinture l'ensemble d'une série de tours de guet disséminées sur les hauteurs. Elles servaient à alerter la ville et pouvaient sans doute abriter la population. Les relais entre elles étaient effectués à l'aide de signaux suivant des codes établis qui permettaient de signaler rapidement toute approche d'ennemis ou de crues. Peut-être servaient-elles aussi à prévenir la fuite des esclaves employés dans les jardins.

Melika: At Tamelichet en berbère

Elle est à mi-distance de Ghardaïa et de Beni-Isguen mais sur l'autre rive de l'*oued* M'Zab, sur un piton. Elle n'a conservé que peu d'importance. On n'y voit pas trace d'agrandissements successifs. Sa protection était assurée par des maisons-remparts que les habitants ont actuellement tendance à transformer largement ou à détruire. Des portes ménagées entre des maisons donnent accès à des ruelles, lesquelles rejoignent une rue principale qui traverse le *ksar* du Nord au Sud.

La ville, vu son statut particulier, comprend dans ses murs un quartier de Malékites chaamba près de la porte Ben Trach face à Beni-Isguen. Ils y ont une mosquée à laquelle ils ont ajouté en 1970 un minaret, contre la volonté des Ibadhites.

La mosquée ibadhite se trouve au centre de la ville, son minaret la domine. A son pied s'étend le *souk*, ce qui est exceptionnel pour les villes du M'Zab où le marché est généralement éloigné du centre religieux. Le *souk* de Melika n'a plus guère d'activité, il a perdu son prestige sous les Français lorsqu'ils ont interdit la vente des esclaves noirs qui constituait l'essentiel des affaires.

A l'extérieur de la ville, une petite mosquée est édifiée sur l'emplacement de la ville primitive (Ouadaï). Un grand cimetière groupe ses tombes autour du tombeau de Sidi Aïssa, lieu de pèlerinage pour toute la confédération. Un autre cimetière, malékite celui-là, commence près de la porte Ben Trach. Il est contigu au vieux cimetière nomade qui serait celui des premiers occupants de la vallée, en un lieu dénommé Tighzert.

Melika n'a plus vraiment de palmeraie, l'ancienne palmeraie étant intégrée presque entièrement à l'extension de Ghardaïa, et couverte de constructions. Seule une légère bordure de jardins est réservée en bas du piton, on peut y voir sur le M'Zab un pont construit vers 1930 pour servir de passage aux piétons et aux ânes.

Bou Noura: At Bounoure en berbère

Elle est à moins de 1 km en aval de Beni-Isguen de l'autre côté de l'*oued*. C'est un petit *ksar* dont la destruction de la partie supérieure a bloqué le développement; celui-ci a repris depuis peu vers l'Est et vers la palmeraie. Bou Noura est elle aussi au confluent de deux *oueds*, l'*oued* M'Zab et l'*oued* Azouil. Elle est protégée sur toute sa partie basse par les rochers qui bordent l'*oued* M'Zab et sont surmontés de maisons-remparts. La mosquée, en bas, forme elle-même rempart et possède son minaret. Dans l'enceinte de la ville on trouve un autre lieu culturel, lieu mythique où un *imam* aurait disparu dans le ciel, et qui est marqué par une aire de prière clôturée.

La circulation dans le *ksar* est nettement incurvée selon une direction Nord-Ouest, des ruelles partent perpendiculairement à cet axe. La limite supérieure de la ville à mi-hauteur de la butte est protégée par un rempart avec tour de défense et de guet. Le *souk*, placé à l'extrémité Est n'a plus qu'une petite importance locale. On trouve quelques commerces de première nécessité dans ses environs et près de la porte Nord-Ouest.

Dominant toute la ville, mais à l'extérieur se dresse l'ancienne mosquée qui devait être au centre de la vieille ville et qui est entièrement ruinée. Le minaret est effondré mais des cérémonies y ont toujours lieu. Des cimetières importants ceinturent la ville à l'opposé de la vallée. La palmeraie s'étend dans l'*oued* Azouil, elle comporte de nombreuses constructions où les Mozabites vont séjourner l'été. Une autre palmeraie s'étend vers l'Est le long de l'*oued* M'Zab en direction d'El Ateuf.

El Ateuf: At Tadjnit en berbère

Elle se trouve à une dizaine de kilomètres en aval de Ghardaïa. Elle nous apparaît au détour d'un virage, étagée sur sa croupe et entourée de maisons-remparts (très modifiées ou détruites). Deux minarets la

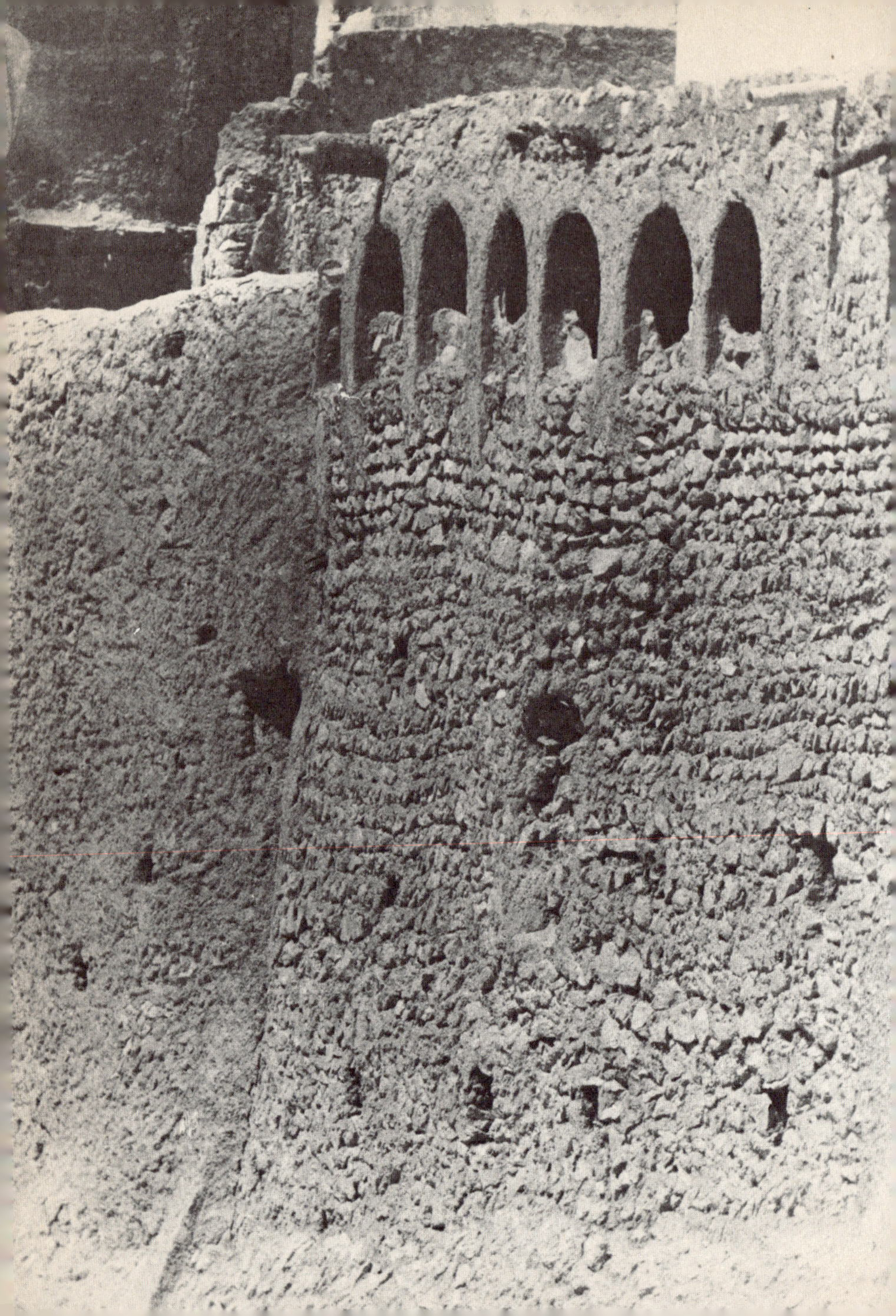

dominent, rappelant qu'elle possède deux mosquées ibadhites. Certains ont voulu y voir une dualité de pouvoir religieux. Si cela a pu être autrefois, ce n'est pas actuellement le cas; la grande mosquée, celle du bas, est le siège du pouvoir religieux. L'existence de ces deux mosquées est souvent expliquée par des disputes survenues à une certaine époque. Nous serions tentés d'y voir une survivance de l'implantation berbère en deux villages, un inférieur, un supérieur, qui correspond à l'organisation actuelle en *çoffs*. Ce principe dualiste est fréquemment observé dans d'autres sociétés. Ces deux villages se seraient joints pour n'en faire qu'un, tout en conservant la division en ligues rivales.

Sur le côté Ouest, la porte principale s'ouvre sur une placette, puis une porte plus ancienne donne sur le *souk*. Ce marché d'intérêt purement local voit se dérouler deux fois par semaine une vente aux enchères. Des commerces de première nécessité sont installés dans les ruelles adjacentes. Tout autour de la place se trouvent les *hadjbas*, maisons de réunion des *fractions*.

Les ruelles, dans toute la partie ancienne, présentent de nombreux passages couverts avec çà et là un puits de lumière; des impasses importantes distribuent chacune une dizaine de maisons. La ville est entièrement entourée de cimetières, dont le plus important comporte une grande mosquée, Sidi Brahim, lieu de pèlerinage pour toute la Confédération et où de nombreux sacrifices sont effectués.

Ce *ksar* possède deux palmeraies, l'une située vers Ghardaïa à environ 1 km, sans grande protection et à la végétation peu dense, mais tout de même habitée l'été; l'autre commence à 2 km en descendant l'*oued*, elle est plus importante, des tours de défense se succèdent sur plusieurs kilomètres le long de l'*oued*. On y voit peu de maisons et plutôt récentes. Un grand barrage d'absorption en terre ferme l'*oued* M'Zab afin d'alimenter la palmeraie. Avant l'équipement en eau artésienne, la palmeraie avait du mal à survivre car elle ne recevait que ce que les autres villes, Ghardaïa surtout, n'utilisaient pas.

En face d'El Ateuf, dans la profondeur du tournant de l'*oued*, des quartiers malékites récents s'implantent, habités principalement par des travailleurs ou anciens travailleurs non agrégés dans les fractions d'El Ateuf.

Fig. 17. «*El Ateuf entourée de maisons-remparts*» ... (p. 63).

Daya Ben Dahoua

Un *ittifaqat* de la Confédération du M'Zab avait prononcé l'interdiction de s'installer dans l'*oued* en amont de Ghardaïa et d'y creuser de nouveaux puits, ceci pour ne pas porter préjudice à l'irrigation des palmeraies des villes existantes. L'administration française passa outre à ce règlement et décida la création d'une palmeraie et d'une agglomération réservées à la population M'dabih, au lieu dit Daya ben Dahoua, à environ 10 km en amont de Ghardaïa. Quelques M'dabih s'y étant installés, on construisit une mosquée. Depuis l'Indépendance, de nouveaux terrains ont été attribués et des puits creusés pour valoriser ces terres. L'agglomération s'est étendue et comporte maintenant des écoles et quelques petits commerces.

Noumerate

La nouvelle zone industrielle de Ghardaïa s'est implantée sur le plateau à 10 km environ de Ghardaïa sur la route de Ouargla, au lieu dit Garet Taam. Elle comprend déjà de petites usines de transformation (bonneterie, serrurerie, radiateurs automobiles, carrelages...). Née de la volonté des habitants, elle semble un paradoxe, ainsi située en plein désert, au départ sans eau ni électricité (ces équipements sont en cours) mais cela n'est pas sans rappeler la volonté qui a présidé à l'implantation des Ibadhites dans la vallée. Une centrale électrique fonctionnant sur le gaz naturel d'Hassi R'Mel a été construite sur le même site en 1972. A une dizaine de kilomètres se trouve encore une usine de plâtre de construction et, en face d'elle, l'aéroport de Ghardaïa.

(¹) Récipient de cuir de forme allongée.
(²) Actuellement, Ghardaïa est rattaché à la Wilaya de Laghouat.
(³) Nous regrettons de n'avoir dans le domaine de l'économie du M'Zab que des données peu récentes.
(⁴) En 1945, on estimait à 6.000 personnes le nombre des Mozabites vivant à l'extérieur de la Vallée; quelques-uns, plus entreprenants, allèrent en Europe à la recherche de nouveaux marchés ou de fournisseurs, et ils purent s'initier à des méthodes modernes de gestion commerciale et industrielle.
(⁵) B. MERGHOUB, *op. cit.*, p. 80.
(⁶) Monographie du Gouvernement Général de l'Algérie n° 17.
(⁷) Du nom de leur premier Chef: Abdallah ben Ibadh ou ben Abadh.
(⁸) Cheikh: docteur religieux, par extension tous les anciens, les sages méritant respect.
(⁹) Taleb (plur. Tolba) clerc religieux, disciple.

(¹⁰) Sur l'Histoire des Zénètes, consulter Ibn Khaldoun : Histoire des Berbères.
(¹¹) Sijilmassa, autre royaume Kharedjite à tendance soffrite, prit naissance à la même époque que Tahert (en 757).
(¹²) Sur la chute de Tahert, les sources sont contradictoires. Certains prétendent que Tahert fut détruite en 908 sous l'Imam Yacoub ben Aflah, d'autres en 909, d'autres encore, dont les Ibadhites du M'Zab, situent cet événement en 911, sous l'Imam Abou Hatim Youssef. Il semblerait que Tahert ait fait l'objet de plusieurs agressions et qu'elle ait souffert de dissensions internes.
(¹³) La doctrine exerçait une forte et lointaine influence : Aoudaghost se serait assez tôt convertie à l'Ibadhisme sous l'influence de marchands originaires de Ouargla installés dans cette ville. (Cfr ROBERT & DEVISSE : Tegdaoust I, *Recherches sur Aoudaghost*, A.M.G. 1970).
(¹⁴) Al Idrisi signale que la ville ibadhite est peuplée de «familles opulentes et de négociants fort riches qui, pour faire le commerce, parcourent le pays des Nègres». Les fouilles effectuées ces dernières années sur le site de Sédrata ont mis à jour une série de stucs très ouvragés qui sont conservés au Musée des Antiquités à Alger, et ont révélé l'existence de palais.
(¹⁵) Un de nos interlocuteurs ibadhites nous signale Tighzert comme étant un campement plutôt qu'un ksar.
(¹⁶) Il faut mentionner à titre d'exception la destruction complète du premier ksar de Bou Noura qui est attribuée tantôt à une coalition des autres villes contre lui, tantôt à une scission interne qui entraîna une lutte civile, ou encore aux deux facteurs conjugués.
(¹⁷) D'après R. VALET : Le Sahara Algérien (Alger 1927) le M'Zab livrait pour tribut 45 esclaves noires.
(¹⁸) Cfr détail de ces incidents dans le livre du Dr. AMAT : *Le M'Zab et les Beni M'Zab*, (1888), pp. 22 à 25.
(¹⁹) Cfr *La Dépêche Algérienne du 19 novembre 1924*, citée par R. VALET dans «*Le Sahara Algérien*» et B. MERGHOUB: *Le M'Zab et la notion de développement économique* (thèse, Paris, 1970) où l'auteur développe les thèmes de la résistance des Mozabites face aux pressions coloniales.
(²⁰) Fêtes au cours desquelles ils dansent et jouent de la musique avec des instruments particuliers : crotales de fer, tambours, gombri. (Cfr E. DERMENGHEM : *Les confréries noires en Algérie*).
(²¹) En opposition au nom de «Mozabite», bien qu'habitant tous dans le M'Zab. On peut affirmer que le terme «Mozabite» ne désigne que les Ibadhites de la Confédération du M'Zab.
(²²) Ghardaïa harcelée régulièrement était auparavant protégée par Beni-Isguen contre paiement d'un lourd tribut (un quart des recettes du marché de la ville).
(²³) Cfr Monographie G.G.A., nº 17 ou 18.
(²⁴) Abou Zekaria aurait écrit que Metlili avait été fondée par les Ibadhites (cfr CAUNEILLE : *Les Chaamba, leur nomadisme*, C.N.R.S., Paris, 1968). La légende est en contradiction avec cette information. Sa fondation daterait du xe siècle (Monographie G.G.A., nº 16). Le minaret de la mosquée aurait d'abord été semblable à ceux des villes du M'Zab et remplacé en 1946 par une tour carrée (cfr CAUNEILLE, *op. cit.* et TRUMELET: *Les Français dans le désert*, Challamel, 1886, Paris).
(²⁵) Ils ont édifié récemment (1970) un minaret pour leur mosquée montrant ainsi une volonté de s'affirmer.
(²⁶) Adopté peut-être sous l'impulsion du Cheikh Ammi Saïd, savant de Djerba venu au M'Zab vers 1354 suivant certains, vers 1510 selon d'autres.
(²⁷) Les informations les plus développées se trouvent dans la thèse de B. MERGHOUB.
(²⁸) D'après D. AMAT: *Le M'Zab et les Beni-M'Zab* (1888): chaque ville déléguerait trois tolba.

(²⁹) Première Sourate du Coran.
(³⁰) Contrairement aux villes arabes, il n'existe pas de cafés dans les villes mozabites; mais on en trouve maintenant dans l'extension de Ghardaïa.
(³¹) Ils continuent d'aller l'été à la medersa: celle-ci peut s'installer dans la palmeraie.
(³²) MERCIER: *La civilisation urbaine au M'Zab*, Paris, 1922.
(³³) C'est-à-dire amélioré, avec habitations sommaires en dur mais ne disposant d'aucun équipement urbain.

3. Dans la maison

Au M'Zab, comme dans tous les pays où l'Islam imprègne la vie quotidienne, le seuil de la maison figure la séparation entre le monde public des hommes et la vie secrète et protégée des femmes : « (la maison) est un lieu féminin. Elle est le cadre normal de l'existence (de la femme). La maison est conçue pour elle, pour protéger son intégrité, pour qu'elle y soit à l'aise pendant son passage sur terre. Pour l'homme, la maison est l'endroit où il vient s'unir à son épouse et manger la nourriture que les femmes préparent. Se coucher et manger, c'est entrer dans le mystère du monde des femmes ''qui engendrent et qui allaitent'' ([1]) ».

Lors des relevés effectués dans les maisons, le propriétaire ou le locataire, averti, éloignait les femmes ou les groupait dans une pièce pour les soustraire à la vue des visiteurs masculins qui découvraient une maison subitement privée de ses occupantes. Les traces de leur vie et de leurs activités y étaient, mais seules les deux femmes qui ont collaboré à cette étude ont pu entrer vraiment en contact avec les femmes mozabites. Les rencontres occasionnelles sont devenues relations d'amitié ou de voisinage.

Les femmes mozabites ne parlent pas toutes le français — les petites filles si — et certaines parmi les plus âgées ne parlent que le berbère. Nos deux collaboratrices ont essayé d'apprendre « sur le tas » arabe et berbère mais leur connaissance est restée très élémentaire. La langue a donc été un obstacle pour les échanges. Les conversations étaient difficiles. La présence même des visiteuses modifiait parfois le déroulement habituel de la vie de la maisonnée : certaines activités étaient suspendues ; le tissage, la préparation des plats, les soins des enfants ne l'étaient pas.

La vie quotidienne a donc pu être saisie par des conversations dont les sujets les plus courants étaient les enfants, leur éducation, leur santé, la limitation des naissances, le mode de vie occidental ... Et aussi par l'observation de situations et la participation à des activités : tissage, fêtes, mariages, réunions féminines, tâches ménagères... Nous resterons prudents dans nos généralisations car il est impossible de rendre collectifs des comportements, des gestes, des habitudes qui sont peut-être le propre d'un individu ou d'une famille seulement. Il n'est pas toujours facile non plus de distinguer les éléments récents des éléments traditionnels.

Nous n'insisterons pas sur les aspects négatifs de la condition de recluse de la femme mozabite ! De nombreux auteurs l'ont décrite en parlant de femmes malheureuses, souffrantes, résignées ([2]), en supposant même qu'elles vivaient en cage — idée suggérée par la grille de fer qui ferme le trou du plafond —. Sans vouloir atténuer les circonstances qui justifient les légitimes revendications d'émancipation de la femme musulmane, il faut tout de même reconnaître que la société lui confère une place, une dignité, un rôle qu'elle s'applique à remplir conformément aux valeurs culturelles admises, même si aujourd'hui sont sensibles les signes d'une volonté d'ouverture au monde. Les femmes ont-elles le sentiment d'être prisonnières ? L'éducation leur a enseigné les comportements qui devront être les leurs. Elles les admettaient comme faisant partie de la nature des choses jusqu'à ce qu'elles apprennent l'existence de types de rapports sociaux différents. Les nouveaux modèles commencèrent d'ailleurs par être jugés péjorativement, puisqu'ils s'opposaient à leurs convictions religieuses ou à leur croyances.

En 1970-72, nous avons senti chez les jeunes filles de quinze à vingt ans que nous avons rencontrées, le sentiment d'une injustice dans leur condition et le désir de suivre d'autres modèles (faire des études, se marier tard ou ne pas se marier, choisir leur mari, décider de leurs maternités éventuelles ...). Elles rencontraient chez leur mère un soutien très timide ou pas de soutien du tout et rien chez les membres masculins de leur famille. C'est peut-être une des choses qui changeront le plus vite.

La société mozabite est parmi les plus sévères en ce qui concerne le port du voile et la réclusion des femmes, mais la juridiction ibadhite qui respecte scrupuleusement le droit coranique reconnaît à la femme des droits plus importants que dans d'autres régions d'Algérie. Ses biens sont inaliénables, elle peut émettre des conditions dans son contrat de mariage (^{3}) et demander le divorce si elles ne sont pas respectées. Ces dernières années, elle a vu son horizon s'élargir peu à peu. Elle a obtenu la possibilité de s'instruire, de circuler en automobile, d'accompagner son époux dans les villes du Nord; de rares privilégiées sont allées à l'étranger, ont fait leur pélerinage à la Mecque. Toutes sortes d'objets modernes sont apparus dans les foyers: ils simplifient la vie domestique, et apportent plus de confort (^{4}) ... et de nouveaux modèles de vie.

Si l'homme détient l'autorité familiale, c'est la femme qui règne dans la maison. On retrouve la même hiérarchie entre jeunes et vieux que celle présente dans toute la vie sociale: c'est la femme la plus âgée qui est maîtresse de la maison, elle commande à ses filles et à ses brus lorsqu'elles vivent avec elle. Elle organise les activités domestiques, l'intendance, les festivités; elle maintient l'ordre et la tenue de la maisonnée. L'homme n'y fait que de rares apparitions, pour le repas, le repos, le sommeil.

Bien qu'elles ne participent à la vie du dehors qu'en observatrices (de petites ouvertures sont judicieusement disposées pour lui permettre de voir à l'extérieur), les femmes ont une vie sociale très riche: rencontres, réunions, visites familiales ou de voisinage, fêtes se succèdent. Les informations circulent très vite, et elles sont fort au courant de ce qui se passe dans la ville. Leurs préoccupations ne diffèrent guère de celles de la femme au foyer européenne: le ménage, les enfants, la grossesse espérée ou en cours, la cuisine, les visites et les fêtes familiales ... mais ne schématisons pas!

Elles ont leur propre assemblée religieuse qui traite des affaires qui les concernent: protocole des fêtes et cérémonies, règles de vie ... etc., et qui peut également prononcer la *tebria*. Les *timsiridines* ont toujours cherché à freiner l'introduction des innovations et veillé à la bonne conduite des femmes. Cette assemblée est subordonnée hiérarchiquement à l'assemblée masculine et l'on peut voir dans son conservatisme, dans le lien étroit que les femmes gardent avec la tradition, une intention délibérée des hommes visant à maintenir la dépendance et la docilité de la population féminine. B. Merghoub, originaire de Beni-Isguen, écrit: «Le réflexe consistant à faire de la femme un otage de toute une civilisation est bien ancien dans cette population. La femme était, au même titre que les clercs, la garante de la continuité des valeurs ancestrales. On la maintenait jalousement en dehors de tout progrès technique. Elle ne devait pas s'instruire en français, ni avoir d'activités autres que domestiques ». Et plus loin « la femme maintenue dans l'ignorance reste dans la dépendance étroite de son époux et de sa famille » ([5]). Une bonne part des activités des femmes, outre l'entretien de la maisonnée, se rapporte au tissage (plus récemment sont apparus couture et tricot). Leurs sorties ont généralement pour objet une visite à une parente, à la mosquée, ou au cimetière où elles vont se recueillir certains jours; elles se rendent à la palmeraie. Plus la femme est âgée, plus elle a d'autonomie et de facilité à sortir.

On a prétendu que la coquetterie leur était interdite; peut-être était-ce le cas par le passé mais nous pouvons affirmer que de nos jours c'est le contraire! Même si cela ne profite qu'à leurs amies et à leur époux, elles aiment se parer de robes chatoyantes. Elles se nattent les cheveux d'une façon qui leur est spéciale (de chaque côté du visage, une longue et fine natte est relevée sur la tempe; la longueur des cheveux est un critère de beauté féminine), elles se mettent du *khol* aux yeux et se teintent les lèvres. Lors des fêtes, elles se mettent du *henné* aux mains et portent leurs bijoux d'or ou d'argent (boucles d'oreilles, bracelets, fibules, collier de pièces ...).

La tenue traditionnelle comporte une *malhafa*, longue bande de tissu drapée, ceinturée, et fixée aux épaules à l'aide de fibules. Cette pièce d'étoffe existait en lainage tissé dans les tons traditionnels (rayures rouges ou bleues sur fond blanc) mais aussi en soie de couleurs vives (orange ou rouge rayé de noir ...). Autrefois, elles portaient également par-dessus un châle de laine noir à bordure rouge que l'on ne voit plus que dans les boutiques pour touristes. Il existait aussi un châle de mariée brodé de soie de couleurs vives; chaque ville disposait ses motifs de façon différente et spécifique, seules quelques rares spécialistes savent encore faire ce travail. Une autre pièce de tissage est appelée couramment « la portière de mariée », elle se met, nous a-t-on dit, sur la porte de la chambre nuptiale, mais nous l'avons également vue portée par des fillettes de Beni-Isguen; elles se vêtiraient de la sorte à l'occasion du retour dans la famille d'un parent proche. Actuellement, les vêtements traditionnels sont remplacés par des vêtements en tissus synthétiques, éventuellement de forme occidentales, et de couleur très variée; les femmes affectionnent plus particulièrement les robes dans tous les tons pastels, rehaussés de fils d'or ou d'argent.

Dès qu'elle doit se rendre à l'extérieur, aux heures où elles risque le moins les rencontres, la femme mariée se cache sous un épais voile de laine blanche qui ne laisse voir qu'un œil. Si elle croise un homme, elle peut se cacher entièrement le visage ou se tourner vers le mur. Ce sont là les impératifs de leur conception de la décence (pour nous parler de femmes dévoilées, un mozabite a employé l'expression de «femmes nues»). D'ailleurs le port du voile ne les rend pas si anonymes qu'on peut le croire car elles se reconnaissent très bien à la silhouette. Les jeunes filles en âge de se marier portent également un voile mais il leur encadre seulement le visage.

Les vêtements masculins sont plus austères. Les hommes portent le pantalon très ample jusqu'aux genoux, très étroit ensuite; l'ampleur est parfois régulièrement plissée. Les couleurs sont sombres: anthracite, gris, bleu-marine ..., la chemise de confection est très répandue. En été ils portent par-dessus une *gandourah* blanche; en hiver, c'est la *cachabia*, sorte de *duffle-coat*, tissé dans toutes les couleurs de la laine naturelle, qui sert de manteau et qui est plus courante que le *burnous* parce que plus commode. A cette tenue s'ajoute encore une petite calotte de coton blanc dont le mozabite ne se sépare jamais. Les personnalités religieuses s'habillent entièrement de blanc, les *azzaba* portent une coiffe de fin lainage de cette couleur. Il existait dans le passé une *gandourah* traditionnelle destinée aux adolescents; celle de Beni-Isguen était à dominante verte et présentait des motifs finement tissés, elle est encore portée par la troupe folklorique.

Les vêtements des hommes et des femmes, s'ils ne sont pas entièrement tissés (voile, *cachabia*, *burnous*, *gandourah*) sont cousus par des tailleurs qui ont leur échoppe dans une ruelle attenante au marché.

Nous nous proposons maintenant de décrire la maison et l'usage qui en est fait. En généralisant malheureusement un peu pour les besoins de l'exposé, nous allons énumérer les différents espaces et objets que l'on peut trouver dans l'habitation, et qui nous renseignent sur la vie quotidienne; nous ne ferons d'abord pas de distinction entre maison de ville et maison de palmeraie.

La porte de la maison est le plus souvent ouverte, les femmes et les enfants peuvent entrer. Les enfants sont nombreux à circuler ainsi, ils servent d'émissaires, transmettent une commission, demandent un service ou bien viennent simplement en curieux. Les hommes, qu'ils soient de la famille ou non, signalent leur arrivée par un appel, des toussotements, des coups contre la porte, car ils doivent laisser le temps aux femmes de se voiler ou de se cacher. Habituées à cet exercice, elles sont très promptes à le faire. Seules restent découvertes les femmes qui leur sont proches : épouse, mère ou sœur.

Si vous êtes invité, vous attendrez à l'extérieur que le maître de maison ait prévenu les femmes (que l'on désigne toujours sous le terme de « la famille »), puis il vous fera signe d'entrer. L'homme dispose fréquemment d'une pièce ([6]) qu'il appelle bureau ou salon et dans laquelle il peut recevoir ses hôtes sans perturber la vie familiale. On y accède souvent par une entrée séparée ou par un escalier qui part directement de l'entrée commune. Elle comporte matelas, tapis et coussins pour recevoir confortablement, gravures et souvenirs peuvent décorer les murs. Alors que dans la vie traditionnelle, l'homme n'avait guère sa place dans la maison ([7]), il ressent maintenant le besoin d'avoir un espace à lui; peut-être dispose-t-il de plus de liberté du fait de la diminution des contraintes matérielles; peut-être la vie publique est-elle moins intense qu'auparavant. Vous serez donc introduit dans ce salon, ou dans tout autre espace aménagé à cet effet (pièce principale). Là, le repas, la collation ou le thé seront servis par des enfants ou des jeunes gens, et c'est sans doute tout ce que vous pourrez voir de la maison. Si vous êtes une femme, les habitantes tiendront peut-être à vous voir, ou bien vous demanderez vous-même cette permission et vous pourrez alors passer de l'autre côté. La femme étrangère a ce privilège de participer aux conversations des hommes au salon et de pouvoir se mêler à la vie féminine.

L'entrée de la maison est marquée par un seuil de hauteur variable (environ 20 cm) mais déjà relativement haut. Ce seuil, qui se retrouve dans presque toute l'architecture méditérranéenne, remplit certainement des fonctions diverses; il est utile contre le vent de sable, les animaux nuisibles, les courants d'air froid l'hiver ... mais il a probablement aussi un sens symbolique. Au-dessus de la porte se trouve fréquemment représentée une main de Fatma. La porte d'entrée est la plus importante en dimensions. Autrefois, elle était toujours en bois de palmier, lourde et massive. On lui substitue quelquefois à présent une porte moderne en bois ou en métal plus solide pour éloigner les voleurs. Certaines familles suspendent derrière cette porte un sachet contenant quelque verset du Coran destiné à faire fuir vipères et scorpions.

Même quand la porte est ouverte, le regard n'entre pas dans la maison. L'intimité du foyer est préservée par une entrée en chicane dont la seconde ouverture comporte parfois encore un rideau. Dans ce passage il arrive qu'un moulin à grain soit disposé, à l'intention de voisines qui n'en possèdent pas. Ce moulin se compose de deux meules circulaires en pierre : la meule inférieure est fixe et offre un réservoir pour recueillir la farine, la meule supérieure comporte une ou deux manivelles en bois qui permettent de la tourner et ainsi de broyer le grain ; la farine se prépare par petites quantités, au jour le jour.

Dans le mur qui fait face à la porte d'entrée est parfois percé un trou qui permet d'observer la rue et le seuil, ou une meurtrière destinée à éclairer une pièce.

Près de l'entrée sont réservés les emplacements pour les animaux, soit dans l'entrée même, soit dans un petit espace à part, cloisonné. La chèvre a souvent sa litière sous un escalier ; l'âne, s'il est dans la maison, a généralement une entrée séparée. Chaque famille dispose d'au moins une chèvre qui lui procure le lait et qui absorbe les détritus alimentaires (la loi coranique interdit de jeter la nourriture). Les chèvres sont détachées le matin, elles rejoignent le troupeau à la porte de la ville. Lorsqu'elles rentrent le soir, le berger les compte à l'entrée en ville et elles regagnent seules leurs maisons respectives. Quelques boucs sont propriété commune et sont hébergés dans une étable collective.

Aussitôt après avoir franchi la chicane, on se trouve dans un espace assez large, caractérisé par une rangée de niches et quelques anneaux scellés dans le mur. C'est un endroit apprécié pour le métier à tisser en été car il bénéficie du courant d'air. (En hiver, il sera plutôt installé à l'étage.) Cet espace figure encore une sorte d'antichambre à la maison proprement dite. Il donne sur le volume central, souvent par l'intermédiaire d'un arc, mais en fait pour ainsi dire partie.

Le volume central, que de nombreux auteurs assimilent à une cour, est la pièce la plus vaste de la maison. C'est par le centre qu'est éclairé le rez-de-chaussée, aucune fenêtre ne donne sur l'extérieur. Un trou est aménagé dans le plafond, et une grille y est scellée pour éviter la chute depuis l'étage ou le vol. Il diffuse un éclairage qui

Fig. 18. «*On l'ouvre le jour pour laisser pénétrer les rayons du soleil*» ... (p. 76).

permet de vaquer aux occupations quotidiennes. L'été, il est recouvert durant le jour pour se protéger de la chaleur et du soleil, il est ouvert la nuit pour permettre à la relative fraîcheur de pénétrer. En hiver, la maison n'étant jamais chauffée, on ferme ce trou pendant la nuit, très froide, et on l'ouvre le jour pour laisser pénétrer les rayons du soleil qui réchauffent la maison. En dehors de ces saisons extrêmes, il peut rester ouvert en permanence. Actuellement, on le couvre également en cas de pluie. C'est dans cet espace central que se tiennent la plupart des activités domestiques, les enfants y jouent quand ils ne sont pas dehors. Il ne comporte aucun mobilier, à l'exception parfois du métier à tisser et des ustensiles de cuisine dans un coin réservé à cet usage, avec des niches et étagères. Dans les murs, sont scellées de part en part des tiges de bois servant à suspendre vêtements et ustensiles qu'il faut protéger des insectes et de la poussière. Les poutres du plafond, si elles sont anciennes, présentent de petites cavités où viennent se nicher des oiseaux de la palmeraie considérés comme des porte-bonheur.

A la grille ou aux poutres, on peut suspendre le *dellou*, seau de peau que l'on place ainsi dans le courant d'air, et où l'eau en été se rafraîchit considérablement; on peut également installer une balançoire rudimentaire en corde pour les enfants. Dans le sol de cette pièce est généralement prévu un écoulement d'eau; certaines maisons disposent d'une sorte de « lavabo » : une petite surélévation sert à poser l'aiguière. On peut encore souvent observer un creux dans lequel est posé un caillou rond destiné à écraser les noyaux de dattes servis en nourriture aux animaux domestiques.

Lorsque cette pièce est grande, elle comporte des piliers : sur l'un d'entre eux est souvent scellé un miroir ou un fragment de miroir, à hauteur du visage d'une personne debout.

Dans cette pièce centrale, mais un peu à l'écart, se trouve la cuisine traditionnelle, composée d'un âtre destiné à recevoir la marmite, de petits creux en forme de bols où sont déposés allumettes et menus objets, d'étagères ou de niches destinées au rangement.

La cuisine se faisait dans des poteries dont certaines, rares et de facture assez grossière, étaient fabriquées sur place, mais elles semblent avoir été tôt importées de Tunisie (poterie vernissée jaune ou verte). Les femmes utilisent aussi des plats en bois fabriqués dans le Tell ou en Afrique Noire, de la vaisselle de porcelaine, de verre ou d'émail, importée d'Europe ou des pays orientaux; des ustensiles de cuivre (pilons, services à thé, plateaux), des vanneries, des calebasses de formes diverses.

Presque tous les ustensiles traditionnels sont vendus maintenant chez les marchands de souvenirs, et sont remplacés dans les familles par des objets manufacturés. La cocotte-minute a la faveur de tous les foyers, et le gaz butane remplace le feu de bois.

Ce sont les hommes qui font les courses et rapportent les denrées de l'extérieur; les enfants sont aussi chargés de petites commissions.

Fig. 19. Cuisine traditionnelle : âtre, niches, étagères.

En dehors de la cuisine, il n'y a pas de lieu fixe pour la préparation culinaire. Beaucoup de maisons disposent à l'étage d'un âtre utilisé en été ou en demi-saison. Les femmes préparent la graine de *couscous* ou les légumes assises par terre dans la pièce centrale. Lors des fêtes, les préparatifs commencent plusieurs jours à l'avance; des parentes et des amies viennent aider à confectionner plats et pâtisseries pour la circonstance, et occupent ainsi toute la pièce centrale.

Le repas le plus important se prend au milieu de la journée et le repas le plus riche a lieu le vendredi midi, (équivalent de notre repas dominical). Si le *couscous* à gros grains et la *chorba* (soupe) sont les plats les plus communs, les femmes disposent de nombreuses autres recettes pour lesquelles elles accommodent diversement les légumes de la palmeraie : les maris sont généralement exigeants sur la qualité de la nourriture qui leur est proposée.

Le thé, consommé très fréquemment, se prépare sur le lieu même où l'on se trouve (salon, jardin, lieu de travail ...) au moyen d'un réchaud portatif ou d'un feu de palmes sèches; les femmes entre elles prennent souvent le café. Ces collations s'accompagnent de dattes, d'arachides, de biscuits ou de pâtisseries.

Il n'y a pas de foyer qui ne possède au moins un métier à tisser. De nos jours il n'est plus utilisé en permanence; d'ailleurs certaines familles lui adjoignent maintenant une machine à coudre ou à tricoter, les filles ayant été initiées à leur utilisation. Le métier peut être installé dans différents emplacements : pièce centrale, partie couverte de l'étage ou salon féminin; il est aussi transporté dans la maison de palmeraie l'été. Nous l'avons généralement vu placé dans la pièce centrale qui assure aux tisseuses le meilleur éclairage du rez-de-chaussée. Traditionnellement, il se trouvait certainement plus souvent dans le salon des femmes, le *tisefri*, qui présente parfois les niches caractéristiques de cet aménagement. On constate d'ailleurs la réutilisation du *tisefri* pour le tissage grâce à l'électricité (meilleur éclairage).

Le métier à tisser utilisé dans le M'Zab est un métier à rang de lisses vertical commun à toute l'Afrique du Nord, qui correspond à la description qu'en fait Leroi-Gourhan ([8]) : « Le métier nord-africain est un métier à tapis (point noué ou gobelin) c'est-à-dire un cadre de bois sur lequel la chaîne est tendue verticalement. Les fils pairs sont maillés à des lisses fixées à une seule lame qu'une corde tire en arrière du métier. La tension est modérée, et la chaîne plutôt molle. Au-dessus des lisses, une seule baguette, assez forte, prend les fils impairs. Il suffit d'élever la baguette pour ouvrir le pas (pairs dessous), de l'abaisser en le repoussant pour ouvrir le pas inverse (pairs dessus); la trame est passée à la main. »

Dans le passé, et aujourd'hui encore dans certaines familles, la femme passait la majeure partie de son temps derrière le métier en véritable ouvrière de l'économie familiale.

L'emplacement du métier est reconnaissable à la rangée régulière de niches carrées où les tisseuses rangent leurs outils (peignes, ciseaux,

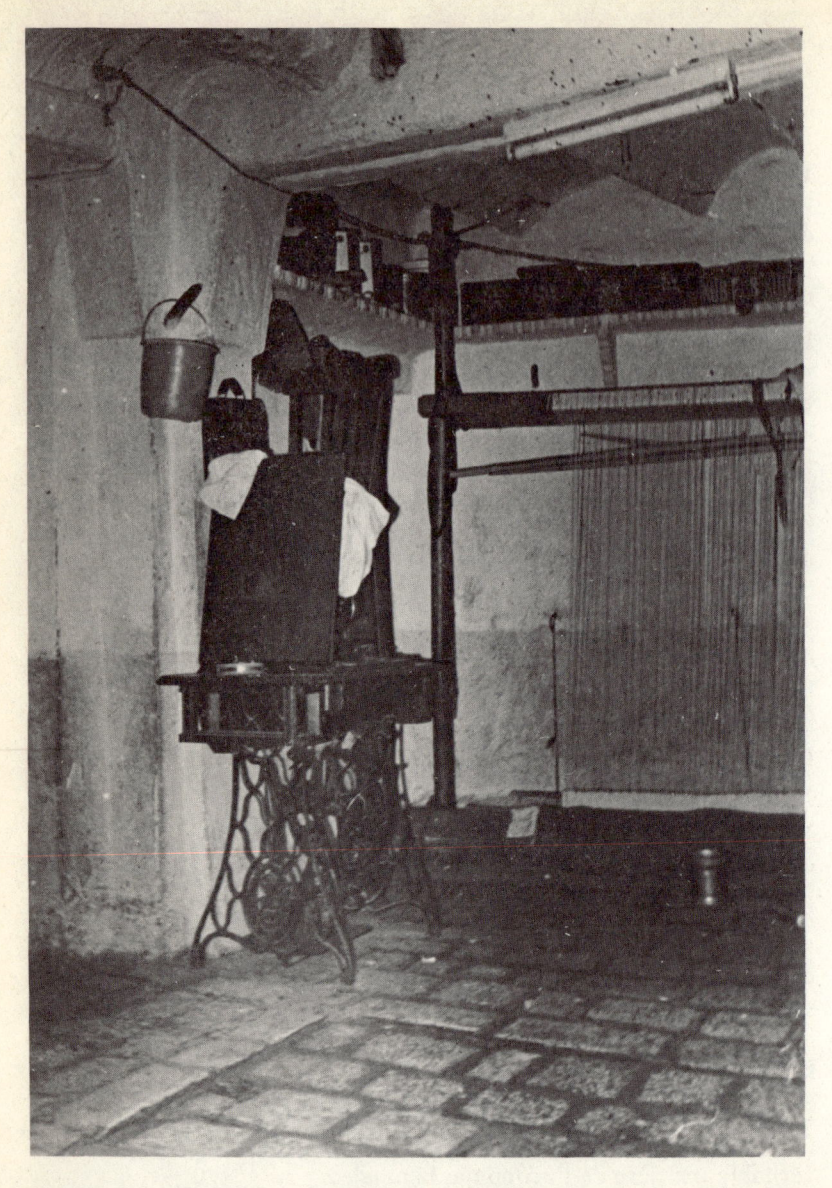

Fig. 20. Le métier à tisser et la machine à coudre.

Fig. 21. «*Les motifs autrefois très fins*» ... (p. 82).

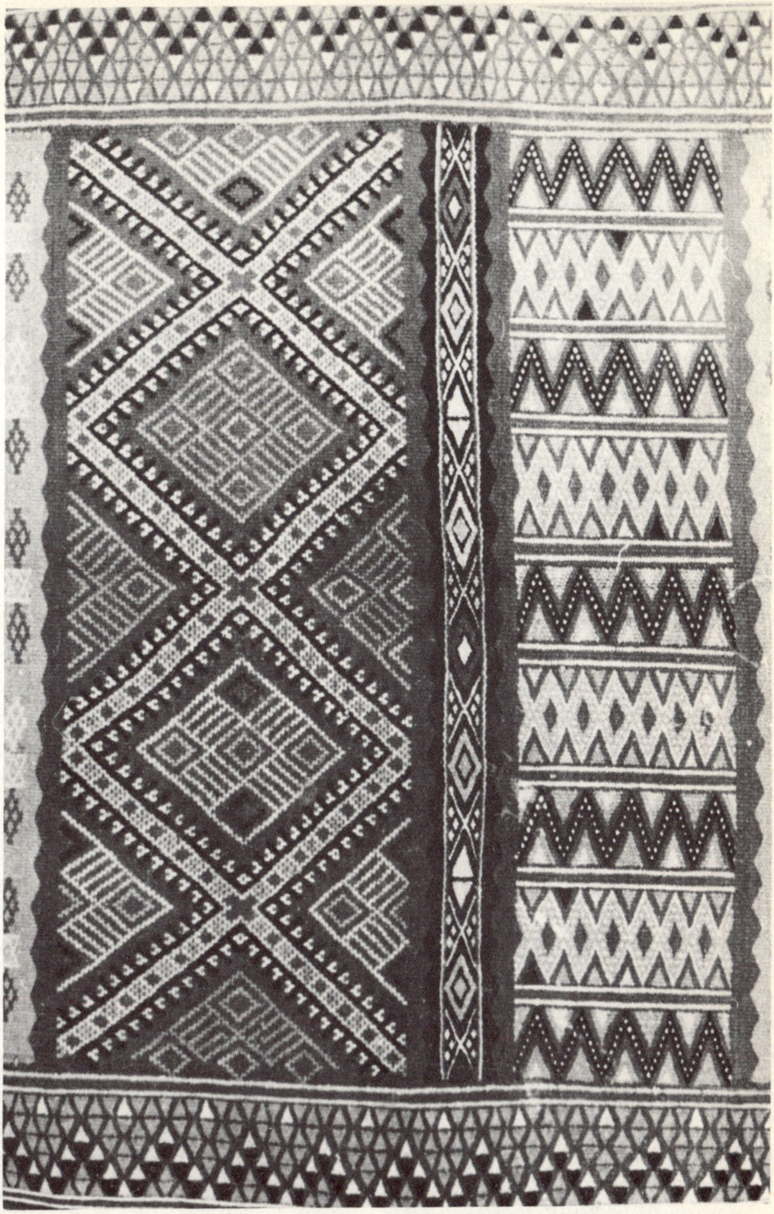

bouts de laine ...) et aux quelques anneaux scellés dans le mur pour fixer les lisses. Les femmes, qui peuvent travailler à deux ou trois sur la même pièce suivant son importance, sont assises en tailleur le long du mur sur un petit tapis de la dimension du métier. Le tissage est précédé de plusieurs opérations de préparation à partir de la laine brute du mouton: lavage, cardage, filage, teinture. Les femmes s'entr'aident. Elles vont chez l'une ou l'autre participer à une journée de cardage et filage; ainsi le travail se fait plus rapidement. On offre en échange un repas et le thé. Actuellement, on achète le plus souvent de la laine toute prête ou de la fibranne. Les couleurs traditionnelles qui étaient obtenues par teinture végétale sont remplacées par toute la gamme des couleurs chimiques. A l'exception de quelques rares tapis et coussins à point noué, l'essentiel de la fabrication du M'Zab est du type gobelin.

Il existe une grande variété de pièces tissées, depuis le tapis qui sert à récupérer toutes sortes de débris de laine et de chiffons, ou le tapis-réserve de laine où l'on tasse grossièrement la laine presque brute, jusqu'aux portières (encore appelées «couloirs», appellation d'origine européenne certainement) de texture très serrée et aux points très recherchés. Les femmes tissent des châles, des *burnous*, des *cachabias*, des couvertures, des langes, des voiles, des *malhafa*, des *mendil* (rectangle dans lequel est recueilli le régime de dattes coupé ou dont on se sert comme ballot pour le linge et le bois), des tapis de sol et des tapis muraux etc. Bien qu'une bonne partie de cette fabrication soit destinée à l'usage domestique, les Mozabites l'ont commercialisée depuis longtemps.

Les motifs qui étaient autrefois très fins et complexes, qui s'échangeaient, se copiaient, se transmettaient dans les familles, se sont simplifiés et sont devenus plus grossiers. La fibranne dont le fil est plus épais permet un travail rapide et meilleur marché; on ne s'attarde plus guère à faire des points savants.

Ouvrant largement sur la pièce centrale, et profitant de l'éclairage zénithal, le *tisefri* ou salon des femmes se retrouve dans toutes les habitations anciennes, et est généralement conservé dans les maisons modernes. C'est traditionnellement le salon de réception des femmes: les visiteuses se tiennent ainsi à l'abri des regards masculins. C'est aussi dans cette pièce qu'est installée la nouvelle accouchée, elle y reçoit la famille et les amies venues la féliciter et voir le bébé.

Elle y reste généralement quatre ou cinq semaines, durant lesquelles elle ne rejoint pas le lit conjugal. Ce salon peut être aménagé de diverses manières: on peut y trouver une banquette maçonnée, une aire de prière réservée à la femme, avec parfois une étagère où sont posées les pierres à ablutions, les niches destinées au matériel de tissage. Un trou, souvent, ouvre sur la pièce centrale; on nous l'a désigné comme étant l'endroit où est attaché le mouton de l'*Aïd* mais son usage principal est sans doute de permettre aux femmes de voir sans être vues. Dans les habitations récentes, le *tisefri* est aménagé en véritable salon: matelas, coussins, tapis l'agrémentent, ainsi parfois qu'une étagère de bois peint ou verni recevant bibelots, parfums, souvenirs.

Les autres pièces qui ouvrent sur l'espace central n'ont pas de destination fixe, à l'exception de la réserve où des jarres peuvent être prises dans la maçonnerie. Elles servent donc, selon le cas, de chambre, de garde-robe, de réserve, de pièce où l'on stocke l'eau. Les personnes âgées que l'escalier fatigue auront plutôt leur chambre au rez-de-chaussée.

Dans un recoin, le plus éloigné possible du volume central, se trouve le W.C. du rez-de-chaussée. C'est une fente dans le sol. Les matières sont recueillies dans un puits qui s'ouvre sur la façade. On les récupérait et on les utilisait comme engrais.

La maison comporte parfois une douche traditionnelle, petit réduit où l'on suspend une aiguière et dans lequel est prévue une évacuation d'eau.

On accède à l'étage par un escalier aux marches inégales et de forme très variable (voir les relevés). Il se divise judicieusement suivant les niveaux et les pièces à desservir.

L'étage comporte plusieurs petites pièces utilisées de diverses manières: chambre, réserve où sèchent les dattes, garde-robe (une corde traverse la pièce, on y suspend les vêtements) etc. L'escalier débouche sous un espace couvert bordé d'arcades qui donnent sur une cour-terrasse, là où est percé le trou central qui éclaire la maison.

Cet espace couvert s'ouvre au Sud car en été le soleil est trop haut pour y pénétrer, et en hiver il vient agréablement réchauffer ceux qui y sont installés. En dehors de l'été où il y fait trop chaud, les femmes y font la cuisine, la lessive, ou bien prennent le café avec leurs visiteuses.

Partout encore des bâtons sont pris dans les murs pour suspendre vêtements et ustensiles. Des trous percés dans les acrotères permettent de regarder dehors.

A cet étage, au-dessus du même puits de récupération, se trouve aussi un W.C.

Encore une portion d'escalier et on se trouve sur les toits terrasses dont l'accès est rigoureusement réservé aux femmes. Si un homme doit exceptionnellement y monter, pour effectuer une réparation par exemple, il doit prévenir les femmes voisines par un appel sonore répété trois fois afin qu'elles puissent se retirer. Ces terrasses supérieures servent en été de chambres à coucher et sont parfois divisées par des cloisons en autant de chambres en plein air qu'il est nécessaire (les parents sont séparés des enfants par exemple). Certaines familles utilisent toutefois la terrasse du premier étage pour dormir l'été. Quelques maisons disposent encore d'un espace couvert sur ces terrasses supérieures.

La distribution des chambres s'effectue à raison d'une chambre par couple, une chambre pour l'aïeul ou l'aïeule (généralement en bas), les autres pièces disponibles sont réparties entre les enfants qui y couchent à plusieurs; le jeune enfant non sevré couchant toujours avec la maman. Le lit conjugal est souvent haut-perché, maçonné, avec au-dessus un espace de rangement pour les couvertures, tapis, nattes, vêtements et objets personnels. En hiver, les murs de la chambre sont entièrement recouverts de tapis. Cette pièce est un endroit intime où l'on se permet quelques fantaisies décoratives: boules de verre coloré, miroir, récipient pour la *takelouaït* (boisson aphrodisiaque non alcoolisée, présentée dans une calebasse joliment décorée de bandelettes de cuir), étagère peinte ou sculptée où l'on dispose des souvenirs, des parfums et des produits de maquillage. Le lit lui-même, selon les moyens et les circonstances, est orné de voiles et de tentures. Ces décorations comptent beaucoup d'éléments récents; nous ne savons pas si dans le passé ce n'était pas plus austère. Toutefois, le raffinement des tapis anciens, des bijoux, des soieries, les châles brodés etc. laissent supposer que dans certains domaines on accordait une part à l'esthétique.

Dans l'habitation traditionnelle, tous les éléments qui font office de mobilier sont maçonnés : lits, banquettes, étagères, niches, etc. On s'asseoit sur des tapis ou des matelas, la nourriture et la boisson sont posés sur un plateau ou une *meïda* (petite table ronde et basse) ou encore sur un plat à pieds. Le lit peut parfois être monté sur des tréteaux. Maintenant de plus en plus d'éléments modernes sont utilisés.

La vie à la palmeraie — au «jardin» — diffère de la vie en ville. Les femmes s'y rendent fréquemment pour chercher des dattes ou soigner les plantations. Elles y vont généralement le vendredi pour faire la lessive.

Les palmeraies sont découpées en quartiers dont certains sont de véritables petites agglomérations. Toute la famille vient s'y installer durant l'été pour un séjour qui durait auparavant jusqu'à la cueillette des dattes (vers octobre) mais qui s'achève actuellement avec les vacances scolaires. La ville n'est alors pas entièrement abandonnée, toutes les familles ne disposent pas d'une habitation en palmeraie, et les hommes doivent parfois rester en ville pour leurs affaires. Pour les femmes, certaines nous l'ont dit, la vie à la palmeraie est nettement plus agréable qu'en ville. Elles ont plus d'espace, elles peuvent s'occuper du jardin, se tenir dehors pour prendre le café. En ville, la promiscuité est plus grande, les maisons parfois exiguës et la pression de la communauté plus forte. Les enfants apprécient également beaucoup la vie au jardin. L'été, c'est un endroit frais où les maisons sont aussi plus aérées qu'en ville.

Ce jardin tient une place importante dans la vie du mozabite, il en tire fierté. Les visites en palmeraie s'accompagnent immanquablement d'un tour du jardin et on aime à y prendre le thé en compagnie, sous une tonnelle de vigne, ou sur une aire maçonnée, ou encore dans le *sabbath* qui est une aire couverte donnant sur le jardin. Le jardinage constitue l'activité principale du mozabite âgé. Ceux qui en ont les moyens emploient plusieurs ouvriers agricoles et effectuent des aménagements recherchés : allées, arcades, bassins, etc.

La vie quotidienne est rythmée par les prières, les saisons, les fêtes religieuses (*Mouloud*, *Aïd El Kebir*, *Ramadhan*) et ponctuée par les circonstances exceptionnelles que sont une naissance, une circoncision, un mariage, un deuil ou le retour d'un parent au pays.

(¹) ZERDOUMI Nefissa, *Enfants d'hier*, Maspero, Paris.
(²) Notamment C. BLANGUERNON, dans un article de la revue ATLAS, consacré à la Vallée du M'Zab.
(³) Voir Annexe de B. MERGHOUB : Le M'Zab et la notion de développement économique, où figure un exemple de contrat de mariage.
(⁴) La Vallée du M'Zab capte maintenant les émissions de télévision.
(⁵) MERGHOUB B., Le M'Zab et la nation de développement économique.
(⁶) Elle s'appelle «Aali» à l'étage et «douira» au rez-de-chaussée.
(⁷) ZERDOUMI Nefissa écrit à propos de la maison musulmane en général : «Et dans cette maison, l'homme n'est pas tout à fait à l'aise, un peu comme s'il n'y était pas chez lui. C'est le domaine exclusif des femmes et il ne convient pas qu'un homme flâne au milieu d'elles». (Enfants d'hier - Maspero).
(⁸) LEROI-GOURHAN : *L'homme et la matière*, Albin-Michel, p. 288.

4. L'architecture

1. Les matériaux

Les matériaux ne déterminent pas la forme de la maison : ils permettent seulement l'utilisation de telle ou telle technique et la combinaison d'éléments architectoniques originaux.

La construction faisait autrefois exclusivement appel aux matériaux locaux. De nos jours, l'équipement routier du pays, l'ouverture aux influences extérieures, ont apporté aux constructeurs : ciment, poutrelles métalliques, bois blanc, etc. Nous laisserons de côté ces matériaux non utilisés dans l'architecture traditionnelle et dont la mise en œuvre, peu rationnelle la plupart du temps, ne procède pas des mêmes démarches.

On rencontre :

La pierre. Des blocs grossiers, de dimensions variables, sont extraits des strates régulières de calcaire blanc. Ils sont mis en œuvre sans avoir subi de taille; un simple équarrissage peut avoir lieu sur le chantier au moment de leur mise en place. Les pierres plates sont réservées aux agencements horizontaux.

La brique crue. De la taille d'un parpaing, elle est fabriquée à partir des sols les plus argileux (le *toub*). La terre mouillée, pétrie et moulée, est ensuite séchée au soleil. Parfois, on ajoute de la paille à la pâte pour lui donner plus de cohésion et de solidité.

Le sable. Argileux, il est utilisé directement comme mortier. Non argileux, il entre dans la composition de certains liants.

Le *timchent*. Sorte de plâtre traditionnel, de couleur grise, obtenu à partir d'un gypse hydraté de la Chebka. Extrait du plateau calcaire dans lequel il forme des amas lenticulaires ou des strates horizontales à 1 m environ de profondeur, ce gypse est calciné dans des fours partiellement enterrés. Ceux-ci sont remplis de combustible (touffes de plantes sèches, broussailles), les morceaux de gypse sont disposés en voûte au-dessus sur une épaisseur de 1,50 m environ. Au bout de 24 heures de combustion, le bois est consumé, les pierres devenues friables se sont écroulées. Le *timchent* est alors séparé des résidus de sa fabrication. Ainsi obtenu, il aurait la composition chimique ([1]) suivante :

— carbonate de chaux : 88 %
— argile (silicate d'aluminium) : 11 %
— impuretés (fluorure de calcium) : 1 %.
Beaucoup de gisements sont aujourd'hui épuisés.

Le plâtre. Il est produit industriellement dans une usine de Noumérate, à une dizaine de km de Ghardaïa. Son utilisation supplante actuellement celle du *timchent*. On l'appelle communément « platna », marque inscrite sur les sacs, devenue terme générique. Il est à prise très rapide.

La chaux. Les carbonates sont très abondants dans la Chebka. Leur exploitation entaille horizontalement le rebord des plateaux. Pratiquée dans des fours d'environ 2 m de hauteur, leur calcination est analogue à celle du *timchent* mais nécessite 5 ou 6 fois plus de bois, ce qui rend l'opération plus difficile. Actuellement, on fait venir du bois du Nord pour fabriquer la chaux industriellement sur place.

Le palmier. Cet arbre est entièrement utilisable et utilisé, mais il n'est mis en œuvre qu'après sa mort afin de ne pas détruire « l'œuvre de Dieu », le palmier étant la richesse principale de la Vallée. La construction emploie le stipe (ou tronc), la palme et la gaine qui est la base de la nervure de la palme.

a) *Le stipe*. Il est utilisé entier pour réaliser de grosses poutres. Il peut être scié dans le sens de la longueur en 2, 3 ou 4 parties qui donneront des poutres présentant une face plane de 12 à 15 cm de côté, sur 2 m de long environ. Enfin, il peut être débité en planches assez grossières de 30 à 40 cm de largeur avec une épaisseur de 3 cm, pour la menuiserie.

Fig. 22. «*Ne pas détruire "l'œuvre de Dieu"*» (p. 88).

b) *La palme*. Elle est d'abord séchée. Elle peut être utilisée entière, ou dépouillée et réduite à la nervure.

c) *La gaine*. De forme triangulaire et relativement résistante, elle peut être utilisée comme appui.

Autres arbres. Les troncs de tous les autres arbres fruitiers ou non (pêchers, citronniers, acacias ...) peuvent servir de poutres.

Des éléments tels que pierres, solives, poutres, portes, sont généralement récupérés lors de la démolition d'une maison et réutilisés lorsque leur état le permet.

2. Les techniques de construction

Les matériaux utilisés ne suffisent pas à expliquer les particularités de l'architecture mozabite : aucun d'eux n'implique un seul type de mise en œuvre : les techniques sont multiples. Les seules contraintes d'utilisation sont d'ordre mécanique : limite de résistance à la compression, à la traction, à la flexion, à la torsion, au flambage ... Elles n'éliminent qu'un petit nombre de solutions. Parmi les autres, l'homme détermine le type de construction qu'il veut réaliser en fonction de ses besoins, de ses aspirations, de son idée de la maison, de celles qu'il a vues, bref, de sa culture.

Les constructions sont réalisées par des ouvriers spécialisés mais chaque homme de la communauté peut les aider ou même les remplacer. Rappelons l'exemple souvent cité de l'*imam* de Tiaret que des visiteurs trouvent occupé à gâcher du plâtre dans sa maison. Nous avons fréquemment vu des propriétaires réparer leur habitation avec l'aide de leurs frères et enfants. Le petit-fils du Cheikh Atfiech, âgé de 70 ans, refit en 1970 la bibliothèque de son grand-père avec l'aide de deux manœuvres.

Lorsque le propriétaire ne construit pas lui-même, il participe néanmoins à la conception générale de l'habitation, et à tous les stades de la réalisation. Il se met d'accord avec le spécialiste sur le plan, en le traçant au sol. Il peut demander la démolition ou le déplacement d'une cloison s'il lui semble nécessaire de corriger l'agencement intérieur de sa maison, lors de l'apparition de nouveaux besoins familiaux ou simplement pour satisfaire un désir. Chaque projet et chaque réalisation donnent lieu à des discussions familiales. L'avis des femmes est important; elles semblent très souvent être à l'origine des transformations effectuées dans la maison. L'homme leur sert d'intermédiaire auprès du maçon.

L'importance économique des maisons est un sujet pour lequel nous n'avons pu obtenir aucune information. Nous savons mal qui est locataire et qui est propriétaire, et pourquoi. Quels sont les types de propriétés : personnelle ? indivise ? (*fraction* ou famille). L'usufruit existe-t-il ? La vente et l'achat sont-ils libres ou réglementés, voire interdits dans certains cas ? Quels sont les autres modes de transmission : legs ? donations ? dots ? La maison est-elle à ce point le lieu intime et sacré qu'on n'en dise ni la place économique ni la charge financière ? ou alors pourquoi n'en pas parler : raisons politiques, méfiance, crainte de l'administration ou du pouvoir central ?

Les travaux dans les édifices religieux ont un caractère sacré, et les personnalités religieuses concernées se doivent d'y participer : les *azzaba* de Ghardaïa travaillèrent à la réfection de la mosquée Ammi Saïd en 1971.

Quel que soit le type de bâtiment (maison, mosquée, magasin, ouvrage défensif ...), les éléments de la construction sont réalisés selon les mêmes règles techniques.

LES FONDATIONS (sissan en berbère)

Elles n'existent pas en tant que telles. Le sol naturel des villes est en grande partie constitué par la roche affleurante, dans ce cas le mur de moellons commence directement. Sur sol sablonneux (palmeraies, extension des villes) on creuse une rigole qui permet d'asseoir le mur sur le sable compact. Le bon sol est toujours proche de la surface.

LES ELEMENTS PORTEURS

a) *Les murs* (arabe : hit ; berbère : marou, pl. imouran)

Ils sont composés de moellons plus ou moins gros qui forment une maçonnerie irrégulière. Très rationnellement, l'épaisseur des murs extérieurs varie, pouvant atteindre 1 m à la base pour se réduire sur la terrasse à un acrotère de 15 cm (les acrotères sont de véritables clôtures de terrasse mesurant 1,50 m à 1,80 m de hauteur). Le cloisonnement, toujours porteur, est réalisé en quinze ou vingt centimètres d'épaisseur.

Le liant varie selon l'épaisseur : pour les murs épais, le mortier peut être composé, soit de sable argileux, soit de sable et de *timchent*, soit — et c'est le cas le plus fréquent — de chaux et de sable. Les murs plus minces sont liés au mortier de *timchent* et sable ou au plâtre (platna). Les cloisons en pierre de 15 cm d'épaisseur sont obtenues grâce à la prise extrêmement rapide du *timchent*.

Dans les palmeraies, les murs de clôture des jardins, les remises pour le matériel agricole, et diverses petites constructions sont réalisés en briques crues montées au sable argileux. C'est aussi le cas pour de rares murs d'habitations.

b) *Les piliers* (arabe : arsat ; berbère : amoud)

Les piliers sont constitués de moellons liés parfois au sable argileux mais plus fréquemment au mortier de *timchent* et sable ou de *timchent* seul. Leurs dimensions sont très variables, de 1 m à 0,20 m de côté. Ils peuvent être de base approximativement carrée ou rectangulaire et s'appuient directement sur le sol, parfois en s'épaississant.

Dans les maisons, les piliers présentent souvent, sur leurs arêtes, un évidement de 3 à 4 cm de côté. Lorsqu'elle reprend une poutre ou un linteau, leur tête s'élargit en un corbeau qui réduit le franchissement et facilite la descente de charges.

Le fût des colonnes qui supportent l'arcature du portique de l'étage de certaines maisons est lisse ou à cannelures régulières réalisées parfois à l'aide d'un coffrage.

Le plan d'appui de l'arcature sur la colonne est de base approximativement carrée et le côté de ce carré est plus grand que le diamètre de la colonne.

Nous avons relevé deux colonnes ventrues, reposant sur des bases, toutes deux à Ghardaïa, l'une dans une habitation ([2]), l'autre dans la cour de la mosquée.

Des pilastres de toutes formes peuvent se trouver engagés dans l'épaisseur des murs : leur définition et leur construction sont identiques à celles des piliers.

Fig. 23. «*Des colonnes qui supportent l'arcature de l'étage*» (p. 92).

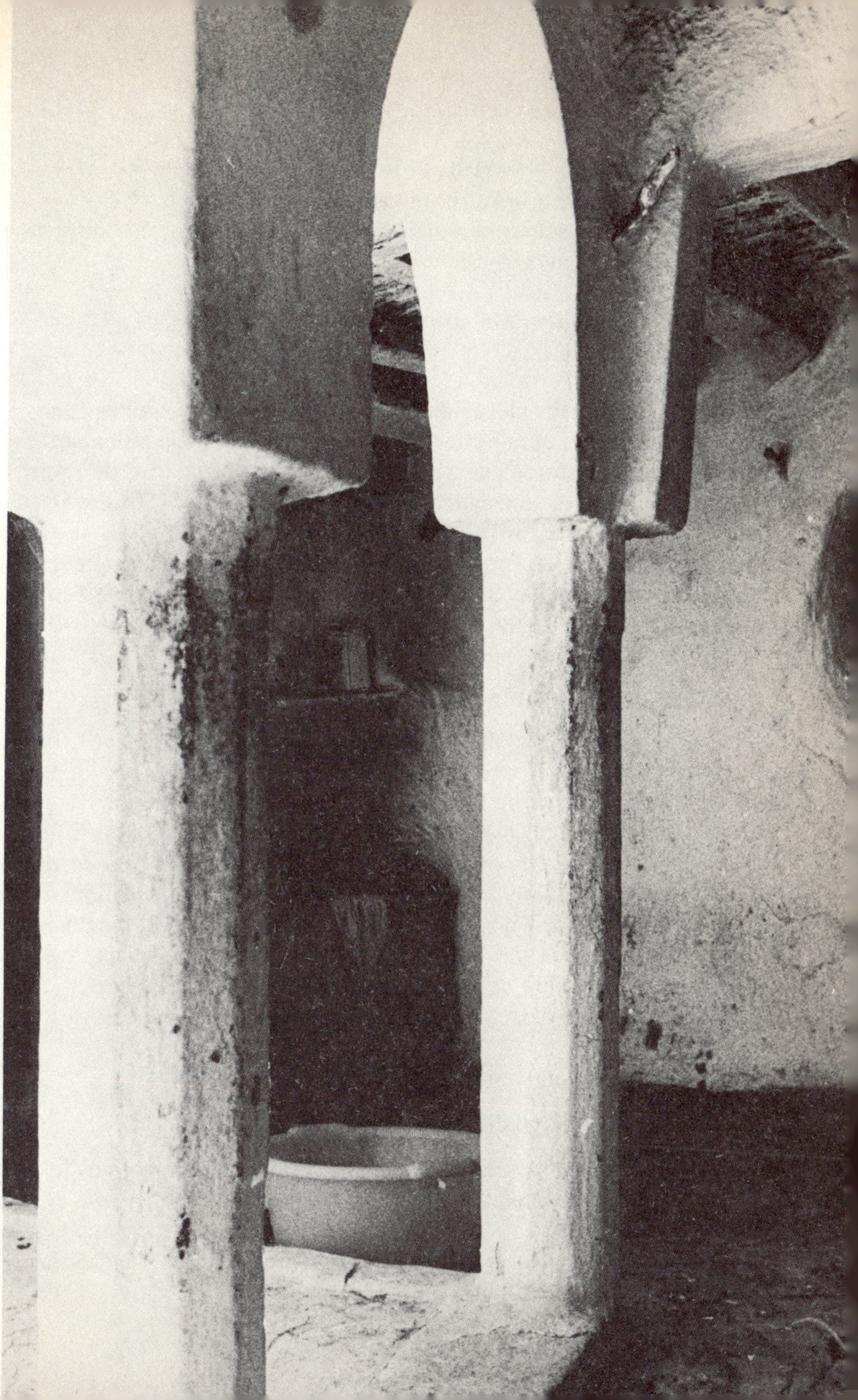

LE FRANCHISSEMENT HORIZONTAL

Nous distinguons deux types de franchissement d'espace :
— le franchissement linéaire (poutres, linteaux, arcs),
— le franchissement surfacique (dans deux directions) ou couverture (planchers, voûtes et coupoles).

a) *Le franchissement linéaire*

Poutres et linteaux

On utilise de grosses pièces de bois (berbère : djaziya) taillées dans le stipe du palmier. Leurs extrémités sont noyées dans le *timchent*. Ces poutres, qui supportent des murs, et souvent une partie de l'infrastructure de l'étage, sont placées le cœur en dessous. L'utilisation du palmier est délicate en raison de sa texture fibreuse et de sa faible résistance. Choisies et mises en œuvre par un bon constructeur, ces poutres permettent de franchir 2 m et plus. Leur vieillissement est correct [plus d'un siècle, 2 ou 3 suivant certaines affirmations ([3])].

Arcs : (arabe : khaous)

Ils sont réalisés en moellons posés en « assises » successives, face à face, suivant deux techniques : l'arc peut être défini par quelques étais durant le temps de la prise du *timchent*, ou au moyen d'un coffrage perdu. Cette dernière mise en œuvre est la plus courante : entre les piliers devant supporter l'arc, on cintre des nervures de palme que l'on scelle au *timchent*, puis on monte les moellons. Ce coffrage très résistant est soit noyé, soit apparent. Du fait de la longueur variable des nervures, de leur flexibilité, du cintrage peu contrôlable (l'extrémité plus fine se cintre davantage), on obtient une arcature irrégulière formée d'arcs en plein cintre, ou parfois outrepassés.

b) *Le franchissement surfacique*

Planchers : (arabe : ghaff; berbère : seqef)

La structure porteuse des planchers est constituée de solives (arabe : kecheb; berbère : t'maleft ou ar'rour) en stipe de palmier scié dans la longueur. Ces solives sont espacées de 30 cm en moyenne. Occasionnellement on utilise des rondins ou des troncs d'autres arbres mais la technique reste la même.

Fig. 24. «*Le plafond est constitué, soit par un lattis serré de nervures de palme*» ... (p. 95).

Le plafond est constitué soit par un lattis serré de nervures de palmes, souvent recouvert de palmes complètes, soit par des pierres plates, soit par des voûtins formés de pierres liées au *timchent* entre les solives. Cette base est ensuite recouverte d'une couche de sable damé d'épaisseur variable, elle peut atteindre 30 cm sur les terrasses exposées à l'air, au soleil, à la pluie, et sert alors d'isolant thermique, protégée elle-même par une chape de mortier de chaux. Cette chape est fouettée à l'aide du balai que forme le régime de dattes dépouillé

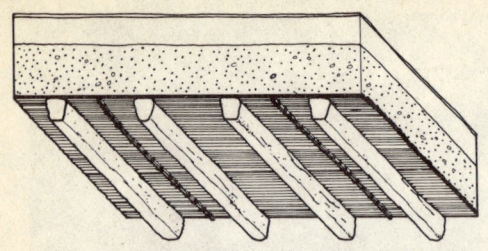

1. «*Le plafond est constitué, soit par un lattis serré de nervures de palme*» ... (p. 95).

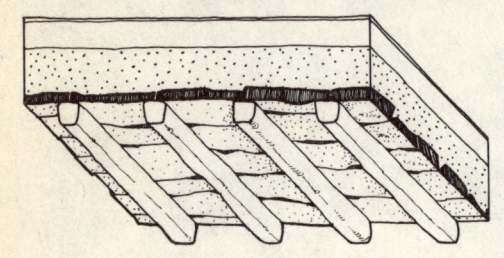

2. ... «*soit par des pierres plates*» ... (p. 95).

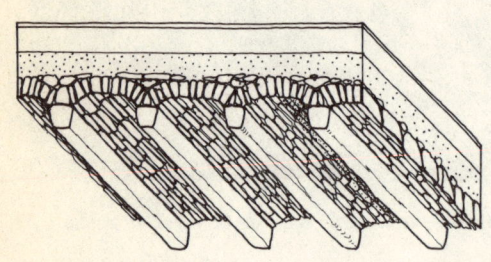

3. ... «*soit par des voûtins formés de pierres liées au timchent entre les solives*» ... (p. 95).

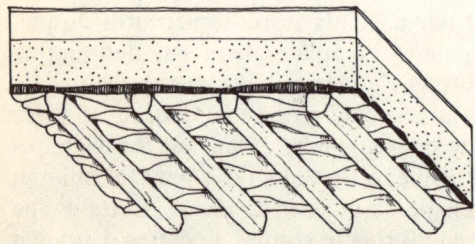

4. ... soit par des gaines de palmier juxtaposées.

Fig. 25. ... «*soit par des pierres plates*» (p. 95). Mosquée Ammi Saïd.

de ses fruits, pour réduire les interstices qui résultent de la simple mise en œuvre des matériaux, en assurer la cohésion et obtenir une meilleure étanchéité. On badigeonne finalement la chape au lait de chaux.

Certaines maisons présentent des encorbellements sur la rue. Les solives placées à cette fin ne permettent guère d'obtenir des porte-à-faux de plus de 40 à 50 cm.

Fig. 26. Voûte à coffrage perdu en nervure de palmier.

Fig. 27. «*Les coupoles sont en général aplaties*» (p. 100). Mosquée Sidi Bougdemma.

Voûtes (arabe: qous)

La construction des voûtes relève de la même technique que celle des arcs: pierres montées au *timchent* sur coffrage perdu de nervures de palme. Ce sont des voûtes de faible portée, souvent moins d'un mètre. Si elles sont renforcées par des arcs doubleaux, on peut dépasser légèrement cette limite. Les berceaux sont en général un peu écrasés, en forme d'anse de panier.

Fig. 28. Une mosquée à coupoles sur un cimetière. Ghardaïa.

Coupoles

Elles sont principalement utilisées dans les édifices que l'on trouve sur les cimetières. Elles s'appuient sur des piliers ou des murs par des pendentifs. On les réalise en moellons et *timchent*; certaines sont coffrées avec une croisée de nervures de palme qui prend appui sur les piliers.

Les coupoles sont en général aplaties : l'écrasement n'a peut-être pas d'autre origine que l'affaissement des nervures lors de la pose des moellons. Vue de l'extérieur, la calotte dépasse peu ou pas du tout du reste de la couverture.

On trouve également un élément en forme de pyramide, de tiare ou de pain de sucre qui dépasse des terrasses. Il est percé latéralement de trous qui permettent l'aération et l'éclairage. Le plus souvent, il couvre un magasin : celui-ci est ainsi intégralement protégé, ce qui augmente le volume de stockage, et éclairé lorsqu'il se trouve entouré de constructions et dépourvu de façades.

C'est cette couverture très remarquable par sa forme, et de dimensions assez importantes pour qu'on la distingue nettement des autres bâtiments, que l'on trouve sur l'une des salles annexes de la mosquée de Ghardaïa : Mercier ([4]) indique qu'il s'agit de la salle d'ablutions des *azzaba*, nous ne sommes pas en mesure de préciser si cette information est exacte, aucun étranger à la communauté ne l'ayant visitée.

ENDUITS ET REVETEMENTS

Grossiers, ils ont pour rôle de boucher les interstices laissés entre les moellons. Dans certaines maisons, probablement les plus anciennes, les enduits sont constitués d'un mortier de *timchent* et sable, et donnent au bâtiment son aspect définitif, sa couleur ocre ou rose selon la teinte du sable utilisé.

Plus généralement, les enduits sont faits de *timchent* seul, donc de couleur grise. Souvent, on applique sur les enduits, sur les sols et sur les plafonds, une ou plusieurs couches de lait de chaux blanc ou légèrement teinté en jaune, ocre ou bleu. Ces badigeons, renouvelés tous les un, deux ou trois ans, sont passés à l'aide de balais de palmier, ou, actuellement, de grosses brosses, de balais ou de pulvérisateurs à main.

Lorsque le sol du rez-de-chaussée est directement le rocher, ou est constitué par un dallage de pierres plates, la surface est généralement laissée nue.

LES ESCALIERS (berbère : tissounane)

Ils sont construits, soit sur un blocage de pierres, soit sur deux murettes (dans ce cas, la volée peut être constituée de pierres plates), soit sur un arc, soit encore sur des poutres de palmier.

La maçonnerie est formée de moellons liés au *timchent* additionné ou non de sable. La cohésion et l'équilibre de l'ensemble sont assurés par la bonne résistance et la grande adhérence du *timchent*. Les marches finies sont brutes d'enduit ou badigeonnées. Lorsque l'usure devient trop importante on compense par une charge de *timchent*.

Fig. 29. «*Tous les espaces disponibles sont récupérés*» (p. 105).

CONDUITS DE VENTILATION ET DE FUMEE

Ils sont réalisés de la même façon. Les premiers (arabes: mnafès; berbère: madouïat) permettent essentiellement d'évacuer l'air des caves en rez-de-chaussée par une ventilation naturelle. La prise d'air est en partie haute du local, le conduit est souvent encastré dans l'épaisseur du mur.

Les seconds dépassent de la terrasse en souche et sont couverts partiellement par deux pierres dressées l'une contre l'autre qui déterminent deux ouvertures triangulaires verticales.

LES OUVERTURES: FENETRES ET PORTES

Les fenêtres ne sont que des fentes du genre meurtrière (berbère: alloun), sans châssis. Lorsqu'il fait froid, les trous sont obstrués par un bouchon de chiffons. On rencontre parfois de petites fenêtres qui possèdent un volet de bois: elles sont situées à l'étage au-dessus de la porte d'entrée et correspondent le plus souvent au salon des hommes.

Les portes d'entrée des maisons (berbère: taourt ouataf) sont faites de planches de palmier grossièrement assemblées par des clous forgés à des traverses en branches d'arbres fruitiers. Une pièce de bois verticale fixée latéralement à la porte et plus haute qu'elle, lui sert de pivot: sa partie inférieure s'appuie dans un trou ménagé dans le sol, sa partie supérieure est retenue par un morceau de bois scellé horizontalement dans la maçonnerie. Aucune porte n'a de bâti dormant.

La fermeture est assurée, soit par une serrure de bois (berbère: ennas) à un ou deux taquets, du modèle souvent décrit ([5]), car très répandu dans les régions saharienne et pré-saharienne, soit par une grosse serrure de métal, importée de Djerba, que ferme une clef lourde et encombrante qui peut atteindre vingt-cinq centimètres de longueur.

Des anneaux forgés, dont certains sont légèrement ouvragés, gravés, ou torsadés, servent de poignée.

Certaines chambres possèdent aussi une porte de même fabrication que la porte d'entrée mais bien plus petite: on est obligé de se courber pour franchir l'ouverture. Ces portes de chambre peuvent avoir une serrure de bois, ou plus simplement un taquet de bois à l'intérieur.

LES EVACUATIONS

Le plancher des lieux d'aisance est percé d'un trou ou d'une fente sur une fosse sèche. Une ouverture au bas de la façade, sommairement obstruée par des pierres liées au *timchent*, permet l'évacuation périodique des matières sèches qui sont utilisées comme engrais dans les jardins.

L'évacuation de la douche traditionnelle se fait souvent par cette même fosse. La quantité d'eau ainsi déversée (la valeur d'une ou deux aiguières par douche) est négligeable.

Les eaux de pluie sont rejetées du haut des terrasses à la rue par des gargouilles, autrefois taillées dans un morceau de palmier, aujourd'hui constituées d'un tube métallique ou de fibrociment. De plus en plus souvent, les façades sont munies de descentes d'eau.

Sous la partie à ciel ouvert de la maison, au rez-de-chaussée, le sol est légèrement défoncé par rapport au reste de la pièce. Un puits perdu profond de 2 m environ est creusé dessous, soit dans le rocher, soit dans le sable (dans ce dernier cas, on fait un blocage de pierres sèches). Il permet d'évacuer l'eau de pluie, l'eau de la cuisine et celle des ablutions lorsqu'elles se font à proximité.

LES DIMENSIONS

La largeur des pièces ne dépasse guère 2 m, ce qui correspond à la portée moyenne des solives de palmier. Leur longueur est variable, et peut être relativement importante. Le plus souvent, les pièces sont carrées ou rectangulaires avec un rapport longueur/largeur ne dépassant pas 2/1. La hauteur sous plafond est faible, en général de l'ordre de 2,20 m, 2,30 m; elle peut être inférieure à 2 m, dans les maisons les plus anciennes, particulièrement à l'étage. Rappelons que la limitation des hauteurs n'est pas due aux matériaux utilisés mais provient des règles d'urbanisme que les Mozabites se sont volontairement données.

Lorsque le constructeur désire avoir une pièce de dimensions plus importantes, ce que l'on observe presque exclusivement pour la pièce centrale du rez-de-chaussée, il utilise des poutres supportées par des piliers intermédiaires.

Les bâtiments autres que les habitations sont réalisés de la même façon, et ont les mêmes proportions. Mais dans les mosquées la hauteur sous plafond est souvent plus importante. L'espacement entre deux arcatures y correspond à un module défini par la dimension d'un homme prosterné pour la prière.

L'observation des constructions traditionnelles permet les constatations suivantes :

— Les fonctions n'imposent ni forme ni localisation précises. Par exemple, le coin-cuisine qui comporte généralement un âtre, un lieu pour l'eau et des étagères, est différent pour chaque maison.

— Les pièces n'ont ni forme précise ni destination déterminée (tantôt chambre, tantôt réserve ou garde-robe ...). La liberté de plan, comparable à celle de l'architecture organique, entraîne une grande diversité de conception des espaces et de réalisation.

— Les espaces sont complètement utilisés : aucune place n'est perdue dans le cadre parfois exigu d'une maison de ville. Tous les espaces disponibles sont récupérés (exemple : le dessous d'escalier devient litière pour la chèvre ou rangement).

— Le mobilier est, nous l'avons dit, en grande partie intégré à la maçonnerie : niches, étagères, banquettes, lits, récipients de réserve (grenier à dattes surtout).

Les formes et dispositions que nous trouvons particulièrement belles et réussies sont dues au hasard de la mise en œuvre, à la volonté du propriétaire, au savoir-faire ou à la fantaisie du constructeur : la maison s'élabore sans recherche esthétisante gratuite ([6]). Elle est définie culturellement autant que techniquement. Le résultat est le reflet du style de la société.

Les arcatures, naturellement irrégulières du fait de leur mode de construction, ne font l'objet d'aucune surcharge qui viserait à égaliser l'ensemble. Les arcs se répètent sans jamais être identiques. L'arc et le linteau peuvent s'associer sur le même plan suivant les matériaux disponibles ou selon le bon vouloir du constructeur.

La construction suit les besoins, et c'est ainsi que très souvent l'étage ne se superpose pas au rez-de-chaussée.

Enfin, seuls les étrangers et les touristes s'étonnent de la beauté de l'architecture du M'Zab ([7]). Le Mozabite, lui, la renie, n'y voit que vieilles pierres, absence de confort, inadaptation à la vie moderne.

3. A propos du type de construction

Nous avons envisagé les matériaux, les techniques et les modes de construction utilisés au M'Zab: tout cela ne renseigne pas sur les processus de création ni sur les causes qui les déterminent. Sur ce point toutes les interprétations sont « possibles ».

On peut partir a priori d'une cause ou d'un faisceau de causes privilégiées, consciemment ou non: le résultat d'études conduites dans cet esprit est simpliste, réducteur, voire ethnocentrique.

Attribuer la forme d'une architecture à une cause unique, qu'elle soit matérielle (climat, besoin d'un abri, matériaux, techniques, site) ou sociale (économique, militaire, religieuse), empêche d'exprimer la complexité de ce qui apparaît.

La construction mozabite étant admise telle qu'elle est, dans sa diversité, il s'agit de voir quelles sont ses qualités ou ses défauts à l'usage, comment elle s'adapte aux diverses données physiques, sociales, religieuses. Sans privilégier un déterminant, sans proposer d'explication globale: il serait vain de vouloir réduire en concept ce qui est avant tout une pratique.

IMPLANTATION: LE SITE

Nous n'en savons pas assez pour répondre aux questions: pourquoi la Vallée du M'Zab? Quelles sont les raisons qui ont poussé les Ibadhites à choisir cet emplacement? de quelle époque datent les premières incursions ibadhites dans cette région? quelle était alors la nature des implantations humaines?

Nous n'avons pu que suggérer quelques hypothèses et éléments de réponse dans le chapitre 2.

De même, les villes dont les ruines sont encore visibles ne font pas l'objet de cette étude. Les causes de leur chute ou dépérissement — pourquoi? quand? comment? — ne sont pas encore assez clairement établies.

Nous parlerons seulement de ce qui est encore observable actuellement.

— Les villes de la vallée sont installées sur le rocher des hauteurs naturelles. Cette implantation permet d'éviter les conséquences des crues des *oueds*, et de garder disponibles tous les terrains cultivables. Ces terres basses correspondent aux endroits où la nappe phréatique est la plus proche, et où les puits destinés à l'irrigation sont faciles à creuser.

— L'implantation urbaine s'est donc tenue à l'écart de la terre et de l'eau, sources de vie.

— La vue rayonnante autour du piton facilite la défense de la ville face aux autres villes — on a beaucoup de récits de guerres intestines au sein de la Confédération — face aux nomades, et d'une manière plus générale face aux étrangers à la communauté, à laquelle on assure ainsi une plus grande intégrité. Le rempart répond à ce double impératif.

LE TISSU URBAIN

— La ville est resserrée à l'intérieur de l'enceinte ou de ce qu'il en reste; la défense proprement militaire n'impose plus depuis longtemps la rigidité du système de protection.

L'enceinte est constituée soit par un rempart continu (Beni Isguen), soit alternativement par un mur et par des maisons-rempart, hautes et sans accès extérieur (Mélika).

— Les villes sont peu étendues. Elles n'ont jamais dépassé un certain nombre d'habitants. Quel nombre? Au-delà de ce nombre, y avait-il systématiquement essaimage d'une partie de la population?

On a avancé pour cause de cette restriction une volonté urbanistique. Mais on pourrait aussi penser qu'il y avait une population-limite au-delà de laquelle une cité ne pouvait plus fonctionner selon les principes démocratiques souhaités.

— Le schéma urbain est dense, la proportion des espaces construits par rapport aux non construits est forte.

— La mosquée domine la ville. C'est un bâtiment important, non seulement pour ses implications religieuses et sociales, mais aussi par ses dimensions. Le minaret en est le symbole et le signal. Tous les bâtiments annexes: *médersa*, bibliothèque, etc. sont implantés directement autour d'elle. L'ensemble constitue le centre spirituel de la ville.

Rappelons les cas d'El Ateuf et de ses deux mosquées — faut-il y voir une survivance d'une conception dualiste berbère? — et de Mélika où la volonté des Malékites de construire un minaret sur leur mosquée en 1970 suscita des problèmes: rivalité, lutte d'influence.

— Second grand pôle d'attraction: le marché. Il est situé à proximité des portes de l'enceinte, pour assurer la défense de la cité et celle de la communauté vis-à-vis des étrangers qui ne devaient pas en franchir les limites.

— L'« économique » est séparé du « spirituel » — Exception à cette règle: Mélika.

— En dehors de quelques élargissements pour un puits, un arbre, les rues sont étroites; souvent la dimension juste nécessaire au croisement de deux ânes bien chargés. Parfois couvertes par le plancher de l'étage des maisons, elles sont relativement ombragées et même l'été on peut y circuler sans avoir à souffrir des rigueurs du soleil.

— Les petites fenêtres percées dans les pièces en encorbellement sur les ruelles avaient probablement un rôle défensif lors des combats de rue.

— Les banquettes maçonnées dans d'autres voies en font des lieux de réunion. Ces ruelles constituent la transition entre les lieux publics (marché, place et rues adjacentes, mosquée, maison de *fraction* etc.) et les lieux privés et intimes que sont les maisons.

— Rappelons les règles traditionnelles d'urbanisme:

● Aucune maison ne doit porter ombre à la voisine: le soleil est apprécié et souvent recherché. Ce principe de base, toujours appliqué, a pour effet de limiter la hauteur des maisons et de conditionner parfois la forme d'une toiture.

● Autre règle fondamentale et toujours scrupuleusement respectée: aucune maison ne peut avoir « vue » sur une autre. L'intimité de chaque foyer doit être préservée. Ceci entraîne des murs d'acrotère plus hauts que le regard.

● En ville, quand en raison de la première règle, il n'est pas possible de hausser les murs d'acrotère, les terrasses hautes ne sont pas accessibles aux hommes. Elles sont de fait un lieu féminin.

Les femmes passent de l'une à l'autre et ainsi, de maison en maison, circulent à l'abri des regards.

— Les façades sont toutes semblables dans leur nudité puisque, par principe religieux, aucun signe de richesse ne devait être visible de l'extérieur.

LA MAISON

Essayons de voir en quoi elle est adaptée au climat saharien et donnons quelques précisions concernant l'utilisation des matériaux.

1. *Climat*

Les écarts de température sont importants. Il y a peu d'humidité. Les vents, parfois violents, transportent sable et poussière. Les pluies, bien que rares, sont très fortes. Le rayonnement lumineux est intense durant la plus grande partie de l'année.

Rappelons les points suivants, déjà évoqués, qui déterminent l'adaptation de la maison au climat.

En ville les maisons sont construites avec des murs de pierre, généralement épais. Imbriquées les unes dans les autres, elles créent de grands volumes habitables par rapport à la surface de mur exposée au soleil. L'ombre baigne rues et ruelles.

La capacité calorifique des matériaux ralentit l'entrée de la chaleur le jour et la restitue la nuit, quand elle est bénéfique.

La cuisine est une autre source de chaleur. Il y a fréquemment deux âtres par maison : le premier, intérieur, au rez-de-chaussée, permet l'hiver de cuire les aliments tout en réchauffant la pièce centrale, le second, extérieur, à l'étage, est utilisé l'été : il est dans la mesure du possible à l'abri des rayons solaires.

L'orientation du portique de l'étage, ouvert au Sud, est remarquable. L'été, le soleil est haut, et ses rayons ne peuvent y déranger le séjour. L'hiver, bas sur l'horizon, il réchauffe et pénètre largement cet espace.

Les enduits clairs, de chaux brute ou teintée, réfléchissent la lumière et la chaleur.

Les fenêtres sur l'extérieur sont pratiquement inexistantes.

L'été, l'intérieur est frais et sombre. Le puits de lumière est partiellement obstrué : un courant d'air s'installe entre ce puits et, soit la porte d'entrée ouverte, soit les quelques trous percés sur la façade. Quand, la nuit, il fait trop chaud à l'intérieur, les Mozabites montent dormir sur les terrasses.

La maison de palmeraie, isolée, offre plus de surface au soleil, mais les palmiers et leur ombre compensent ce surplus de rayonnement. L'irrigation quasi-permanente procure un peu d'humidité.

Ces quelques points vérifient, si cela est nécessaire, que les constructions mozabites sont adaptées au climat saharien. Mais le climat ne suffit pas à expliquer la forme de la maison.

2. Matériaux et techniques de construction

Il n'est pas possible de déterminer comment, à partir des matériaux disponibles et des techniques connues, le choix s'est opéré. Pourquoi les maisons sont elles en pierre et non en briques de terre ? Depuis quelle époque ? Nous savons seulement par les ruines d'Isedraten que la pierre, le plâtre, la chaux, étaient utilisés : de même le plâtre était déjà employé à Tahert.

Les matériaux et mises en œuvre structurellement possibles ont seulement permis les formes que nous connaissons.

Les techniques sont utilisées jusqu'aux limites du possible. On peut parler de véritable économie. Citons l'exemple du palmier, qui est disponible en quantités limitées puisque le Coran interdit l'abattage des arbres avant leur mort. Toutes ses parties sont employées dans la construction. La poutre est utilisée au mieux.

Sa portée limite la dimension des franchissements : si l'on souhaite obtenir une grande pièce, on crée des points porteurs intermédiaires. A l'inverse, pour de petites largeurs, il est fait appel à une autre technique, la voûte, avec ou sans coffrage, avec ou sans « armature » en palme, afin de ne pas utiliser inutilement une poutre qui peut être précieuse ailleurs.

Le résultat est un juste équilibre entre une structure lourde — murs épais, plancher chargé de terre pour une bonne isolation thermique —, et une stabilité suffisante pour résister au temps. La démolition d'une maison et sa reconstruction sont rarement commandés par son état de délabrement, mais bien plutôt par un changement intervenu dans les besoins de ses habitants.

L'entretien minimum se limite à la réfection périodique des terrasses: badigeons successifs, en particulier après les saisons «pluvieuses».

Ici encore on peut affirmer que les techniques ne suffisent pas à expliquer le type de construction.

Le chapitre 3 a essayé de montrer comment les Mozabites vivent à l'intérieur de leurs maisons. Jusqu'à une époque récente, elles étaient parfaitement adaptées à leurs besoins, à leur souci d'intimité, à la protection de la famille vis-à-vis des étrangers, etc. L'aspiration actuelle à certains changements influence les constructions: on essaiera de voir comment au chapitre suivant.

Le type de construction est le résultat de choix entre de nombreuses possibilités existantes. Ces choix font intervenir les traditions, le mode de vie, les nouveaux modèles aujourd'hui etc. Ils ne sont ni forcément explicités ni toujours compréhensibles de l'extérieur.

Le type de construction est un fait culturel fondamental, mais complexe. Il faut pour l'aborder avoir toujours à l'esprit la globalité culturelle, unique et conjoncturelle.

([1]) Echantillon recueilli par M. MERCIER (*op. cit.*) et analysé par M. LABORDE.

([2]) Relevé n° H 10 Ghardaïa.

([3]) La poutraison de la mosquée de Ghardaïa comporterait des poutres ayant servi à Sédrata, donc vieilles de neuf siècles.

([4]) MERCIER: *op. cit.*

([5]) Voir par exemple:
LEROI-GOURHAN, *L'homme et la matière*, Albin-Michel, Paris, tome 2.
CHAMPAULT D., *Une oasis du Sahara Nord Occidental TABELBALA.*, C.N.R.S. 1969.

([6]) Seul «élément décoratif»: les angles d'acrotères. A celà, certains veulent donner une explication fonctionnelle (protection de l'angle); d'autres y voient une survivance (dans le passé, on aurait scellé dans les angles un œuf d'autruche), d'autres encore un symbole.

([7]) Il faut préciser, d'ailleurs, que, selon nos critères esthétiques, nombreuses sont les constructions qui ne présentent aucun intérêt.

5. Persistances et changements

La communauté mozabite semble toujours avoir eu, par l'intermédiaire de son commerce, des contacts extérieurs même lointains. Ils ont certainement joué un rôle dans l'évolution de la société.

Depuis le début du siècle, ont été progressivement intégrées diverses innovations destinées à l'amélioration du confort par exemple. Avec la colonisation et l'exploitation du pétrole saharien, Ghardaïa devint un important lieu de transit qui attira les travailleurs en quête d'emploi; le nombre d'étrangers dans la vallée augmenta donc. Simultanément, les Mozabites entreprirent davantage de voyages hors du pays: en Europe, aux Etats-Unis, au Proche et Moyen-Orient. La Vallée devint aussi de plus en plus un centre d'attraction touristique.

De cet ensemble de circonstances se dégagent des influences qui ont abouti à des changements dans le mode de vie des habitants. L'apport d'un modernisme inspiré des techniques et des formes de vie occidentales a contribué au changement du tissu urbain et à des variations dans la conception de l'habitat. Des modèles étrangers ont d'ailleurs été implantés du temps de la colonisation sous la forme de bâtiments administratifs et de logements de fonction construits alors hors des villes.

La tradition soumise à des sollicitations extérieures s'affaiblit peu à peu. Les unes après les autres, les règles autrefois admises et suivies de tous perdent leur impact et leur nécessité, deviennent moins strictes. Ce n'est pas là un jugement de valeur car l'évolution va souvent dans le sens d'une émancipation; tout dépend évidemment des valeurs que l'on considère comme les plus importantes: cohésion et dépendance dans la communauté ou autonomie de l'individu.

Si on se limite à ce qui est observable dans le domaine de l'habitation, plusieurs indices sont la manifestation d'une montée de l'individualisme :

— La famille devient plus réduite, chaque nouveau foyer essaye aussitôt que possible d'être indépendant et d'avoir un chez-soi à part.

— L'homme dont la vie était surtout publique et se déroulait à l'extérieur de la maison se cherche un refuge, il aménage dans sa nouvelle maison un salon, un bureau, une bibliothèque où il peut se tenir seul ou en compagnie de ses invités.

— Une certaine ostentation apparaît : l'acquisition de biens de consommation et de matériaux modernes révèle les différences de pouvoir d'achat.

— Les constructions s'éloignent du centre religieux, et s'élèvent maintenant hors des remparts, ce qui permet de moins subir la pression sociale (extension de Beni Isguen).

— A la périphérie des villes, le tissu urbain est beaucoup plus aéré, et on s'arrange pour accéder à sa maison en voiture. L'idéal semble être de réussir à concilier les avantages de la ville et de la palmeraie en construisant près de la ville une maison entourée d'un jardin.

Certaines modifications de l'habitat sont dues à la disparition de contraintes :

— Il n'existe plus réellement d'impératifs de défense militaire, les remparts et les tours n'ont plus de raison d'être et les habitants n'en recherchent donc plus la protection.

— La nécessité économique de faire des réserves en prévision de temps difficiles n'est plus ressentie, ainsi des espaces naguère destinés à ces accumulations sont supprimés dans les constructions nouvelles (greniers à dattes, chambres à provisions ...).

— Une émancipation par rapport au pouvoir religieux entraîne une baisse de la fréquentation des mosquées, et la possibilité de s'établir loin d'elles.

D'autres changements sont dûs à l'apport de nouveaux matériaux, de nouvelles techniques, d'autres modèles.

Les membres de la société mozabite sont nombreux à avoir les moyens de se procurer le ciment, les poutrelles métalliques, les éléments préfabriqués qui, à leur avis, permettent d'améliorer le confort

Fig. 30. Utilisation d'éléments préfabriqués (colonnes torsadées, claustras) pour le *mirhab* d'une *m'çolla* à El Ateuf.

de leur habitat et de l'embellir. Les parpaings de ciment donnent des murs rectilignes, lisses, rapidement édifiés; le carrelage rend le sol facilement lavable et plus plan; les poutrelles autorisent de plus grandes portées et favorisent l'agrandissement des pièces; des plaques ondulées en plastique translucide utilisées comme *moucharabieh* permettent l'ouverture de fenêtres sur l'extérieur pour un meilleur éclairage sans laisser le regard intrus pénétrer dans la maison; des arcs et colonnes préfabriqués de style hispano-mauresque constituent un décor apprécié; d'autres détails, grandes fenêtres, balcons, couloirs sont inspirés de modèles étrangers et introduits au gré du propriétaire.

Autant d'éléments qui lors de leur mise en œuvre modifient beaucoup l'aspect et la conception de la maison. Mais nous verrons plus loin que si le «fini» de la construction et les dimensions changent, le programme de l'habitation reste plus stable.

A l'intérieur de la maison, le mobilier et l'équipement domestique changent, dans les limites des moyens financiers de l'habitant: éclairage électrique pour lequel on fait surtout usage de tubes au néon, appareils de chauffage et de climatisation, réfrigérateur, cuisinière à gaz, électrophones et radio ([1]), machines à coudre et à tricoter ... Peu à peu sont utilisés des éléments du mobilier occidental, table et chaises par exemple. Une salle de bain est parfois prévue lors d'une transformation ou d'une construction neuve, mais elle est le plus souvent destinée à la chambre d'hôte. Tous ces objets et appareils ont besoin d'espaces différents de ceux que pouvait offrir la maison traditionnelle, qui elle-même comportait fort peu de mobilier.

Cette transformation du mode de construction a des répercussions économiques. Alors que pour l'habitat traditionnel les matériaux se trouvaient sur place, que les réparations étaient faites par l'habitant lui-même ou par quelques ouvriers, que la construction était peu onéreuse, et que peu d'entretien était nécessaire, la modernisation augmente sérieusement les coûts. Des matériaux onéreux sont importés, on a besoin de techniciens qualifiés et même d'architectes. Cela conduit les riches à posséder des maisons plus grandes, plus équipées, que les foyers modestes qui continuent davantage à vivre à la manière traditionnelle en attendant de pouvoir s'offrir les transformations souhaitées.

Les changements introduits dans les techniques et les formes de la construction affectent même l'architecture religieuse. Les vieilles mosquées sont démolies partiellement ou entièrement pour être reconstruites en ciment et bien rectilignes : nouvelle mosquée d'El Ateuf, aile moderne d'Ammi Saïd que les photographes essaient habituellement de faire sortir du cadrage, nouvelles mosquées des palmeraies.

Mais tout en considérant que la modernisation est un fait positif, nécessaire, et représente une amélioration, les Mozabites ne rejettent pas en bloc tout ce qui a constitué leur univers culturel. Des données importantes persistent malgré les techniques et apports extérieurs. Tout en étant très modifiée dans son aspect, la maison conserve une organisation très proche du type traditionnel. On observe toujours l'entrée en chicane, la grande pièce éclairée par le trou central; le salon des femmes ou *tisefri* reste au programme des habitations les plus récentes. Il est rare de trouver une pièce spécialement destinée à la cuisine. L'étage comporte toujours un portique dont l'orientation est respectée. La place du métier à tisser est généralement prévue car il continue d'être largement utilisé. Le salon «arabe» où l'on mange près du sol existe toujours, dans les maisons aisées il coexiste avec la salle à manger à l'occidentale.

Certains éléments auparavant rares se sont généralisés : le salon de réception masculin avec chambre d'hôte, la cave. Dans la mesure des moyens du propriétaire, ils figurent dans les nouvelles constructions.

Ces éléments traditionnels sont conservés lorsqu'un mozabite construit une maison à son usage, mais s'il construit pour louer à des étrangers à la communauté, il ne suit plus les mêmes impératifs.

Est-il possible d'influencer les constructeurs dans leurs aspirations ? Nous le croyions parfois en discutant avec eux des avantages et inconvénients comparés des solutions nouvelles et des solutions traditionnelles. Nous tentions par exemple de démontrer l'absurdité du balcon, dont il faut garder les volets fermés, ou qu'il faut entourer de paravents destinés à cacher les occupantes. Le règlement de sauvegarde du site les a interdits mais ils continuent d'être très demandés.

Nous avons nous-mêmes choisi de vivre dans des maisons traditionnelles, dans lesquelles nous avons aménagé les espaces et le confort correspondant à nos besoins personnels. Nous y avons donc introduit ce qui dans une installation non-provisoire nous paraissait indispensable : eau, électricité, cuisine, salle de bain, bureau, rangements,

Fig. 31. ... «une prolifération d'entrepôts et de garages, dont les grandes portes métalliques» ... (p. 120).

Fig. 32. Un exemple «*d'architecture coloniale dite "architecture saharienne"*» (p. 120).

éclairages, et nous avons cherché à le faire en utilisant au maximum les volumes et aménagements existants sans modifier la construction. Nous sommes parvenus ainsi à un niveau de confort très satisfaisant, voire supérieur à celui de la majorité des constructions mozabites récentes; nous avons imaginé pendant une période que ces modèles d'installation pourraient plaider auprès de nos visiteurs mozabites en faveur de la conservation de la maison traditionnelle. Illusion: si nos intérieurs provoquaient leur admiration polie, leurs commentaires signifiaient clairement qu'ils admettraient ce genre d'installation pour leur résidence secondaire, ou leur maison d'hôte, mais pas pour leur logis principal. Il y manquait des caractéristiques importantes qui permettent de faire figure de gens évolués: murs droits et lisses, carrelages, fenêtres. Cette expérience a corroboré nos conclusions sur le caractère vain et coercitif des mesures de classement et de protection des habitations d'une population dont l'architecture traditionnelle ne la satisfait plus.

Fig. 33. Ghardaïa. Hôtel des Postes. A. Ravereau.

Les changements les plus importants, on l'a vu, concernent d'une part l'apparence et les dimensions de l'habitation, son organisation interne restant proche de la tradition, d'autre part l'urbanisme, du fait de l'extension des villes. Il faut signaler encore toute une série de constructions, habitations, commerces, bâtiments administratifs, qui ne correspondent à rien de traditionnel et qui sont le résultat de la colonisation, du développement de l'économie locale et de la croissance démographique. La multiplication des petites entreprises, des dépôts de commerçants, a conduit à une prolifération d'entrepôts et de garages dont les grandes portes métalliques se succèdent le long des voies urbaines autour des vieilles villes et même sur les remparts (Mélika). Des quartiers entiers construits en matériaux modernes se sont édifiés autour des villes, à Ghardaïa surtout, accompagnés d'une infrastructure administrative importante: écoles, hôpital, gendarmerie, mairie, poste, etc. Un modèle d'architecture coloniale appelée «architecture saharienne» est très répandu. Les tentatives pour réa-

Fig. 34. Chantier de la mairie de Ghardaïa. F. Pouillon.

liser une architecture moderne inspirée de l'architecture traditionnelle et adaptée au site sont des exceptions, produites par l'imagination d'architectes européens. Quelques exemples dont le résultat est différent: la poste (André Ravereau), la mairie et l'hôtel (Fernand Pouillon).

L'évolution actuelle est irréversible. Au contact du monde moderne, l'architecture traditionnelle est progressivement détruite. Quelques notables et responsables sont bien conscients de l'importance de la conservation d'un patrimoine qui permet de maintenir une affluence touristique dont la contribution à l'économie locale est loin d'être négligeable. Mais les aspirations de la population ne vont guère dans ce sens. L'Atelier d'Etudes et de Restauration de la Vallée du M'Zab a eu pour tâche de freiner les démolitions, de contrôler les nouvelles réalisations. Ce n'étaient pas là des objectifs qui correspondaient aux aspirations de la population. Au nom de quoi les leur imposer? L'intérêt national? L'économie intéressée par le tourisme? L'émotion d'esthètes nostalgiques? Les Mozabites transforment le M'Zab pour rejoindre un monde moderne auquel ils veulent participer à part entière sans faire figure de sous-développés. C'est le monde occidental qui a répandu partout ses produits et ses modèles en les faisant passer pour les plus évolués, qui voudrait maintenant leur faire la leçon. Il faut peut-être faire l'expérience de perdre ses racines culturelles pour éprouver le besoin d'en conserver des traces, ce n'est pas encore le cas au M'Zab. Que la société mozabite aille son chemin, il n'est pas de censeur qui puisse lui indiquer le meilleur.

---

[1] Et la télévision maintenant.

Glossaire

Termes se rapportant à la construction, à l'habitat et à la ville

Ce glossaire rapporte le vocabulaire relevé sur place en *tamazir't* et en arabe, et ce dans une transcription francisée (le *tamazir't* n'étant pas une langue écrite et l'arabe ne s'écrivant évidemment pas en lettres latines). Les mots en *tamazir't* présentent parfois des différences sensibles d'une ville à l'autre; nous ne rendons pas compte ici de ces nuances linguistiques.

Français	*Tamazir't*	*Arabe*
LES HABITATIONS		
tente	takhamt	kheima
maison	taddart	dar
LA VILLE ET SES ESPACES		
ville	tamdint ou ar'rem pl. ir'ermaouen	ksar pl. ksour
hameau	amezdar'	
route	quous pl. aquouas	
rue	ar'lad pl. ir'oulad	zgag
mosquée	tamejdida	mesjed ou djamaa
aire de prière	t'zalit	m'çolla
marché		souk
maison de fraction	taddart en tachirt ou hadjba	
LES MATERIAUX DE CONSTRUCTION		
palmier	tazdaït	
stipe du palmier	akerchouch	
palme	toufa	djerida
nervure de palme	taghda	
pierre à bâtir	adra	hadjra
dalle pour le sol	meddaqua	ar'ablat
brique de toub	abarchi	
sable argileux	t'lakht	
plâtre traditionnel	timchent	
plâtre	timchent	djibs
chaux	djir	

Français	Tamazir't	Arabe
LA CONSTRUCTION DE LA MAISON		
fondations	sissan	
mur	marou	hit
	pl. imouran	
poteau	amoud	arsat
plafond	gharf	sequef
sol	tamourt	lard
escalier	tissounane	
porte	taourt	bab
porte d'entrée	taourt ouataf	
petite fenêtre	alloun	
arc		khaous
linteau, grosse poutre	djaziya	
solive de palmier	t'maleft, tikhehebt, ar'rour	kecheb
arcature de l'étage	ikoumaren	akouas
acrotère	aydere nessas	
LES ESPACES ET LES OBJETS DE LA MAISON		
rez-de-chaussée	adaïa	
étage	ennedj	stah
terrasse	ennedj amakrame	
sous-sol	tamadmourt	dahliz
volume d'entrée	taskift	skiffa
entrée de la maison	ataf n'taddart	dakhla
chambranle de la porte d'entrée	l'atbat	latba
surface couverte à l'intérieur du r.-de.-ch.	tahdja	
volume central du rez-de-chaussée	amesentidar	ouest eddar
salon des femmes	tisefri	
cuisine	kousinet	
écurie	tazdit	el kourj
coin de la chèvre	enichen na trat	
chambre à coucher	tazka	bit
chambre à provision	houdjrat ou tazka n'l mounet	houdjira
dépôt	houdjrat	houdjira
douche traditionnelle	langhassel	mr'asel
W.C.	ajmir ou gouma (vulgaire)	bit erraha
maison d'hôte ou salon d'hôte à r.d.ch. avec entrée indépendante	douiriyet	douera ou dar ediaf
volume du portique à l'étage	ikoumar	

Français	Tamazir't	Arabe
milieu de l'étage non couvert	amesnenije ou tigharghart	
arcature et portique sur terrasse	ikoumar nenije amakrane	tamnaït
salon d'hôte à l'étage	laali	laali
grille fermant le puits de lumière		ch'ebk
réserve à dattes (jarre)	t'khabit	bagou
jarre à grains	akoufi	
fosse à bois	aghzou n'isgharen	
creux pour se laver les mains	aghzou n'oussired	
pierre portant aiguière et savon	ezzajet	
sable pour ablution	taymoun	taymoum
serrure en bois	ennas	
porte-manteau en bois	jij	chedda
paillasse, étagère	d'raber, araf, dareb	
niche; trou	tebaijet	aâ richa
âtre	in'ayan	
lit maçonné	amchan	seda
planches et tréteaux formant lit	soudate	
moulin	tasirt	matahna

AUTOUR DE LA MAISON DE PALMERAIE

Français	Tamazir't	Arabe
portique au jardin		sabbat
bassin entourant le pied des palmiers	ajedlou pl. ijedlaouïne	houd
rigoles d'eau	tardja	seguia

Quelques remarques à propos des relevés

Rappelons ici encore qu'à travers cette suite de planches il ne s'agit pas de montrer l'existence d'un « modèle » de maison mozabite. Bien au contraire, nous insistons sur ce qui fait leur différence : c'est pourquoi ces commentaires accompagnant les relevés veulent être une simple nomenclature des points remarquables de chacun. Pour chaque ville, on trouvera les habitations (H), les marchés et magasins (M), les lieux de culte (N), les ouvrages de défense (D), les ouvrages hydrauliques (B).

GHARDAÏA   H.1

- Le volume de la maison suit la pente naturelle du terrain : le rocher affleure dans le volume central et dans le salon des femmes.
- Les différents niveaux ne se superposent pas : la cave est creusée sous la maison voisine. Les maisons de ville s'imbriquent l'une l'autre.
- Deux escaliers d'accès à l'étage, et forme complexe de celui d'accès aux terrasses hautes.
- Plusieurs pièces forment réserve, on notera les jarres à dattes maçonnées dans les murs.
- Mobilier maçonné : banquette, lit, aire de prière.
- Récupération des espaces : position de l'écurie sous le départ de l'escalier principal, et débarras à proximité de l'âtre.
- A l'étage, portique sur trois côtés, dont un avec deux rangées de poteaux.
- Canalisation et évacuation des eaux pluviales.

GHARDAÏA   H.2

- Maison incomplète, une partie du volume original a été vendu à la maison voisine.
- Locaux de rangement sur les deux niveaux avec escalier particulier.
  On notera le débouché de l'escalier principal, face au mur à l'étage.
- et la partie couverte de grande surface à l'étage, avec double rangée de piliers - arcature ouvrant sur la partie non couverte et poutres à l'intérieur permettant de dégager une plus grande hauteur utile.

GHARDAÏA   H.3

- L'espace central est vaste, ses dimensions dépassent la portée admissible de la poutre de palmier - d'où les quatre piliers.
- Le sol est légèrement défoncé sous le puits de lumière : récupération des eaux pluviales.
- Greniers à dattes.
- Salon d'hôte des hommes à l'étage, avec une petite fenêtre ouvrant sur la façade.
- Débouché de l'escalier principal face au mur à l'étage.
- Evacuation des eaux de la douche dans la fosse d'aisance de l'étage.
- Juxtaposition d'arcs et de linteaux pour constituer le portique de l'étage.
- Le toit de ce portique est légèrement en pente.

GHARDAÏA   H.4

- Ce n'est qu'une demi-maison. Deux frères l'ont partagée, par le milieu du trou qui assure l'éclairage zénithal.
- Petit salon d'hôte au rez-de-chaussée.
- Pièces de grande dimension en rez-de-chaussée et à l'étage avec pilier central.

- Construction récente d'un poulailler au-dessus des lieux d'aisance de l'étage.

GHARDAÏA H.5

- Petite maison dont les différents niveaux ne se superposent pas.
- Banquette maçonnée dans le salon des femmes et niches pour poser les objets.
- Grand volume de rangement sous l'escalier principal.

GHARDAÏA H.6

- Les maisons s'imbriquent les unes les autres.
- Deux chambres de l'étage sont au-dessus de la ruelle.
- Divers modes de couverture : terrasse, voûte.
- Le débouché de l'escalier est à ciel ouvert.
- Sur un côté, le portique de l'étage est réduit à un passage couvert.

GHARDAÏA H.7

- Petite maison mais avec cave.
- Couverture en pente à l'étage.
- Le portique ne présente pas d'arcature.

GHARDAÏA H.8

- Encore une maison résultant d'un partage.
- Le salon des hommes, à l'étage, est complété par une chambre.
- Non-superposition des différents niveaux.
- Les piliers du portique de l'étage n'ont pas la même forme.

GHARDAÏA H.9

- Petite maison.
- Escaliers de forme complexe ne se superposant pas, avec récupéra-

tion des volumes pour former écurie, point d'eau, lieu d'aisance et douche.
- Coin cuisine avec étagères maçonnées incorporées.

GHARDAÏA H.10
- Maison à deux étages et donc à deux niveaux de portique.
- Colonne «ventrue et cannelée» au premier étage.
- Non-superposition des escaliers d'accès aux premier et second étages.
- Arcs et linteaux des portiques.

GHARDAÏA H.11
- Maison double - une seule entrée dessert deux maisons complètes.
- Cave spacieuse à plusieurs pièces, éclairées par des petits puits de lumière.
- Grand salon d'hôte à l'étage.
- Plusieurs escaliers, lieux d'aisances et douches.
- Coin cuisine à tous les niveaux.

GHARDAÏA M.1
Place du Marché de Ghardaïa - Passage couvert périphérique avec arcature.

GHARDAÏA M.2
Un magasin de cette place.

GHARDAÏA N.1
Mosquée Ammi Saîd.
La grande salle de réunion a été démolie, et reconstruite en «moderne»: poutrelles métalliques au lieu des solives de bois, arcature préfabriquée en plâtre, suppression des points porteurs intérieurs.

BENI ISGUEN   H.1

- En raison de l'imbrication des maisons de ce quartier, celle-ci a une forme compliquée, différente à chaque niveau.
- Faible hauteur sous plafond de certaines pièces, ainsi que des ouvertures et arcatures.
- L'étage n'est pas à un niveau constant, bien au contraire.
- Les escaliers desservant le premier et le second étage ne se superposent pas.
- Portique au second étage - et accès réservé aux femmes vers les maisons voisines.
- Différentes techniques de réalisation des portiques, avec linteaux.
- Evacuation vers la fosse d'aisance de l'eau pluviale de toutes les terrasses.
- Salon des femmes avec aire de prière et niches.

BENI ISGUEN   H.2

- Salon des femmes avec niches, banquette maçonnée et aire de prière.
- Salon des hôtes à l'étage avec arcature, au-dessus d'une réserve.
- Douche traditionnelle à l'étage, avec évacuation des eaux en gargouille.
- Non-superposition des escaliers.
- Faible hauteur des arcs du portique de l'étage.

BENI ISGUEN   H.3

- Il s'agit de plusieurs maisons imbriquées.
- Banquette maçonnée dans la rue, le long de la façade.

BENI ISGUEN   H.4

- Grande maison, implantée dans la dernière extension de la ville, à l'intérieur de l'enceinte de 1860.
- Modification tardive du volume de l'entrée par la création d'une écurie.

- Grande pièce centrale avec accès direct vers la maison voisine qui appartient à la même famille.
- Salon des hôtes à l'étage, divisé par une arcature limitant une réserve, qui s'ajoute à celle du rez-de-chaussée et à celle située derrière l'arrivée de l'escalier.
- Portique de l'étage sur trois côtés, passage couvert sur le quatrième.

BENI ISGUEN   H.5
- « Couloir » permettant de rejoindre la ruelle. La porte d'entrée donne accès à deux maisons appartenant à la même famille.
- Moulin dans le salon des femmes.
- Coin cuisine de grandes dimensions.
- Salon des hôtes à l'étage.

BENI ISGUEN   H.6
- Cave habitée l'été pour sa fraîcheur.
- Salon des hôtes à l'étage avec la seule fenêtre.
- Escaliers remarquables.

BENI ISGUEN   H.7
- Très petite maison.
- Evacuation des eaux pluviales par la fosse d'aisance.

BENI ISGUEN   H.8
- Maison de palmeraie, petites dimensions générales, petites dimensions des pièces.
- Deux accès à partir du jardin.
- Récupération des espaces : dessous des premières marches de l'escalier comme réserve à bois pour l'âtre, dessous du reste de l'escalier comme rangement.
- Très nombreuses niches.

- « Point d'eau », emplacement pour poser l'aiguière avec évacuation dans le sol, maçonné à proximité de l'âtre.
- Lieux d'aisance aux deux niveaux, douche traditionnelle à l'étage.
- Terrasse privative pour dormir l'été, au-dessus de la chambre de l'étage.
- Pas de portique à l'étage.
- Murs de faible épaisseur.

BENI ISGUEN   H.9

- Maison suivant la pente naturelle du terrain, surélevée par rapport à la piste inondable en cas de crue de l'oued proche.
- Deux accès - un accès bas par le jardin, un accès haut par l'écurie.
- Moulin à proximité de l'entrée, les voisines l'utilisent sans pénétrer dans l'intimité de la maison.
- Aire de prière dans le salon des femmes.
- Terrasses privatives pour dormir l'été - l'accès à l'une d'elle est constitué par trois pierres qui dépassent de la maçonnerie.

BENI ISGUEN   H.10

- Portique en rez-de-chaussée ouvert sur le jardin.
- Niches et aire de prière dans le salon des femmes.
- Chambre « maraboutée ».
- Terrasse privative associée à chacune des chambres de l'étage.

BENI ISGUEN   H.11

- Petite maison de palmeraie construite autour d'un palmier.

BENI ISGUEN M.1

- Un magasin proche de la place du marché.
- Voûte et puits de lumière.
- Niches à côté de la porte d'entrée.

BENI ISGUEN   D.1

La tour haute du rempart de Beni Isguen, et la petite porte permettant l'accès aux cimetières hauts de la ville.

BENI ISGUEN   B.1

Le grand barrage de Beni Isguen, sur l'*oued* N'tissa.

MELIKA   H.1

- Petite maison-rempart.
- Arcatures sur les quatre côtés à l'étage.

MELIKA   N.1

- Mosquée extérieure à l'actuelle Mélika, proche de l'emplacement de Ouadaï (ville primitive).
- Espacement entre les points porteurs.
- Couverture en terrasse et coupoles très aplaties.
- Accès à la terrasse par des pierres qui dépassent de la maçonnerie.

BOU NOURA   H.1

- Très grande maison avec magasin attenant.
- Vaste pièce centrale avec piliers.
- Arcature dans le volume d'entrée.
- Magasin à deux niveaux avec escalier particulier et éclairage zénithal remarquable.
- Portique à deux rangées de piliers à l'étage.

EL ATEUF   H.1

- Maison rempart.
- Banquette dans le volume d'entrée.
- Niches, aire de prière et banquette maçonnée dans le salon des femmes.
- Salon des hôtes à l'étage au-dessus d'une petite réserve.

- Coin cuisine aux deux niveaux bien délimités.
- Les escaliers ne se superposent pas.

EL ATEUF H.2

- Salon des hôtes à l'étage et chambre avec lit maçonné attenante.
- Section circulaire des piliers du rez-de-chaussée.
- Section circulaire cannelée des piliers du portique à l'étage - arcature de facture plus récente.
- Portique à deux rangées de piliers sur un côté à l'étage.

EL ATEUF H.3

- Moulin dans le volume d'entrée.
- Salon des hommes à l'étage avec réserve et cuisine en rez-de-chaussée - escalier remarquable par son débouché à l'étage.
- Nombreuses niches dans les pièces.
- Portique à deux travées sur deux côtés.

EL ATEUF H.4

- Une définition complète des poutraisons montre les solutions de couvertures.
- Détail de l'escalier principal avec les locaux desservis.
- Couverture des escaliers.
- Terrasses privatives pour dormir l'été.
- Des «fenêtres».
- La maison des hôtes a été rajoutée à une époque plus récente; elle comportait un sous-sol, comblé depuis car inondable.

EL ATEUF H.5

- Maison de forme complexe.
- Petit salon des hôtes au rez-de-chaussée.
- Banquette maçonnée dans la pièce centrale.
- Deux éclairages par puits de lumière dans cette pièce.

- Piliers circulaires.
- Palmier dans la maison.
- Douche traditionnelle au rez-de-chaussée.
- Toutes les chambres ont des terrasses privatives pour dormir l'été, l'une d'elles présente un lit maçonné.
- L'une des pièces de l'étage est au-dessus de l'accès à la maison.
- Portique sur trois côtés à l'étage, juste à l'aplomb du puits de lumière qui est partiellement couvert.

EL ATEUF   M.1, M.2, et M.3

- Des magasins à proximité de la place du marché.
- Voûtes et autre système de couverture.
- Eclairage zénithal remarquable.

EL ATEUF   N.1

Aire de prière maçonnée et surélevée dans le lit de l'*oued* M'Zab.

EL ATEUF   N.2 et N.3

Deux mosquées situées dans les cimetières en amont de la ville.

EL ATEUF   N.4

- Mosquée construite autour de la tombe de Sidi Brahim, en aval de la ville.
- Forme complexe.
- Nombreuses niches.
- Poutraison, arcs, linteaux.
- Deux salles superposées au centre: la plus basse est elle-même une petite mosquée.

Bibliographie

1. Bibliographie générale

RAPOPORT A., *Pour une Anthropologie de la Maison*, Dunod, Paris, 1972, Collection Aspects de l'Urbanisme.
LEFEBVRE H., *Critique de la vie quotidienne*, L'Arche, Paris, 1961, t II.
LEFEBVRE H., *La vie quotidienne dans le monde moderne*, Gallimard, Paris, Idées, 1968.
LEFEBVRE H., *Manifeste différentialiste*, Gallimard, Paris, 1970, Idées.
FICHET-POITREY F., *L'architecture fonctionnelle dans l'ouvrage collectif sous la direction de P. Chombart de Lauwe*, C.N.R.S., Paris, 1959.
Architecture without architects, Catalogue de l'Exposition de B. Rudofsky, New York, 1964.
LEFEVRE C., *Pays dogon*, Ed. du Chêne, Paris, 1972.
ZERDOUMI N., *Enfants d'hier*, Maspero, Paris, 1972.
LEROI-GOURHAN, *L'homme et la matière*, Albin-Michel, Paris, 1972, t 2.
CHAMPAULT D., *Tabelbala, Une oasis du Sahara Nord-Occidental*, 1969.

REVUES

Numéro Spécial de «*Art Sacré*» consacré à l'architecture spontanée.
Objets et monde, tome XII, fascicule III, automne 1972.
Atlas, Christine et Claude Lefèvre, n° 70, avril 1972.

2. Bibliographie spécifique

(Les ouvrages sont cités dans l'ordre chronologique de parution)

MARMOL-CARVAJAL, *Prima parte della description generale de l'Africa*, traduction Perrot d'Ablancourt, 1667.
EL AYACHI, *Les étapes du Pèlerin*, traduction Si Lakhdar, 4e Congrès Sociétés Savantes d'Afrique du Nord, Rabat, 1838.
SAMUDA, *Essai sur la langue des Beni-M'Zab*, 1840.
Exploration scientifique de l'Algérie, pendant les années 1840 à 1844, publiée par ordre du Gouvernement, Paris, Imprimerie Royale, 1844-1854, contenant:
Sciences Historiques et Géographiques, 16 vol.
 I. *Etude des routes suivies par les Arabes dans la partie Méridionale de l'Algérie et de la Régence de Tunis*, par E. Carette, 1854.
 II. *Recherches sur la géographie et le commerce de l'Algérie méridionale*, par le même, 1854.
 III. *Recherches sur l'origine et les migrations des principales tribus de l'Afrique septentrionale et principalement l'Algérie*, par le même, 1853.

VI. *Mémoires historiques et géographiques sur l'Algérie*, par E. Pélissier, 1844.
VII. *Histoire de l'Afrique de Mohamed Ben-abi-el Raïni-el K'aïrouani*, trad. de l'arabe par E. Pélissier et Rémusat, 1845.
VIII. *Recherches géographiques sur le Maroc,* par Renou, suivies *d'Itinéraires et de renseignements sur le pays de Sous et autres parties,* etc., 1846.
IX. *Voyage dans le Sud de l'Algérie et des Etats Barbaresques de l'Ouest et de l'Est,* par Al-Alliaci-Moula-Ahmed, traduit par Berbrugger, 1846.
Archéologie, par Delamarre.
Beaux-Arts, architecture et sculpture, par A. Ravoisier, Paris, Didot, 1846 et années suivantes.
EL BEKRI, *Description de l'Afrique septentrionale*, traduction de Slane, 1842.
URBAIN, *Les Zibans, oasis du Sahara*, Revue Orientale, 1845.
DAUMAS, *Le Sahara Algérien*, Paris, 1845.
VIRLET D'AOUST, *Notes sur la géographie ancienne, et sur la dépression probable de l'Afrique septentrionale, celle du Lac Melghigh*, Paris, 1845.
EL AYACHI et MOULEY A., *Voyage dans le Sud de l'Algérie*, traduction Berbrugger, Paris, 1846.
IBN-KHALDOUN, *Histoire des Berbères*, (texte arabe), 1847.
JACQUOT F. (Dr) *Expédition du Général Cavaignac dans le Sahara Algérien en avril et mai 1847*, Gide, Paris, 1849.
IBN-KHALDOUN, *Histoire des Berbères*, traduction française de Slane, 1852-1856.
CARETTE, *Recherches sur les origines et les migrations des principales tribus de l'Afrique septentrionale*, 1853.
BARBIER, *Itinéraire historique et descriptif de l'Algérie*, Paris, 1855.
MORNAND F., *La vie arabe*, Levy, Paris, 1856.
FOURNEL H., *Etude sur la conquête de l'Afrique par les Arabes et recherches sur les tribus berbères qui ont occupé le Maghreb central*, Challamel, Paris, 1857.
DUVEYRIER H., *Notice sur les Beni Menasser, les Zouaoua, les M'Zabites, les Touareg Addjer*, (Leitschrift den deutchen Margenla udischen Gesellschaft, t. XII, 1858, p. 176), 1857.
VILLE, *Notice géologique sur le pays des Beni M'Zab*, 1858.
DAUMAS et FABAR, *Mœurs et coutumes de l'Algérie - Tell, Kabylie et Sahara*, Paris, 1858, 2e éd.
LECLERC, *Les oasis de la Province d'Oran*, Alger, 1858.
MAC CARTY, *Géographie physique, économique et politique de l'Algérie*, 1858-1875.
de COLLOMB L., *Exploration des ksour et du Sahara de la province d'Oran*, Dubos, Alger, 1859.
DUVEYRIER H., *Coup d'œil sur le pays des Beni M'Zab et celui des Chaambas occidentaux*, extrait de *B.S.G.P.*, octobre 1859.
DUVEYRIER H., *Voyage dans le pays des Beni M'Zab*, in *Le tour du Monde,* 1859, n° 90.
TRISTAM, *The great Sahara,* Londres, 1860.
de COLLOMB, *Notice sur les Oasis du Sahara et les routes qui y conduisent*, in *Revue Algérienne et Coloniale*, 8, 9, 10, Ed. Challamel, 1860.
ARNAUD, *Histoire de l'Ouali Sidi Ahmed El Tidjani*, in *Revue Africaine*, 1861, pp. 468-474.
ROZET et CARETTE, *Algérie, Univers, Histoire et description de tous les peuples*, Firmin Didot, Paris, 1862.
VIVIEN de SAINT-MARTIN, *Le Nord de l'Afrique dans l'Antiquité*, Paris, 1862.
MERCIER E., *Sidi Aïssa*, in *Revue Africaine*, 1863, pp. 286-292.
COLONIEU, *Voyage dans le Sahara Algérien, de Gériville à Ouargla* (tour du monde, pp. 193-195), 1863.
TRUMELET, *Les Français dans le désert*, Challamel, Paris, 1863.

ARNAUD, *Siège d'Aïn Madhi, par El Hadj Abd El Kader*, in *Revue Africaine*, 1864, pp. 354-371 et 435-453.
TEISSIER O., *Algérie: géographie, histoire, statistique; description des villes et hameaux; organisation des tribus*, Hachette, Paris, 1864.
De l'assimilation des arabes, suivie d'une étude sur les Touareg, par un ancien curé de Laghouat, 1866.
AUCAPITAINE, *Les Beni M'Zab*, in *Annales des Voyages*, Paris, 1867, t. II, pp. 55, 96, 178, 220.
PARIS (Capitaine), *Vingt-deux mois de colonne dans le Sahara Algérien et en Kabylie*, extrait du *Bulletin de la Société Botanique de France*, 1869.
BERHAGEL A.A., *L'Algérie, conquête et colonisation; religion et mœurs; armée*, Denter, Paris, 1870.
CIBOT A., *Souvenir du Sahara, Excursion dans les Monts Aurès* (Cercle de Biskra), Galmiche, Alger, 1870.
MERCIER E., *Ethnographie de l'Afrique septentrionale, Note sur l'origine des peuples berbères*, in *Revue Africaine*, 1871, p. 420.
NAPHGYI, *Ghardaïa*, New York, 1871.
VILLE, *Exploration géologique du Beni M'Zab, du Sahara et de la région des steppes de la province d'Alger*, Imprimerie Nationale, Paris, 1872.
de WIMPFEN, *L'expédition de l'Oued Ghir*, in *Bulletin de la Société de Géographie*, Janirs, 1972.
DERRECAGAIX, *Le Sud de la province d'Oran*, in *Bulletin de la Société de Géographie de Paris*, 1873.
RENAN E., *La Société berbère en Algérie*, in *Revue des Deux Mondes*, 1er septembre 1873.
DASTUGUE (Général), *Hauts-Plateaux et Sahara de l'Algérie occidentale*, in *Bulletin de la Société de Géographie de Paris*, 1874.
FOURNEL, *Les Berbères*, Etude sur la conquête de l'Afrique par les Arabes, d'après les textes arabes imprimés, Imprimerie Nationale, Paris, 1875.
DUVEYRIER H., *L'Oued M'Zab et le chemin de Metlili*, in *Bulletin de la Société de Géographie*, juin 1876.
PARISOT, *La région de Ouargla et d'El Goléa*, in *Bulletin de la Société de Géographie*, 1876, t. II.
Les foires du Sud Algérien, in *Explorateur IV*, 1876, p. 198.
SOLLEILLET, *L'Afrique Occidentale, Algérie, M'Zab*, 1877.
DUVEYRIER H., *Notice sur le schisme Ibadhite, M'Zab*, in *Bulletin de la Société de Géographie*, août 1878.
MASQUERAY, *Comparaison du dialecte des Zenega du Sénégal avec les vocabulaires des Chaouïa et des Beni M'Zab*, Paris et Archives des Missions, 1878, 3e STV.
MASQUERAY, *Exploration historique et linguistique chez les Beni M'Zab*, B.S.G.P., juillet 1878.
NIEL, *Géographie de l'Algérie*, Challamel, Paris, 1878, 2 vol.
BOURDE P., *A travers l'Algérie*, Charpentier, Paris, 1879.
JUS H., *Les oasis de l'Oued Rirh en 1876 et 1879,* 1879.
ABOU ZAKARIA, *Kitab es sira wa akhbar al a'imma*, traduction Masqueray, Aillaud, Alger, 1879.
LARGEAU V., *Le pays de Rirha, Ouargla, Voyage à Ghadamès*, Hachette, Paris, 1879.
MASQUERAY, *Les Beni M'Zab*, in *Bulletin de la Société Normande de Géographie*, 1880.
SERIZIAT (Dr), *Ouargla et l'extrême sud du Sahara Algérien*, in *Revue Scientifique*, 20 mars 1880.
COUDREAU, *Le pays de Ouargla*, in *Revue Géographique Internationale*, juin, juillet, août, octobre 1880.

Les Oasis de l'Oued Rirh en 1856 et 1880, Challamel, Paris, 1881.
De RIVOYRE, *Les Marchés libres de l'Algérie*, in *Société des Etudes Coloniales*, 1881.
HUREAUX, *De la tutelle*, Le Nil, Alger, 1882.
NOELTAT (Colonel), *L'Algérie en 1882*, Dumaine, Paris, 1882.
DAUBIGE, *Le Mozabite contre l'Arabe*, in *Revue des Deux Mondes*, 1er octobre 1882.
TARRY, *L'occupation du M'Zab*, in *Bulletin de la Société de Géographie de Marseille*, 1882, p. 364.
WAHL M., *L'Algérie*, Alcan, Paris, 1882.
ARDOUIN du MAZET, *Etudes Algériennes*, Guillaumin, Paris, 1882.
GEOFFROY A., Etude d'après Fromentin. *A l'ombre ...;* Ben Tayeb, *Le Mozabite ...,* etc., Challamel, Paris, 1882.
KIVA, *Une excursion dans les ksour du sud,* 1883, t. 20.
ROBIN (Commandant), *Le M'Zab et son annexion à la France*, Jourdan, Alger, 1883.
CLAMAGERAN, *L'Algérie, impression de voyage*, Germer Beillere, Paris, 1883, 2e éd.
ROZET M., *Voyage dans la Régence d'Alger ou description du pays occupé par l'Armée Française en Afrique*, contenant des observations sur la géographie physique etc., Arthur Bertrand, Paris, 1883.
RINN, *Marabouts et Khouan*, Alger, 1884.
de CALASANTI MOTYLINSKY A., *Guerrara depuis sa fondation*, Jourdan, Alger, 1884.
AMAT Ch. (Dr), *Les Beni M'Zab*, in *Revue d'Anthropologie*, 1884, p. 617.
Les eaux du M'Zab, Mémoire de Ch. Militaire, 1884, 13 pages.
DE MOTYLINSKI, *Notes Historiques sur le M'Zab, Guerrara depuis sa fondation*, in *Revue Africaine*, 1884, p. 372 et Jourdan, Alger.
IBRAHIM-EL-BERRADI, *Le livre des pierreries, Chronique Abadhite*, Le Caire 1302 H, 1884.
ECH-CHEMAKHI, *Le livre des biographies, Biographies Abadhites*, Le Caire, 1884.
Le M'Zab, Anthropologie, Géologie et Flore, revue scientifique, 1885, 1er semestre, p. 33; 2e semestre p. 52 et 1886, 3e semestre, p. 146. Ces articles sont aussi réunis en un volume, *Le M'Zab et les Mozabites*, 1888, Challamel, Paris.
BASSET R., *Lettre à M. Barbier de Meynard sur sa mission au M'Zab* (journal asiatique).
DE MOTYLINSKI, *Bibliographie du M'Zab. Les livres de la secte Abadhite*, Fontana, Alger (extrait du *Bulletin de Correspondance africaine*, t. III).
DE MOTYLINSKI, *Le djebel Nefousa, relation en arabe de Brahim ou Slimane Chemmakji*, Alger, 1885.
AMAT (Dr), *L'esclavage au M'Zab, Etude anthropologique de nègres*, in *Bulletin de la Société d'Anthropologie de Paris*, 1885.
TRUMELET, *Les Français dans le désert*, Challamel, Paris, 1886.
MASQUERAY, *Formation des cités chez les populations sédentaires de l'Algérie* (Kabyles du Djurdjura, Chaouä de l'Aurès, Beni M'Zab), Thèse lettres, Leroux, Paris, 1886.
ZEYS, *Législation Mozabite. Son origine, ses sources, son présent, son avenir*, Jourdan, Alger, 1886.
BASSET R., *Contes Populaires Berbères*, Paris, 1887.
Revue de l'Afrique Française, 1887.
de L'ESTOILE A. (Vicomte), *Au Soleil*, Stock, Lyon, 1887.
RINN., *Des juridictions compétentes en matière de litige intéressant les Mozabites résidant hors du M'Zab*, in *Revue Algérienne de Législation et de Jurisprudence*, 1887, p. 236.
LANIER, M.L., *L'Afrique, Choix de Lectures de Géographie*, Belin, Paris, 1887.

MERCIER, *Les Mozabites*, in *Revue d'Afrique Française*, 1887, p. 253.
BASSET R., *Notes de Lexicographie Berbère*, IVe série, Paris, 1888.
AMAT (Dr), *Le M'Zab et les Beni M'Zab*, Challamel, Paris, 1888.
HAMEL L., *Le régime des eaux en Algérie*, R.A., 1888.
FROMENTIN, *Un été au Sahara*, 1888.
ABD EL AZIZ, *Kitab-en-Nil*, Traité de droit abadhite, autographie non mise dans le commerce, 1888.
BINDER H., *Le M'Zab et les Beni M'Zab*, Compte rendu de la Société de Géographie de Paris, 1889, p. 181.
BASSET R., *Loqman Berbère*, Paris, 1890.
ALMAND V., *D'Alger à Ouargla*, Jourdan, Alger, 1890.
ZEYS, *Droit Mozabite : Le Nil; Du mariage et de sa dissolution, 1re partie du mariage*, Jourdan, Alger, 1891 (du même auteur et sur le même sujet, v. un art. *Revue Alg. de législation et de jurisprudence*).
ROUARD de CARD, *L'annexion du M'Zab*, in *Revue de droit public et de la science politique*, 1892, p. 437.
BASSET R., *Etude sur la Zenatia du M'Zab de Ouargla et de l'Oued R'ir*, Leroux, Paris, 1893.
LIOREL J., *Dans le M'Zab, Collection de l'Algérie artistique et pittoresque*, Alger, 1893, photographies.
BERNARD M. (Dr), *Autour de la Méditerranée*, t. III, *D'Alger à Tanger*, 1893.
MANGIN, *Notes sur l'histoire de Laghouat*, in *Revue Africaine*, 1893-1895.
ROLLAND G., *Hydrologie du Sahara*, Imprimerie Nationale, Paris, 1894.
TERZUALLI J., *Types Algériens*, Crescendo, Alger, 1894.
SCHIRMER, *Le Sahara*, Thèse de Lettres, Paris, 1895.
ZEYS, *Voyage d'Alger au M'Zab*, Tour du Monde, 1895, Vol. LXI p. 289.
ROBERT A., *Métiers et types algériens*, Bibliothèque de la *Revue Algérienne*, Mallebay, Alger, 1895.
MOULIERAS, *Etude sur le dialecte et les traditions des Beni-M'Zab*, Oran, 1895.
ZEYS, *Cours de coutume indigène*, Législation mozabite (cours d'ouverture), in *Revue Algérienne de Législation et de Jurisprudence*, 1896, p. 95.
DU BARAIL Gl., *Mes souvenirs*, 1896.
TROTTIGNON L., *Le M'Zab et ses sept villes, art, touristique, avec photographies*, in *La Vie Algérienne et Tunisienne*, 1897, n° 11, pp. 315 à 317, n° 12, pp. 333 à 335.
DE L'EPERVIER, *Un mois dans le Sahara, Impressions de voyage, photographies*, 1897, Soc. de Géo. d'Alger, t. II, pp. 147, 255, 389.
COOPOLANI et DEPONT, *Les confréries religieuses musulmanes*, Jourdan, Alger, 1897.
AMEUR NOUR, *Grammaire Mozabite*, Alger, 1897.
CHOBAUT (Dr), *Voyage chez les Beni M'Zab,* Mémoire de l'Acad. de Vaucluse, 1898, t. XVII, pp. 131-235.
HUGUET (Dr), *Le M'Zab*, B.S.G. Alger, *Le M'Zab d'après les géographes et les voyageurs*, 1898, C. R. du XXe Congrès des Sociétés de Géographie, 1898, Alger.
JACQUET, *Notes au sujet d'un monolithe de Guerrara*, Notices et mémoires de la Société d'Archéologie de Constantine, 1898, p. 400.
BASSET R., *Les sanctuaires du Djebel Nefousa*, Paris, 1899.
IDOUX, *A propos d'une grammaire Mozabite*, in *Revue Bourguignonne de l'Enseignement Sup.* IX, 1899, n° 2.
HUGUET, *Dans le Sud Algérien; cartes des ksour du M'Zab*, in *Bulletin de la Société de géographie de Paris*, 1899, pp. 285 à 303.
DE MOTYLINSKI, *Le Djebel Nefousa (transcription, traduction et notes sur le texte précité)*, Leroux, 1899, 2 fasc. de 157 pages.
BERTRAND L., *Le Sang des races*, Ollendorf, Paris, 1899.
BASCHET L., *Histoire de l'Algérie par ses monuments*, textes de René Basset, *L'Algérie Arabe*, 1900.

POMMEROL J. (Mme), *Une femme chez les Sahariennes (entre Laghouat et In Salah)*, 1900.
CANAL, *Tiaret (Monographie ancienne et moderne)*, B.S.G.O., 1900, t. 20.
SLIMAN ben IBRAHIM BAMER, *Khadra, la danseuse des Ouleds Naïls*, Piazza, Paris, 1900.
ROBIN (Commandant), *Le M'Zab et les Mozabites, Sur la pénétration au Sahara*, Nîmes, 1900.
MERCIER E., *La question indigène en Algérie*, Challamel, Paris, 1901.
BRUNHES J., *Les oasis du Souf et du M'Zab comme types d'établissement humain*, in *La Géo*. 15 janvier, 15 mars 1902, t. V, pp. 5 à 20 et 175 à 195, photographies.
CAUVET (Capitaine), *La culture du dattier à Ghardaïa*, in *L'Algérien Agricole* du 10 octobre 1902.
BRUNHES J., *L'irrigation de la péninsule ibérique et de l'Afrique du Nord*, Naud, Paris, 1902.
FABRE, *Monographie de la commune indigène de Tiaret*, B.S.G.O., Aflou, 1902, t. XXII, pp. 255-314.
DUPUY, *Les Impôts indigènes en Algérie*, Thèse, Montpellier, 1902.
HUGUET, *Les Juifs du M'Zab*, in *Bull. et Mém. de la Soc. Anthrop. de Paris*, 1902, V^e série, III, pp. 559 à 575.
HUGUET, *Le M'Zab*, in *Bulletin de la Société de Géographie*, Alger, 1902, p. 169.
CHENIVESSE (Père), *Etude sur l'Etat social des Mozabites, leur attitude envers les Pères Blancs*, in *Bulletin des Pères Blancs*, n° 151, janvier et février, 1902.
TILLION, *La Conquête des Oasis Sahariennes*, Lavauzelle, Paris, 1903.
HUGUET, *Les Soffs*, in *Revue Ec. Anthrop.*, Paris, 1903.
HURLAUX, *La Culture du palmier dattier dans les oasis du M'Zab et dans celles du district de Ouargla*, in *Bulletin de la Soc. de Géo.*, 1903, Alger.
De l'indigénat, son application aux Mozabites, 1903, Philippeville (brochure d'inspiration nettement mozabite).
Van VOLLENHOVEN, *Essai sur le fellah algérien*, Thèse, Paris, 1903.
DE CHAMPEAUX, *A travers les oasis sahariennes*, Chapelot, Paris 1903.
CHARLET, *Les palmiers du M'Zab*, in *Bul. de la Soc. de Géo.*, Alger, 1905, X, pp. 11 à 87.
DE MOTYLINSKI, *Le nom Berbère de Dieu chez les Abhadites*, in *Revue Africaine*, 1905, 2e trim., pp. 141 à 148.
DE MOTYLINSKI, *Chronique d'Ibn Seghir sur les Imams Rostémides de Tahert*, Actes du XIVe Congrès Intern. des Orientalistes, 1905, 3e partie, pp. 3 à 132.
CASTERAN A., *L'Algérie d'aujourd'hui*, Imprimerie Algérienne, 1905.
MORAND M., *Rites relatifs à la chevelure dans l'Afrique du Nord*, in *Revue Africaine*, 1905, p. 243.
HUGUET (Dr), *Recherches sur les habitants du M'Zab*, in *Revue de l'Ecole d'Anthropologie*, janvier 1906.
HUGUET (Dr), *Origines et migrations des tribus berbères et particulièrement des Beni-M'Zab*, in *Revue de l'Ecole d'Anthropologie*, novembre 1906.
LEROUX H., *L'heureux et l'heureuse, ou l'amour arabe* (roman), La Renaissance du Livre, Paris, 1906.
DE MOTYLINSKI, *Le manuscrit arabo-berbère de Zouagha*, 1907, 2e partie, pp. 68 à 78.
JONNART M.C., *Exposé de la situation générale des Territoires du Sud de l'Algérie*, année 1907, Alger, 1908.
MARTIN, *Les Oasis Algériennes*, Challamel, Paris, 1908.
DOUTTE Ed., *Magie et Religion d'Afrique du Nord*, Jourdan, Alger, 1908.
THARAUD Jean et Jérôme, *La fête arabe*, Emile Paul, Paris, 1908 (publié en partie sous le titre *Ben Nezout, Grande Revue*, 25 avril).

SLOUSCHZ M.N., *Un voyage d'études juives en Afrique*, in *Mémoire de l'Académie des Inscriptions et des Belles Lettres*, Paris, 1909.
FELIU, *Etude sur la législation des eaux dans la chebka du M'Zab*, Mauguin, Blida, 1909.
DINET E., *Khadra, la danseuse des Ouled Naïl*, en collaboration avec Sliman Ben Brahim Bahmed, Piazza, Paris, 1910.
MORAND M., *Les Kanouns du M'Zab*, in *Les Etudes de droit musulman algérien*, Jourdan, 1910, pp. 419 à 453.
IMAM AR-RABI B. HABIB AL FARÂHÎDÎ DE BOCRA., *Recueil de Hadiths abadhites*, Le Caire, 1916.
WATIN, *Les Tolba du M'Zab*, Origines; organisation actuelle des Tolba du M'Zab, leur influence et emploi des biens habous, 3 sources des Kanouns du M'Zab et itifaqat, 1912.
VAN GENNEP, *Etudes d'ethnographie algérienne*, in *Revue d'ethnographie et de sociologie*, novembre-décembre 1912.
G.G.A., *Direction des Territoires du Sud*, Exposé de la situation générale des territoires du sud, année 1911, Alger, 1912.
PIQUET, *La Colonisation Française dans l'Afrique du Nord*, Colin, Paris, 1912.
HUART Cl., *Histoire des Arabes*, Geuthner, Paris, 1913, t. II.
MARCAIS G., *Les Arabes en Berbérie du XIe au XIVe siècle*, R.S.A.C., 1913.
GAUTIER (Capitaine), *La main-d'œuvre noire au Sahara*, in *Bulletin du Comité d'Afrique Française*, supplément n 161, 1913.
DOUTTE et GAUTIER, *Enquête sur la dispersion de la langue berbère en Algérie*, Jourdan, Alger, 1913.
BOISNARD M., *L'alerte au désert, La vie saharienne pendant la guerre (1914-1916)*, Perrin, Paris, 1916.
BERNARD A., *L'habitation rurale des indigènes de l'Algérie*, Annales de Géographie, 1917, pp. 219-228.
INSABATO E., *Gli Abadhite del Gebel Nefoussa e la politica in Tripolitana*, Rome, 1918.
X..., *Légendes du M'Zab*, in *Bulletin de la Société de Géographie d'Alger*, 1919, pp. 93 à 115.
BASSET H., *Essai sur la littérature des Berbères*, Thèse Lettres, Alger, 1920.
BERNARD A., *Enquête sur l'habitat rural des indigènes de l'Algérie*, Fontana, Alger, 1921.
LEMOULAND (Commandant), *Les territoires du Sud Algérien*, 1921.
DEMONTES V., *L'Algérie économique*, Imprimerie Algérienne, 1922.
MERCIER, *La Civilisation urbaine au M'Zab*, Pfister, Alger, 1922.
LENIRMAND H.R., *Le Simoun in Théâtre Complet*, Grès, Paris, 1922, t. II, pp. 1 à 65.
X..., *La Cause M'Zabite*, Alger, 1923.
GAUTIER E.F., *Le Sahara*, Payot, Paris, 1923.
Les Territoires du Sud de l'Algérie, Carbonnel, Alger; Soubiron, Alger, 1923.
SMOGORZEWSKI Zygmunt, *Un poème abadhite sur certaines divergences entre les Makélites et les Abadhites*, Lemberg, in *Revue Orientale*, t. II, 1919-1924.
PEYRONNET R. (Ct.), *Le problème Nord-Africain*, Paris, 1924, pp. 427 à 444.
BIARNAY, *Notes d'ethnographie et de linguistique Nord-Africaine*, Notes posthumes publiées par Bruno et Laoust, Leroux, Paris, 1924.
LEFEBVRE, *Monographie de l'annexe de Ghardaïa*, 1924.
LESPES R., *Quelques documents sur la corporation des Mozabites dans les premiers temps de la conquête*, in *Revue Africaine*, 1925, 2e et 3e trimestres, pp. 197 à 219.
TAILLART Ch., *L'Algérie dans la littérature française*, Essai de Bibliographie méthodique et raisonnée jusqu'à l'année 1924, Librairie Ancienne E. Champion, Paris, 1925.

GOUVION M. et E., *Le Kharedjisme,* monographie du M'Zab, 1926.
LEVI DELLA VIDA, *Articles « Kharidjites »*, in *L'Encyclopédie de l'Islam*, 1926, pp. 957-961.
MAUNIER, *La construction collective de la maison en Kabylie*, Paris, 1926.
VILLEMONTE DE LA CLERGERIE, *Dix jours en mission ophtalmologique dans le M'Zab* in Journal de Médecine et de Chirurgie de l'Afrique du Nord, novembre 1926.
TAWNEY R.H., *Religion and rise of capitalism. A historical study*, Murray, London, 1926.
SMOGORZEWSKI Zygmunt, *Zrodle Abadyckies de Historji Islamu*, Aperçu des écrits abadhites, composé en français, 1926, pp. 23-27.
GOICHON A.M., *La vie féminine au M'Zab*, Geuthner, Paris 1927.
GAUTIER E.F., *Les siècles obscurs du Maghreb*, Payot, Paris 1927.
MERCIER M., *Etudes sur le waqf abadhite et ses applications au M'Zab*, Carbonnel, Alger, 1927.
VALET R., *Le Sahara Algérien*. Etude de l'organisation administrative, financière et judiciaire des Territoires du Sud, Alger 1927.
CAUVET (Cdt), *Les origines orientales des Berbères*, extrait du *Bulletin de la Société de Géographie d'Alger et de l'Afrique du Nord*, 1927, Alger.
STROTHMAN, *Les Abadhites Nord-Africains*, article paru dans la *Revue de l'Islam*, 1928.
MERCIER M., *Notes sur une architecture berbère saharienne*, Hesperis, 1928.
MILLIOT L., *Recueil de délibérations des djemâ's du M'Zab*, avec la collaboration de A. Giacobetti, in *Revue des Etudes Islamiques*, Geuthner, Paris, 1930.
OMAR BEN AISSA B. BRAHIM, *La question Mozabite*, Alger, 1930.
MELIA J., *Ghardaïa*, 1930.
BUGEJA M., *L'estivage des Larbaâ dans le Tell*, in *Bulletin de la Société de Géographie*, Alger, 1930, pp. 1-19.
LABOURET, *L'habitation indigène dans les possessions françaises*, « La terre et la vie », 1931.
LEHUREAUX, *Le nomadisme et la colonisation sur les hauts-plateaux de l'Algérie*, 1931.
MERCIER, *La civilisation urbaine au M'Zab*, Soubiron, Alger, 1932, 2e éd.
RAINEAU, *Le M'Zab et ses curieux habitants*, in *Terre - Air - Mer*, Paris, LX, septembre-orctobre 1933, pp. 168-174.
PIGNAL, *Le Kharedjisme ibadhite algérien*, in *Terre d'Islam*, 1933-34.
ARMAGNAC (Lt), *Le Sahara, carrefour des races*, Baconnier, Alger, 1934.
ARMAGNAC (Lt), *Le M'Zab et le pays Chaamba*, Baconnier, Alger, 1934.
de BOUCHEMAN A., *Matériaux de la vie bédouine*, Damas, 1935.
LEWICKI, *Mélanges berbères ibadhites*, in *La Revue des Etudes Islamiques* et note additionnelle, par André Basset, 1936.
BASSET, *Les ksour berbérophones du Sahara*, in *Revue Africaine*, Alger, 1937, t. LXXXI, 3e et 4e trimestres, pp. 372-373.
LECŒUR Ch., *Les « mapalia » numides et leurs survivances au Sahara*, Hesperis, 1937.
ARMAGNAC (Lt), *La vie économique et sociale du M'Zab et des pays Chaamba*, Cheam, 1937, n° 329.
COULON A., *Les Mozabites*, in *Revue Géographique Marocaine*, Casablanca, 1937, t. XXI.
REGNIER Y., *Les Chaamba sous le régime français, leur transformation*, Paris F. Loviton, ou D. Monchrestien, 1938, 1939.
TERRASSE H., *Kasbas berbères de l'Atlas et des oasis*, Paris, 1938.
BERRIEN, *A Ghardaïa, Le miracle de l'eau*, in *Renseignements coloniaux et Documents du Comité d'Afrique Française*, XLVIII, décembre 1938, pp. 311-316.

BERQUE J., *Etude d'histoire rurale maghrebine*, Les Editions Internationales, Tanger, Fez, 1938.
CAPOT-REY, *Pays du M'Zab et région des Dayas*, Etude sur le relief de la dorsale Saharienne, in *Annales de Géographie*, XLVIII, 15 janvier 1939, pp. 41-62.
BERNARD et AUGUSTIN, *Afrique Septentrionale et Occidentale*, Colin, Paris, 1939, 2 vol., s. II, Géographie Universelle XI.
DESPOIS H., *La Tunisie Orientale, Sahel et Basse Steppe*, 1940.
CONTINEAU, *Les parlers arabes des Territoires du Sud*, in *Revue Africaine*, 1941, pp. 170-186.
CAPOT-REY, *Le nomadisme pastoral dans le Sahara français*, Travaux de l'Institut de Rech. Sahar., I, 1942, pp. 63-86.
CAUVET, *La culture des palmiers dans le Sud-Algérien, Afr. française*, in *Bulletin de Renseignements Coloniaux*, novembre 1942.
MOUNIER, *Le travail des peaux chez les Touareg*, Hoggar, Trav. Inst. de Rech. Sahar., T. I, 1942, pp. 133-170.
MESNARD, *Le M'Zab*, Education, Alger, 1942.
CHEVRILLON A., *Les puritains au désert Sud-Algérien*, Le Livre Contemporain, Paris, 1944.
CAPOT-REY, *Problèmes des oasis algériennes*, 1944.
LEHUREAUX, *Le palmier dattier au Sahara Algérien*, Baconnier, Alger, 1945.
VIGOUROUS Cl., *L'émigration mozabite dans les villes du Tell algérien*, Inst. Rech. Sahariennes, 1945.
MARCY G., *Le M'Zab et les Berbères abadhites de l'Algérie*, in *Bulletin de l'enseignement public Maroc*, juillet-septembre 1945.
DESPOIS J., *Mission Scientifique au Fezzan*, t. III, Géographie Humaine, Institut de Recherches Sahariennes de l'Université d'Alger, 1944-1945.
MARCAIS G., *La Berbérie Musulmane et l'Orient au Moyen Age*, 1946.
PARMENTIER H., *L'entraide chez les Berbères ibadhites du M'Zab*, in *Ibla*, 1946.
MONTAGNE R., *La civilisation du désert*, 1947.
POTTIER R., *Histoire du Sahara*, 1947.
DESPOIS J., *L'Afrique du Nord,* 1949.
HUBERT M., *Ghardaïa*, 1949.
TONNEAU, *La Justice au Sahara*, 1949.
HIRTZ G., *Etude sur Laghouat, les Larbaâ, les Mekhalif, la zaouia d'Aïn Madhi*, 1950, Archives Gouv. Gén. Alg. A 8-X-192.
GOLVIN L., *Les arts populaires en Algérie:* I. *Les techniques de tissage*, 1950; II. *Les tapis algériens*, 1953.
LEWIS, BERNARD, *The arabs in history*, Hutchinson's Université Libre, Hutchinson, London, 1950.
EMERIT M., *L'Algérie à l'époque d'Abdelkader*, 1951.
GENTON, et RAVEREAU, *Le M'Zab, une leçon d'architecture*, in *Techniques et Architecture*, n° 7 du 8 juillet 1951, Paris.
BOUSQUET G.H., *Traduction de « Recueil de délibérations à la Mosquée de Beni-Isguen*, in *Annales de l'Institut d'Etudes Orientales*, Carbonnel, Alger, 1951.
DERMENGHEM E., *Le M'Zab*, in *Sciences et Voyages* (janvier 1952).
BRUNHES, *Human Geography Translation by E.F. Row*, in *La Géographie Humaine,* abr. ed. (Paris, 1942), Edited by Mme J. Brunhes, Delamarre et P. Deffontaines, Harrap, London, 1952.
JULIEN Ch.A., *Histoire de l'Afrique du Nord, de la Conquête Arabe à 1830*, Payot, Paris, 1952.
CAPOT-REY, *Le Sahara Français*, P.U.F., 1953.
VAN BERCHEM M., *Uncovering a lost city of the Sahara: Excavating Sedrata the thousand-year-old capital of the Ibadhites in southern Algeria*, News, London, 1953, III.

EMERIT M., *Une lettre des Mozabites d'Alger en 1848*, in *Bulletin de liaison Saharienne*, t. IV, n° 14, octobre 1953.
LETOURNEAU, *La Révolte d'Abou Yazid au Xe siècle*, in *Les Cahiers de Tunisie*, 2e trimestre 1953, pp. 103 à 125.
Service d'Information du Cabinet du Gouverneur Général de l'Algérie, Série de monographies, 1953., n° 11 du 20 août 1953, Ghardaïa.
Id., n° 17 du 15 septembre 1955, *Le M'Zab, Géographie Economique*.
Id., n° 18 (et non 17) du 30 septembre 1955, *Le M'Zab, Organisation Administrative*.
Id., n° 16 du 30 août 1955, *Le M'Zab, Géographie*.
Id., n° 21 du 10 mai 1957, *Laghouat et les Larbaâ*, in *Revue d'information de l'organisme saharien: l'agriculture au Sahara algérien*.
DERMENGHEM E., *Les confréries noires en Algérie*, extrait de la *Revue Africaine*, t. XCVII, n° 436-437, 3e et 4e trimestres 1953.
LEHUREAUX, *Le Sahara, ses oasis*, 1953.
Documents algériens, Série Economique, n° 102 du 25 septembre, *L'artisanat traditionnel dans le département d'Alger et le Territoire de Ghardaïa*, 1953.
BRIDIER M., *Tissage nomade Algérien*, in *Cahier des Arts et Techniques d'Afrique du Nord*, 1953, II, pp. 40-51.
TRONI A., *Genti e misteri del Sahara Beni M'Zab*, Universo, Florence, novembre-décembre 1954.
BONETE Y., *La tente des nomades, Larbaâ et Mekhalif*, in *Cahier des arts et techniques d'Afrique du Nord*, 1955, IV, pp. 32-40.
BONETE Y., *Les Nomades dans le Territoire de Ghardaïa*, in *Bulletin de liaison du Service de l'artisanat*, Alger, n° 5, 1956.
BONETE Y., *Notes sur l'Architecture Religieuse au M'Zab*, 1956.
ANDRE (Gl), *Contribution à l'étude des confréries religieuses musulmanes*, 1956.
Tente au Maroc, Djebel Amour, chez les Larba Mekhalif, les Nemencha, les Ziass de Tunisie, dans la région de Kairouan, de Gafsa, du Nefzaoua, in *Cahier des Arts et Techniques de l'Afrique du Nord*, 1956, n° 4.
CLARK E., *The Mozabites cities of the Contemporain Sahara*, in *Rev. Londres*, 1956, n° 1086.
FONTAINE H., *La vie économique du M'Zab*, in *Bulletin Liais. Sah*, 1956, n° 5.
GERS J., *Au M'Zab, désert dans le désert*, Bruges, 1956.
REYNAUD A. (Lt), *Les commerçants transsahariens* n° 2753, Cheam, 1957.
SUTTER K., *Il problèma idrico nelle oasi dello Mzab*, in *Bulletin Soc. Géo. Italien*, 1958.
PASSAGER P., *Metlili de Chaamba*, Archives de l'Institut Pasteur de l'Algérie, 1958, t. 36, n° 4.
BOURDIEU, *Sociologie de l'Algérie*, P.U.F., Que sais-je, Paris, 1958.
MORIAZ J., *Les trois aiguières*, n° 30 du *Bulletin de Liaison Saharien*, 1958.
GORGOUS, *Expédition de Mohammed El Kébir, bey de Mascara, dans les contrées du Sud, terminé par le siège de Laghouat et la soumission d'Aïn Madhi*, traduction de l'arabe, in *Revue Africaine*, 1958.
Contribution à la bibliographie du Sahara, supplément au n° 29 du *Bulletin de Liaison Saharien*, 1958.
L'habitat rural au Maroc, en Tunisie et en Algérie, Contribution à l'étude de l'habitat au M'Zab, in *Cahier des Arts et Techniques de l'Afrique du Nord*, 1959, n° 5.
BASSET A., *Articles de dialectologie berbère*, Klincksieck, Paris, 1959.
MORIAZ J., *M'Zab actualités*, in *Bulletin de Liaison Saharien*, mars 1959, t. 33.
MORIAZ J., *La réforme communale au M'Zab*, Cheam, 1959.
DUBIEF, *Le climat du Sahara*, 1959, II vol., IRS, n° 5.
BONETE Y. et Y., *Contribution à l'étude de l'habitat au M'Zab*, in *Cahier des Arts et Techniques d'Afrique du Nord*, Toulouse, 1959, n° 5.

Essai de bibliographie du Sahara Français et des régions avoisinantes, Blaudin de The, A.M.G., Paris, 1960.
BAYOUD BRAHIM, *Le M'Zab*, exposé polycopié, 1961.
GREMIAN, *Monographie de Guerrara*, Lyon, Mémoire de D.E.S. de Géographie, 1962.
KLEINKNETCH, *Le problème de l'eau au M'Zab*, Cheam, 1962.
O.C.R.S. *La Vallée du M'Zab, plan directeur et détails*, Architectes urbanistes Hansberger-Ravereau, Deluz, Paris, 1963, Cahier du C.S.T.B., n° 64.
Nomades et nomadisme au Sahara, XIXe cahier de la Collection, recherche sur la zone aride, publié par l'UNESCO en 1963.
MERGHOUB B., *Le M'Zab: aspects économiques, sociaux et politiques*, Paris, 1964, diplôme supérieur R.E.P., Fondation Nationale des Sciences Politiques.
SUTTER K., *Vonsitten und Braüchen in Mzab Géographica Helvetica*, 1964, n° 3.
DESBOIS, *Pays agraires traditionnels du Maghreb et du Sahara*, Paris, 1964, Annales de Géographie.
GRACIAN H., *Vision globale et interrogation sur son avenir « L'espace urbain au M'Zab »*, paru dans la *Revue d'information de l'organisation Saharienne*, Alger, 1964.
RAVEREAU et DELUZ, *Le M'Zab, un urbanisme exemplaire, et il faut sauver le M''Zab*, parus dans *Révolution Africaine*, Alger, 1964, n°s 60 et 61.
DESBOIS, *Problèmes techniques, économiques et sociaux des oasis sahariennes*, in *Revue tunisienne des sciences sociales*, février 1965.
RODINSON M., *Islam et capitalisme*, Le Seuil, Paris, 1966.
LARS ELDBLOM, *Ghat, Mourzouk, Ghadamès*, Etude comparée de trois oasis lybiennes, Lound Studies, 1968.
TRIUKZI MITTO, *Note sur le M'Zab*, Africa, n° 3, septembre 1968.
MERABET O., *Bibliographie de l'Algérie du Sud et des Régions limitrophes*, Alger, 1968, Publication du Service Géographie de l'Algérie, Bulletin n° 37.
MANOUZ S., *Grammaire berbère: la langue, les origines du peuple berbère*, Klincksieck, Paris, 1968.
CAUNEILLE, *Les Chaamba et leur nomadisme sous l'administration française*, C.N.R.S., Paris, 1968.
HENSENS J., *Habitat traditionnel des oasis présahariennes, Le ksar, Problèmes de rénovation*, Extrait (pp. 83-107) du *Bulletin Economique et Social du Maroc*, 1969, t. XXXI, n° 114, juillet septembre.
MERGHOUB, B., *Le M'Zab et la notion de développement économique*, Paris, 1970, Thèse pour le doctorat de recherches.
JOSSE R., *Croissance urbaine au Sahara*, Cahier d'Outre-Mer, janvier-mars 1970.
ROCHE M., *Le M'Zab*, Arthaud, Paris, 1970.
MERGHOUB B., *Le développement politique en Algérie*, A. Colin, Paris, 1972.
PAVARD Cl., *Lumières du M'Zab*, Delroisse, Paris, 1974
et
Cheikh AI'TFIYECH M., *Charh'Kitab en Nil wa cha Fâ el'alît*, commentaire de l'ouvrage de jurisprudence du Cheikh Abd-el-Aziz (Le Nil), imprimé en 8 volumes à Tunis.
EL BAROUNI A. A. B. Y., *Scullam al'-amma*, « L'échelle du Peuple », Le Caire.
AL BAROUNI S., *Kîtab izhar er- riyâdhiya fi aîmmati wa mulouk el abâdhia*, « La Floraison des jardins: les Imams et les rois de l'Abadhisme », dont le tome II seul a paru au Caire.
CARREAU et GASCHEREAU, *Evolution sur le plan social et économique de la ville de Guerrara au cours de la décennie 1950-1960*, (manuscrit?).
CHENAF T. (Lt), *Ibadhites et Malékites au M'Zab*, (manuscrit).
RECLUS E., *Nouvelle Géographie Universelle*, in *L'Afrique Septentrionale*, 1875-1894.

Planches

LA VALLEE DU M'ZAB

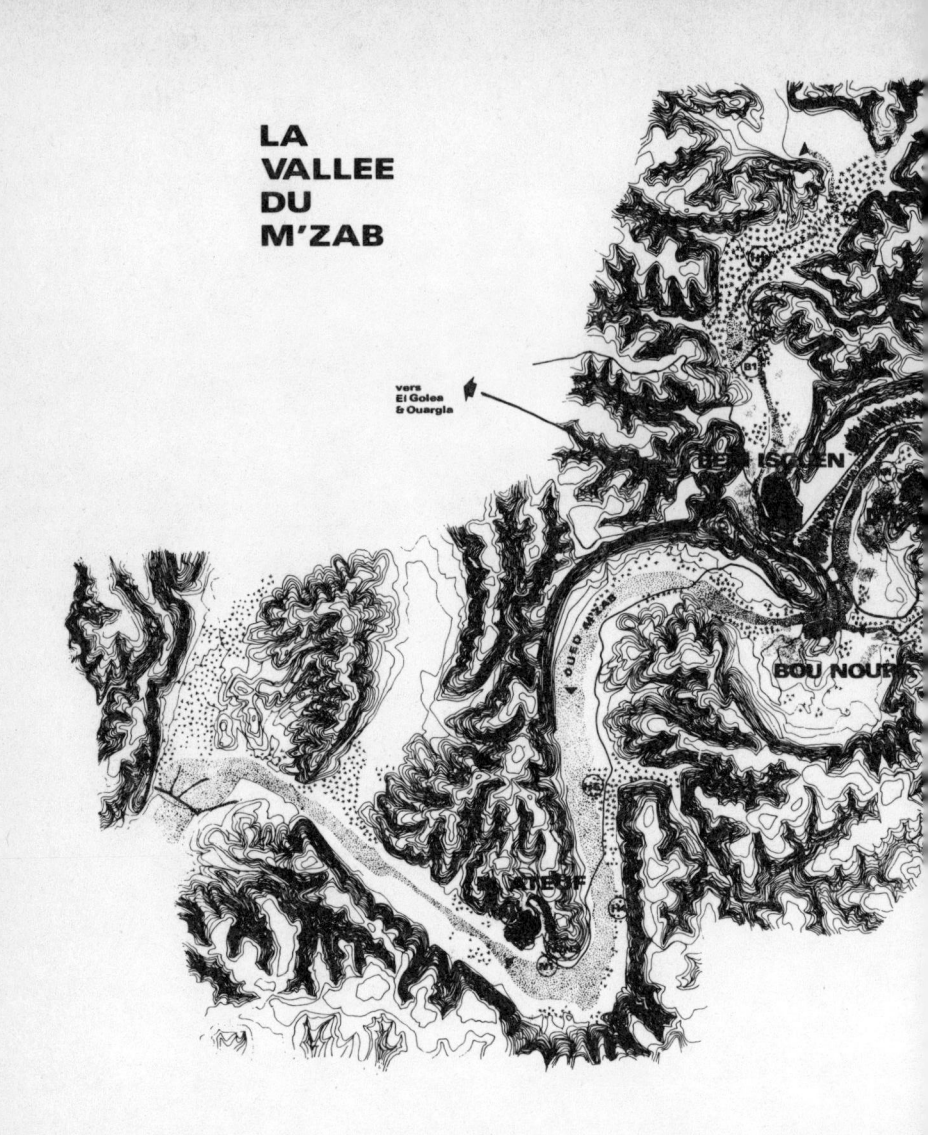

vers Laghouat & Alger

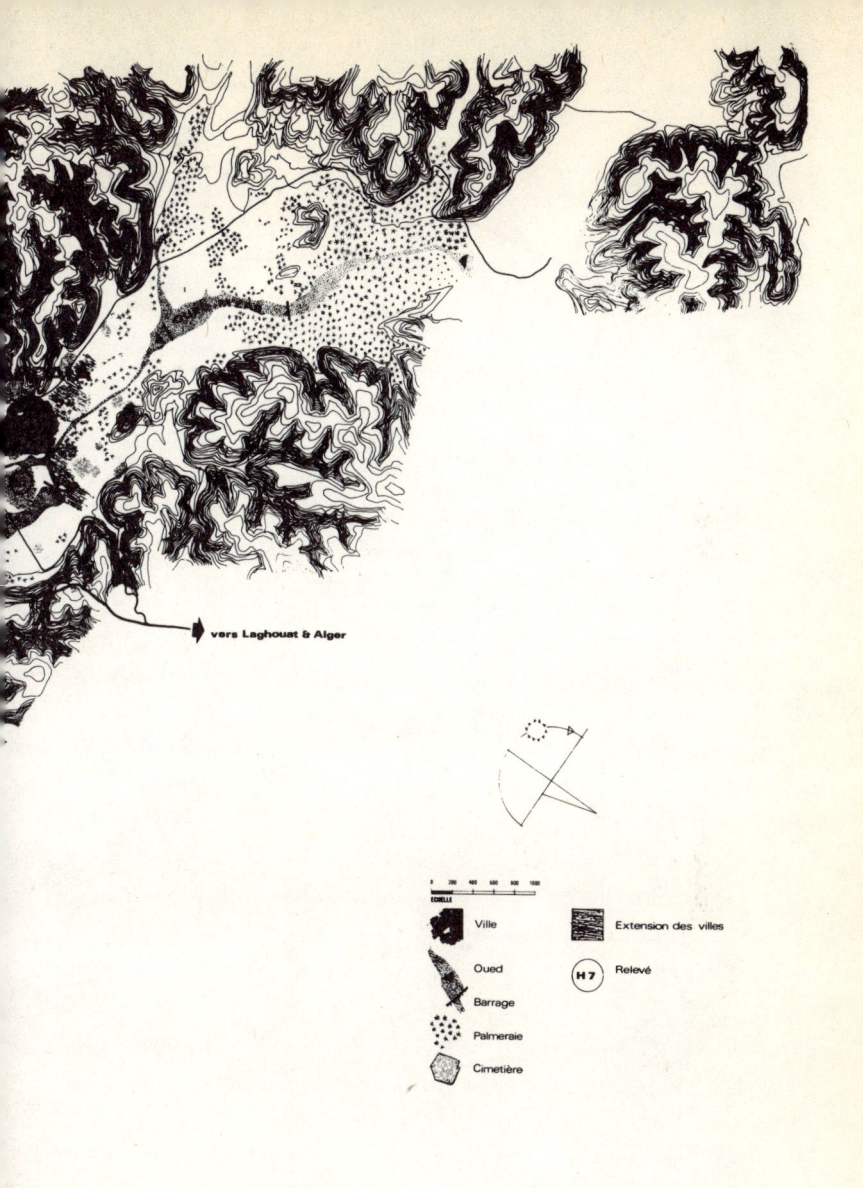

ECHELLE 0 200 400 600 800 1000

Ville
Oued
Barrage
Palmeraie
Cimetière

Extension des villes
H 7 Relevé

bab houacha

bab raï

bab hoffra

H3

H11

bab el haddad

H6

vers palmeraie

H5

bab djedid

H2

H10

place du marché

M2

M1

152

TAR'ARDAIT
GHARDAIA

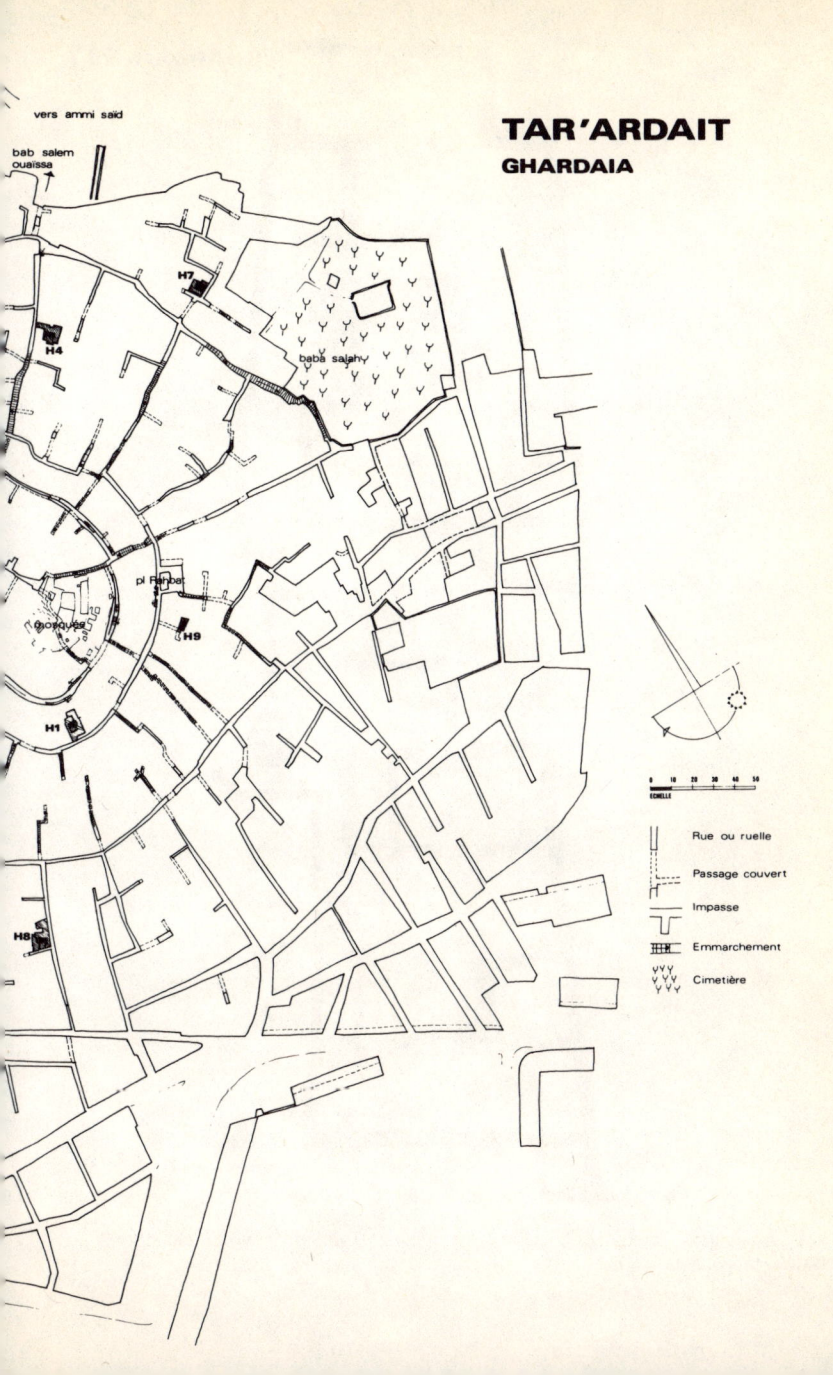

vers ammi said

bab salem ouaissa

H7
H4
baba salahy
pl Randa
mosquée
H9
H1
H8

Rue ou ruelle
Passage couvert
Impasse
Emmarchement
Cimetière

GHARDAIA H1

étage

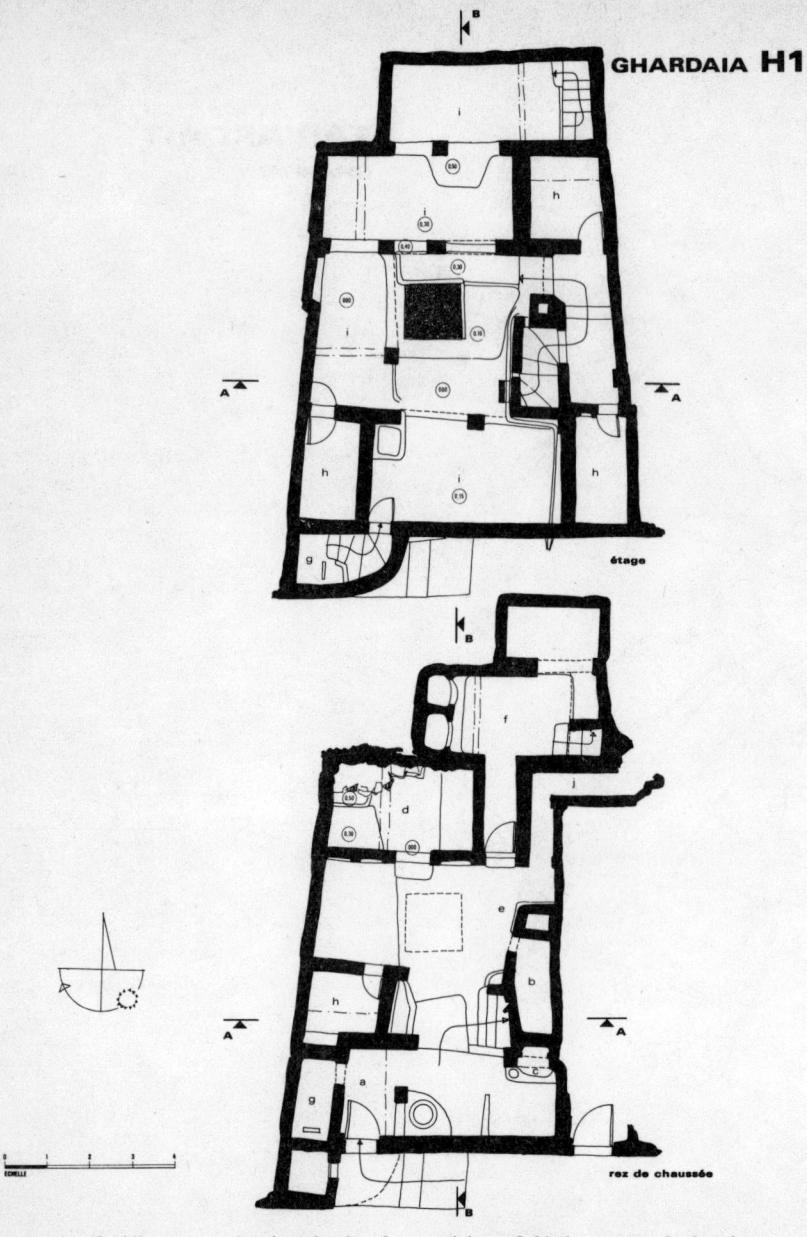

rez de chaussée

ECHELLE

a entrée b débarras c écurie d salon f. e cuisine f dépôt g wc h chambre
i portique j cave

Fig. 53. Coin cuisine: la tradition et le modernisme sans perte de place.

terrasses

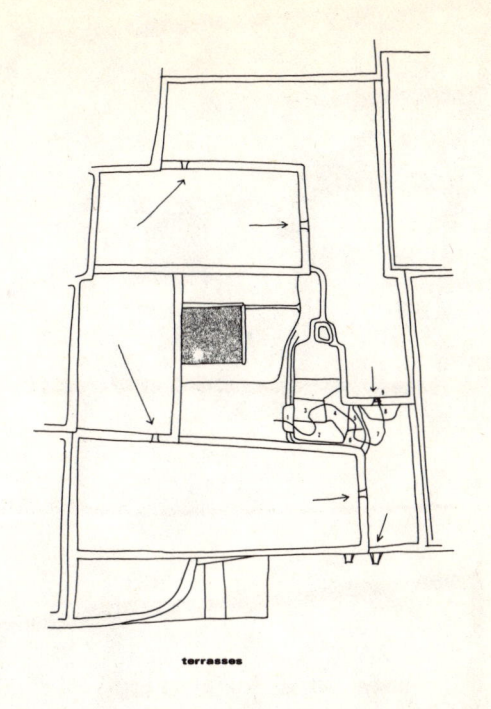

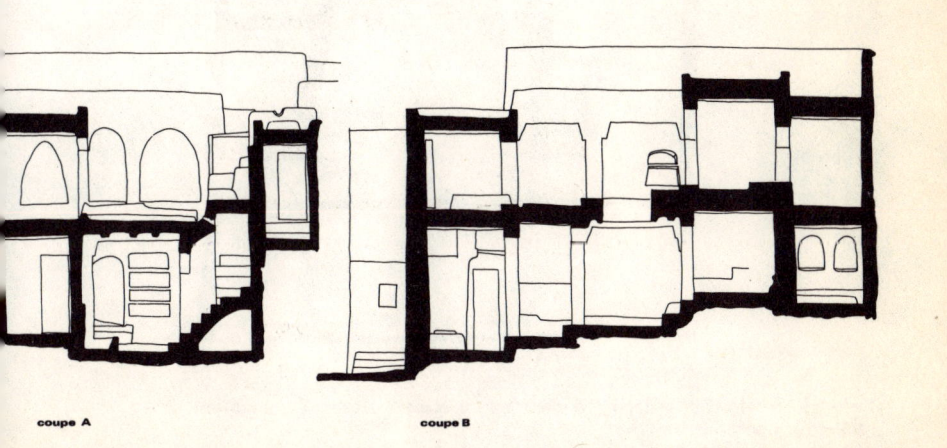

coupe A   coupe B

GHARDAIA H2

étage

rez de chaussée

a entrée b salon h. c dépôt d chambre e écurie f salon f. g cuisine h wc
i toilette j portique

Fig. 35, 36. *en haut:* les portiques de l'étage: arcs et linteaux.

Fig. 37. *en bas:* les étagères de la cuisine.

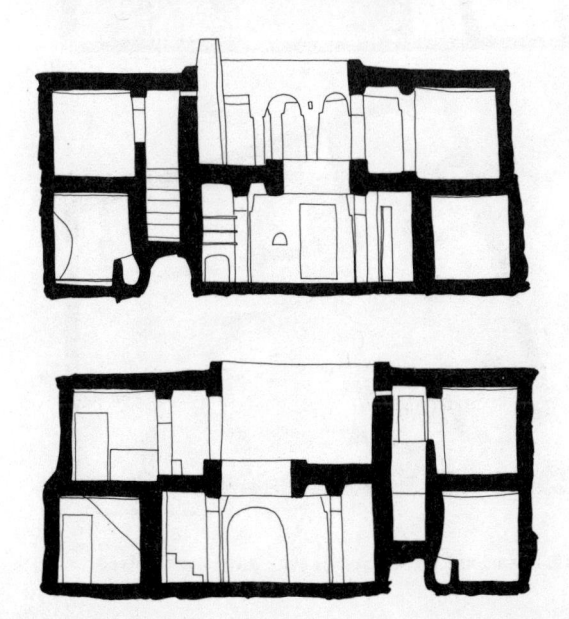

coupe B

coupe A

coupe A

coupe B

GHARDAIA H3

étage

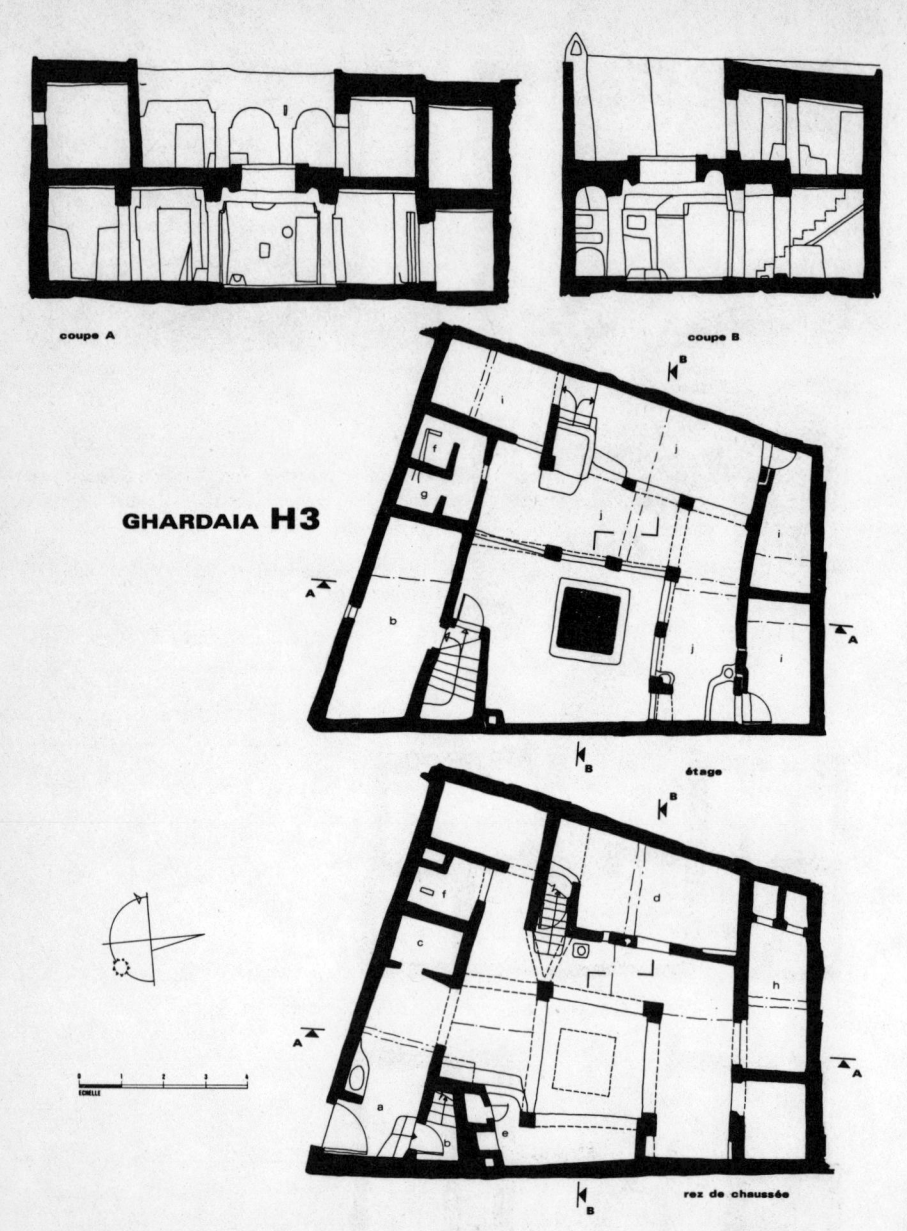

rez de chaussée

a entrée b salon h. c écurie d salon f. e cuisine f wc g toilette h dépôt
i chambre j portique

Fig. 38. *en haut à gauche:* l'entrée du salon des femmes (*tisefri*).
Fig. 39, 40. *en haut à droite et en bas:* les portiques de l'étage.

161

GHARDAIA H4

coupe B

coupe A

étage

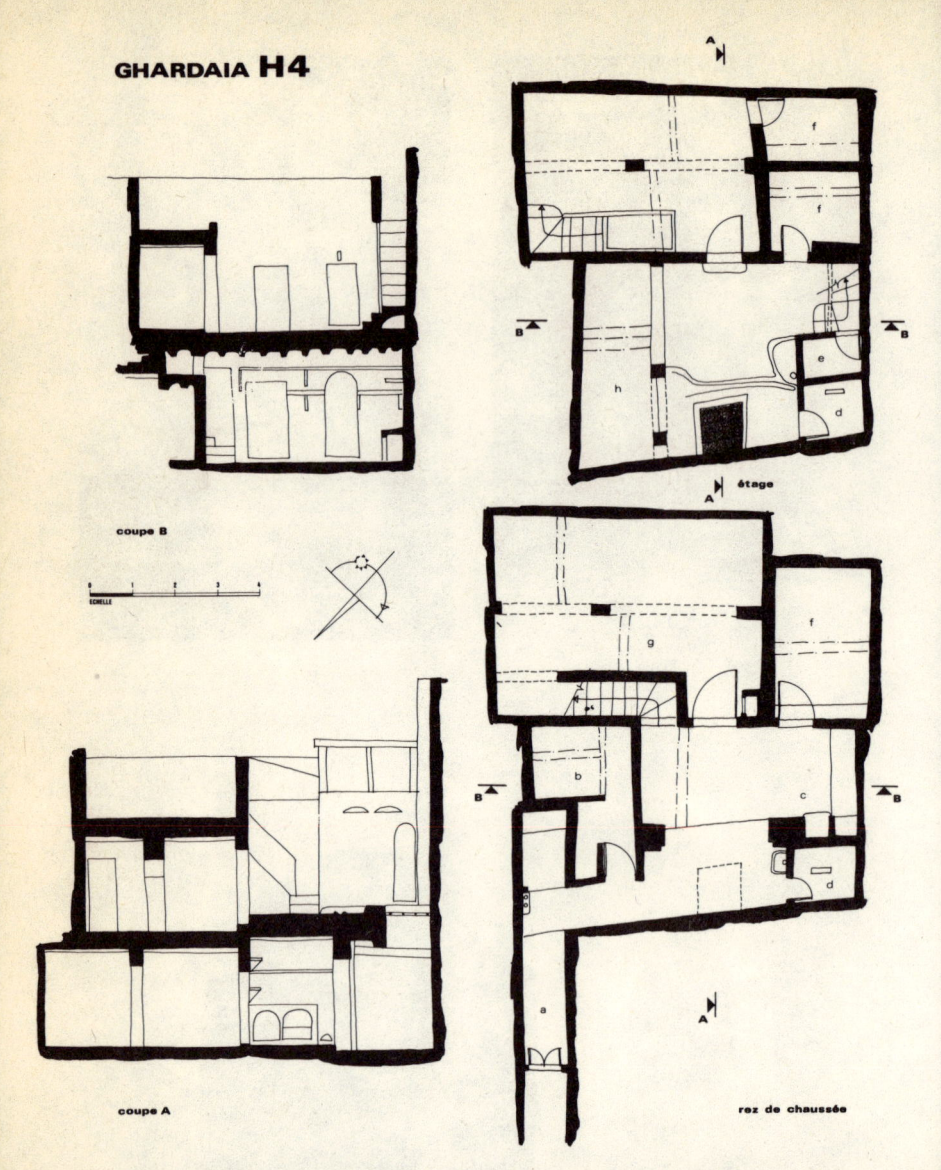

rez de chaussée

a entrée b salon h. c cuisine d wc e toilette f chambre g dépôt h portique

GHARDAIA H5

coupe

détails salon des femmes

terrasses

étage

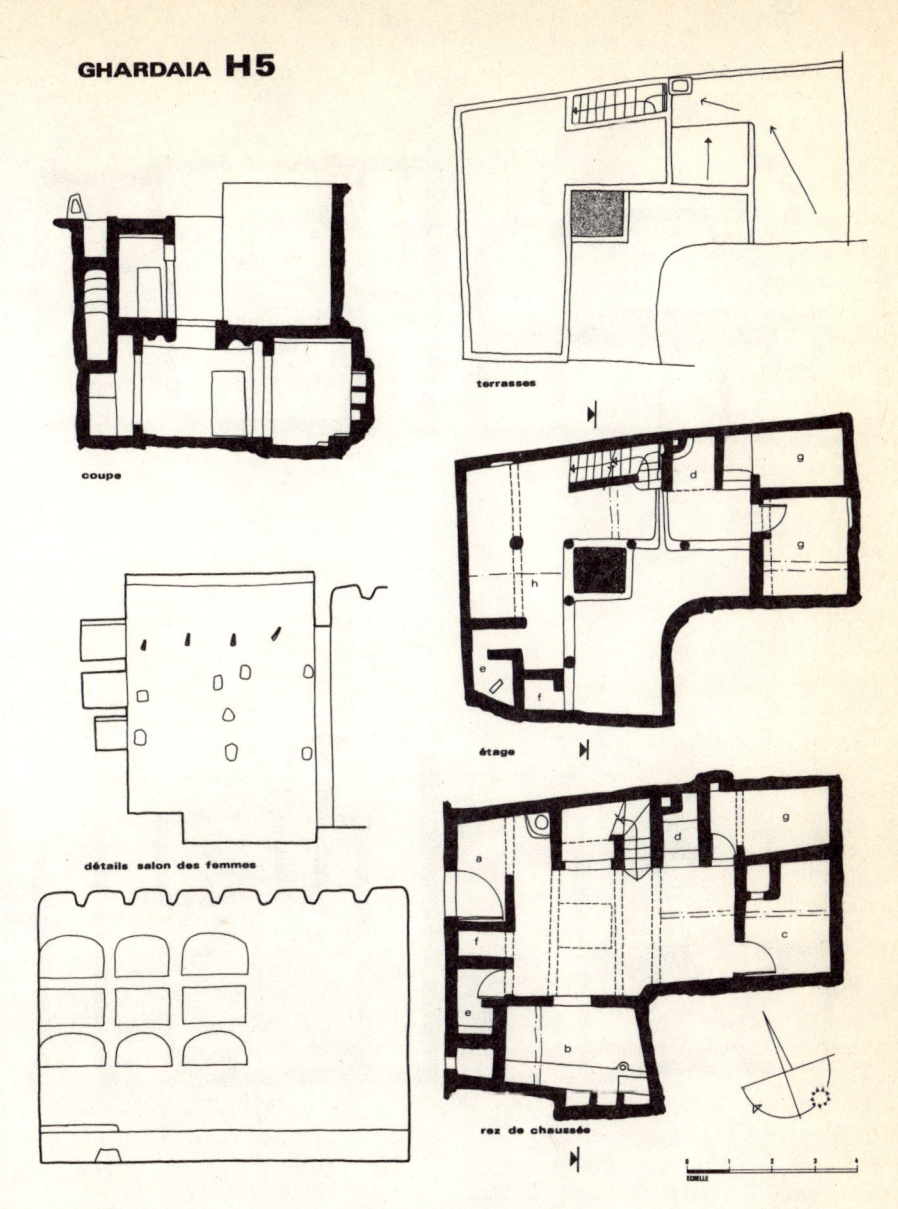

rez de chaussée

a entrée b salon f. c dépôt d cuisine e wc f toilette g chambre h portique

163

GHARDAIA H6

coupe B

étage

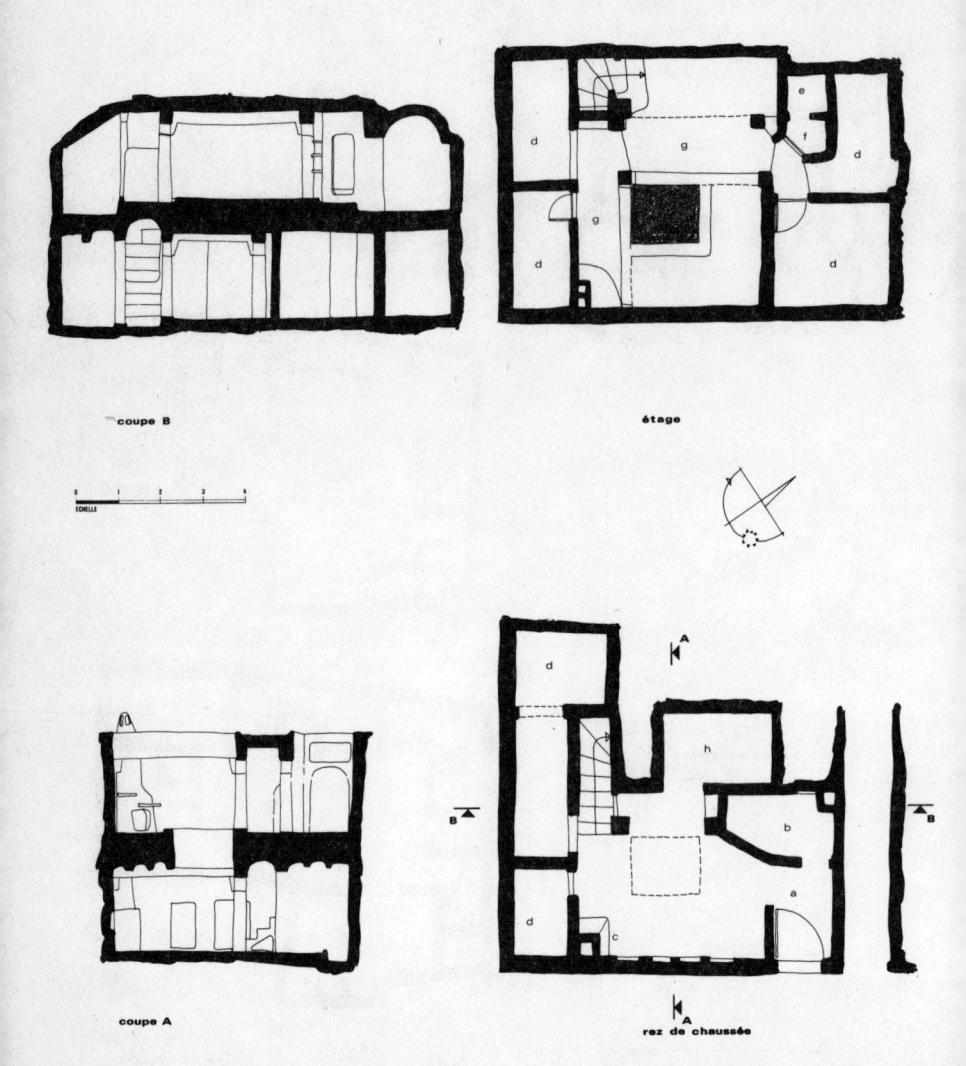

coupe A

rez de chaussée

a entrée   b salon h.   c cuisine   d chambre   e wc   f toilette   g portique   h salon f.

GHARDAIA H7

coupe B

étage

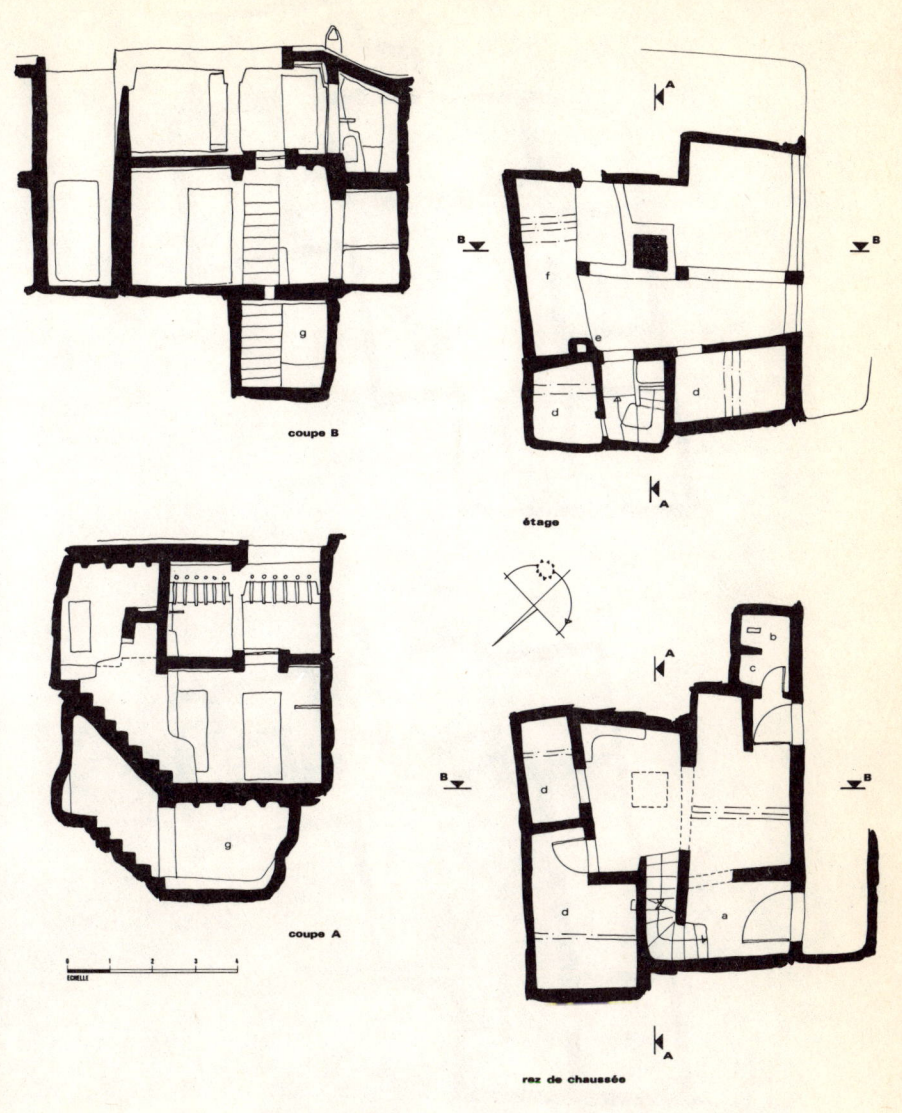

coupe A

rez de chaussée

a entrée   b wc   c toilette   d chambre   e cuisine   f portique   g cave salon   h.

165

GHARDAIA H8

étage

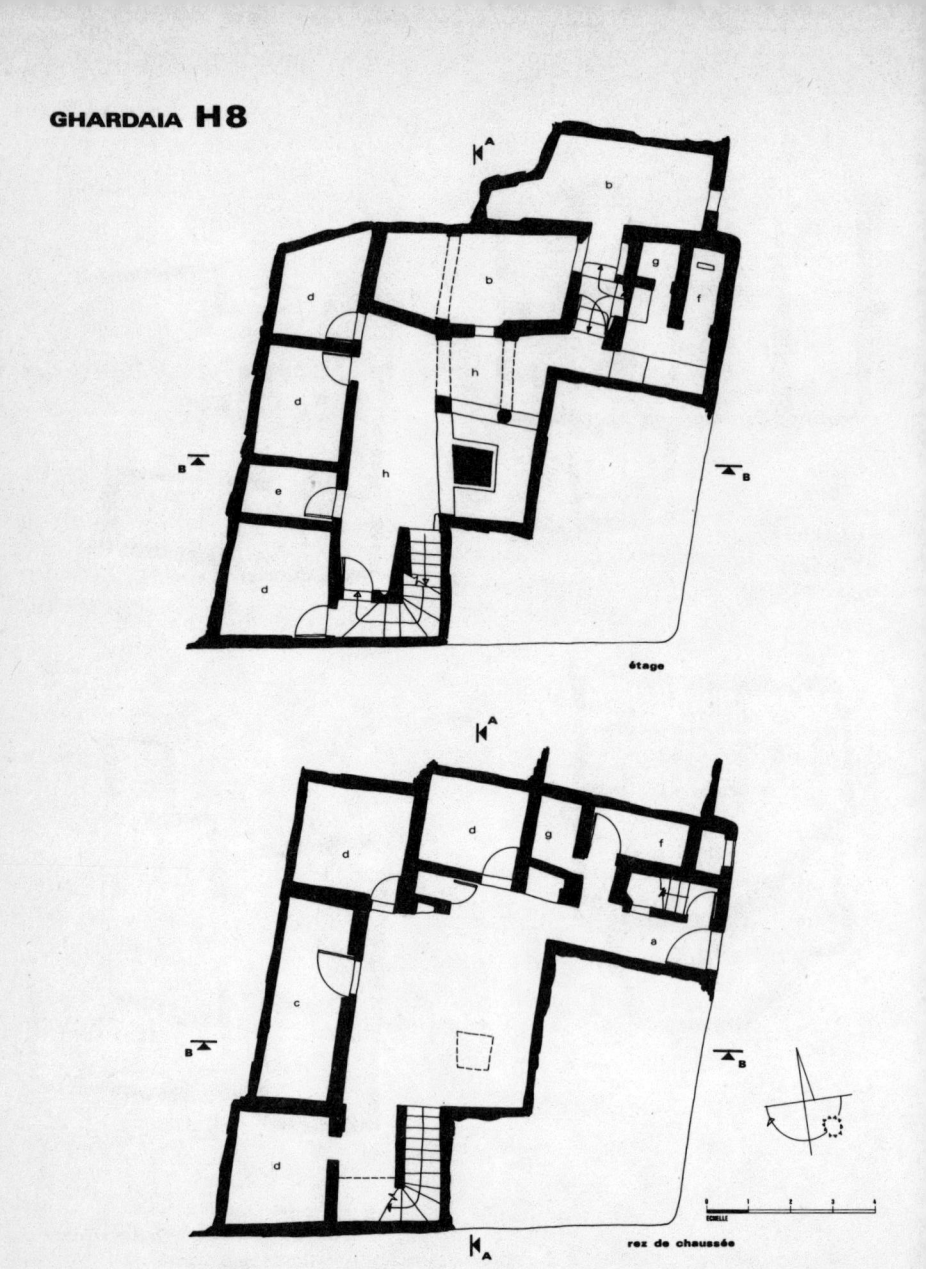

rez de chaussée

a entrée   b salon h.   c salon f.   d chambre   e dépôt   f wc   g toilette   h portique

166

terrasses

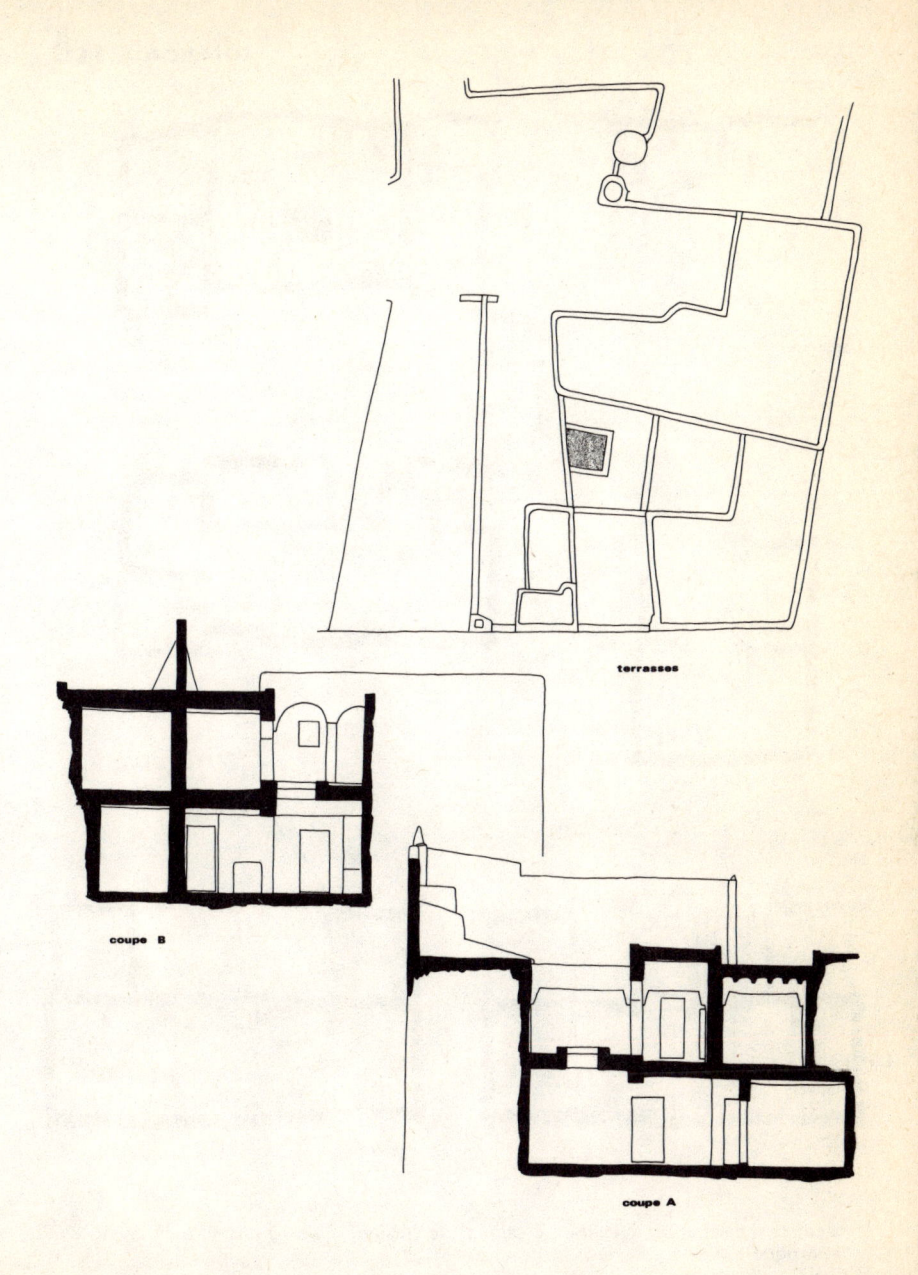

coupe B

coupe A

GHARDAIA H9

détail escalier

étage

coupe C

rez de chaussée

coupe A

coupe B

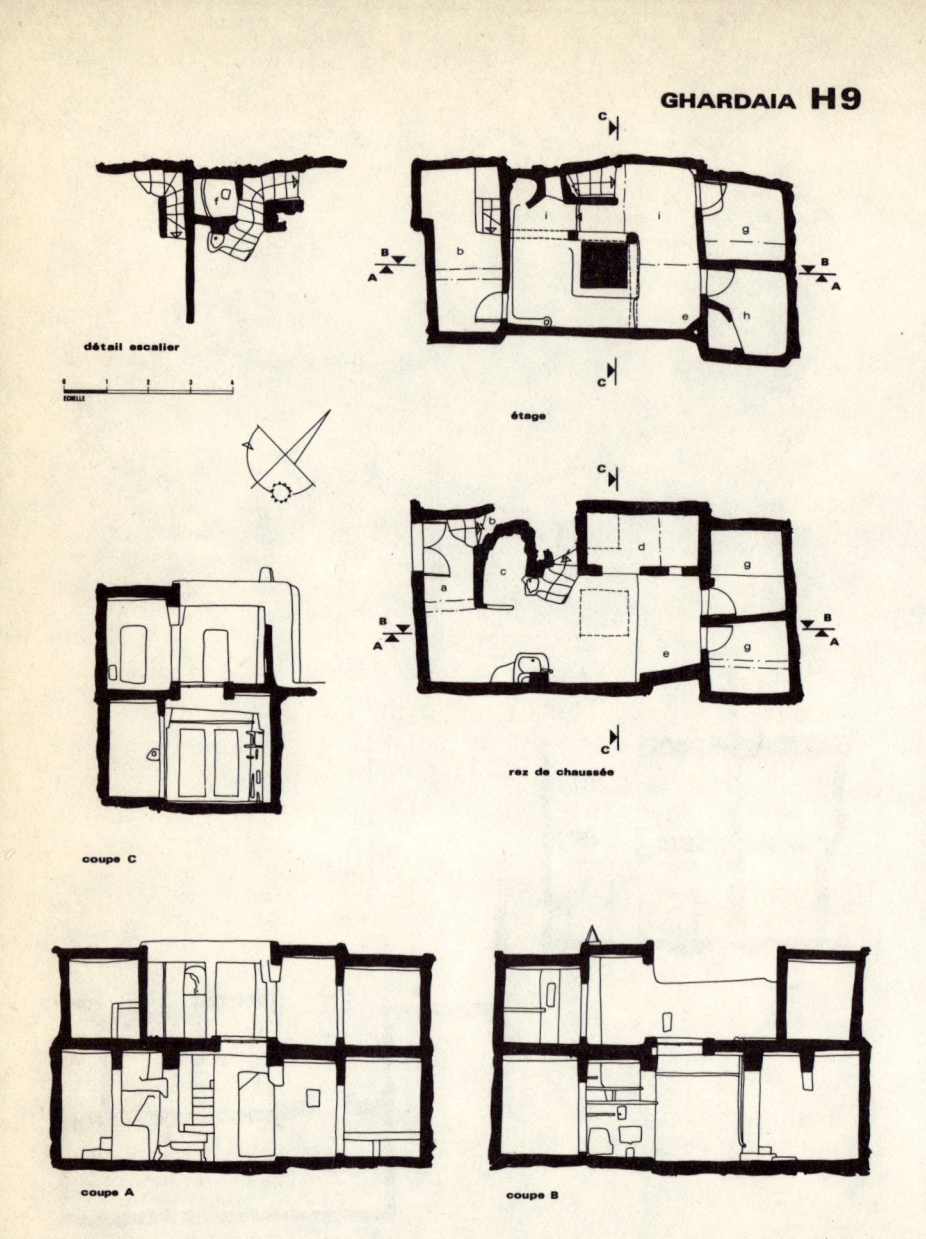

a entrée   b salon h.   c écurie   d salon f.   e cuisine   f wc   g chambre   h dépôt
i portique

GHARDAIA H10

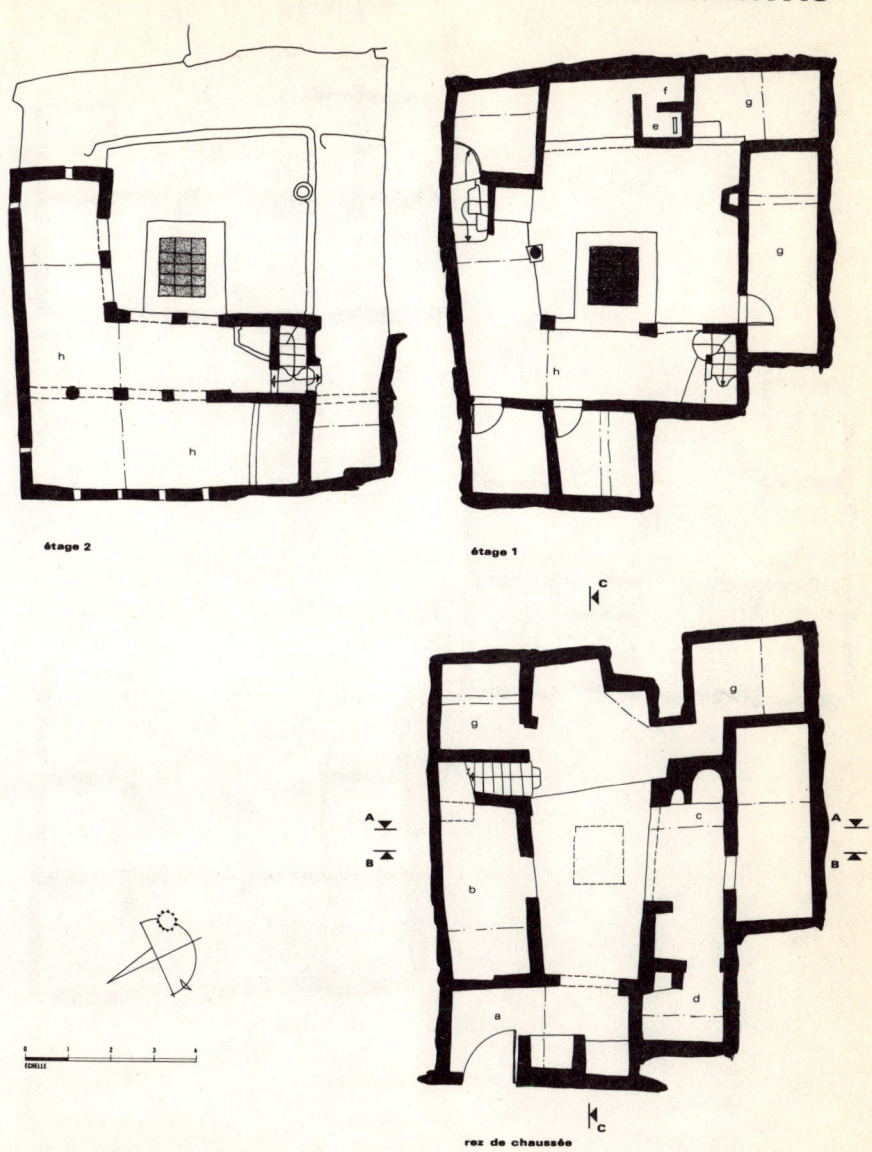

étage 2

étage 1

rez de chaussée

a entrée b salon f. c cuisine d dépôt e wc f toilette g chambre h portique

169

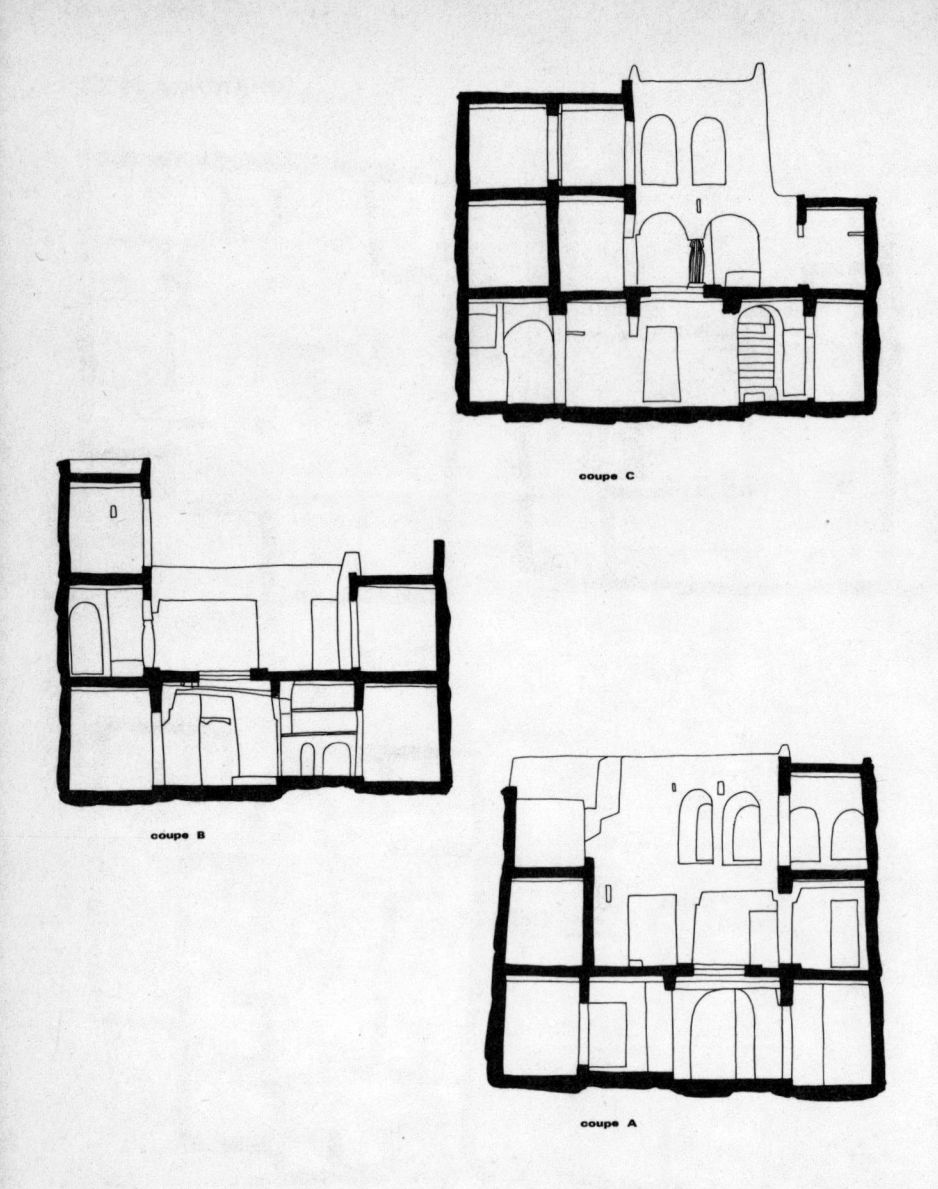

coupe C

coupe B

coupe A

GHARDAIA H11

étage

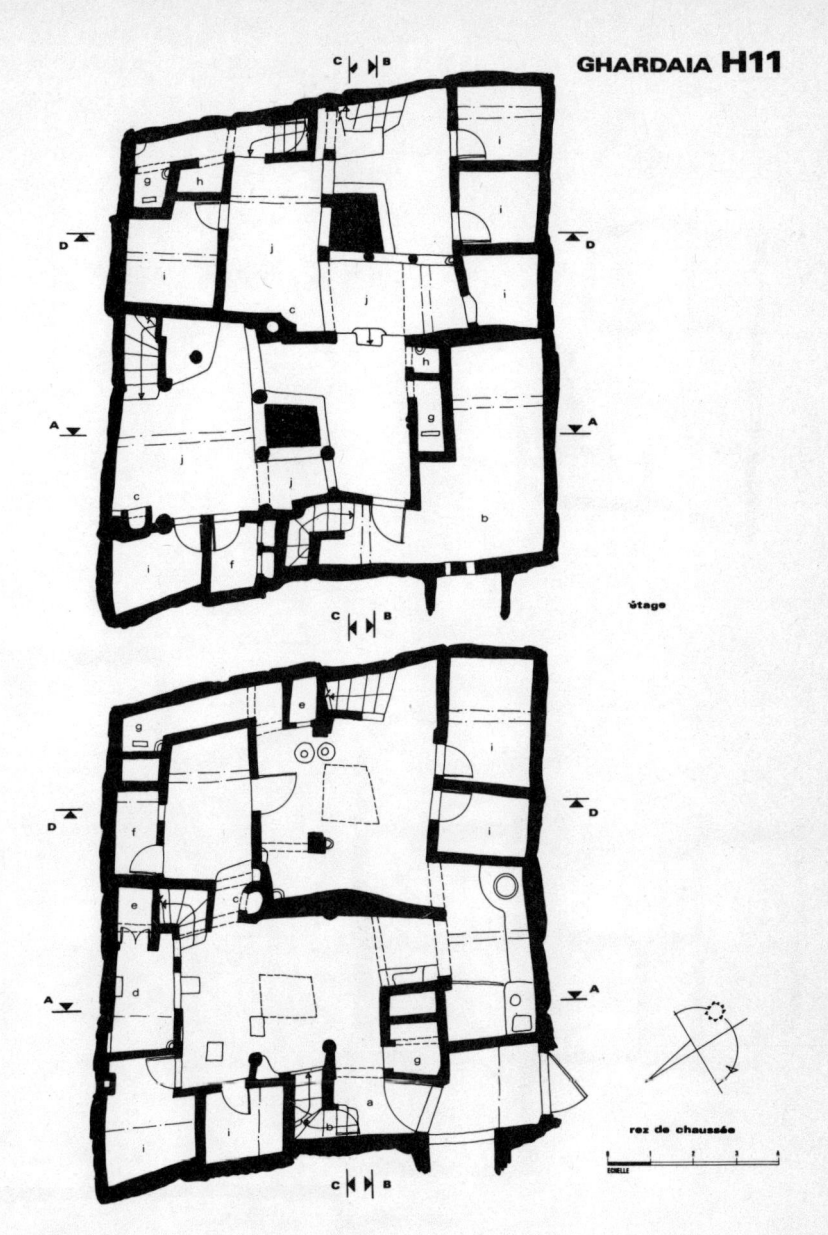

rez de chaussée

a entrée b salon h. c cuisine d salon f. e débarras f dépôt g wc h toilette
i chambre j portique

cave

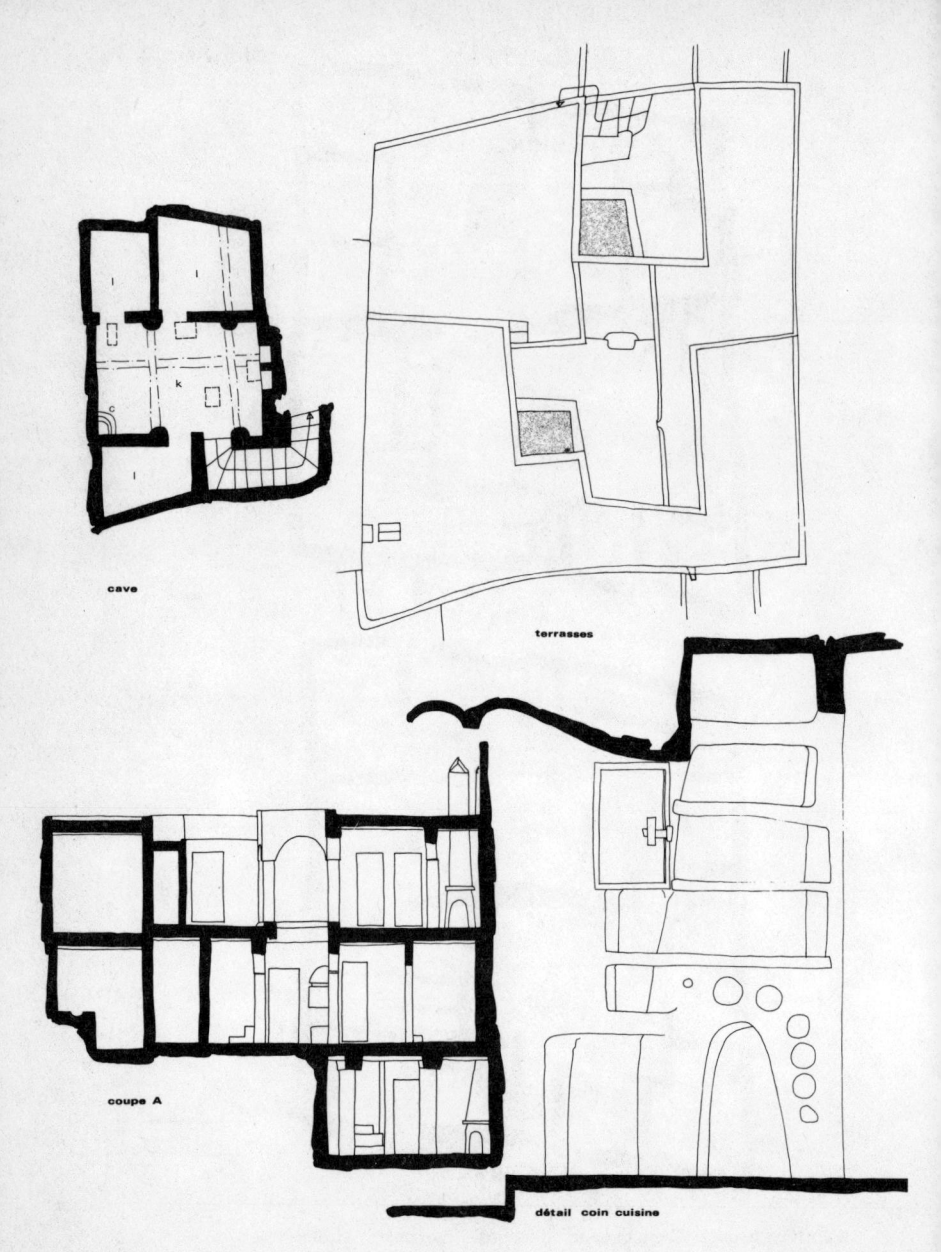

terrasses

coupe A

détail coin cuisine

c cuisine   k salon cave   i chambre cave

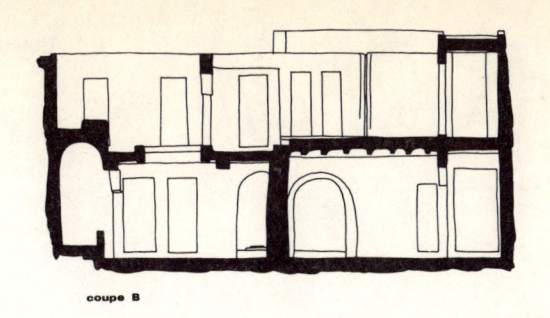

coupe B

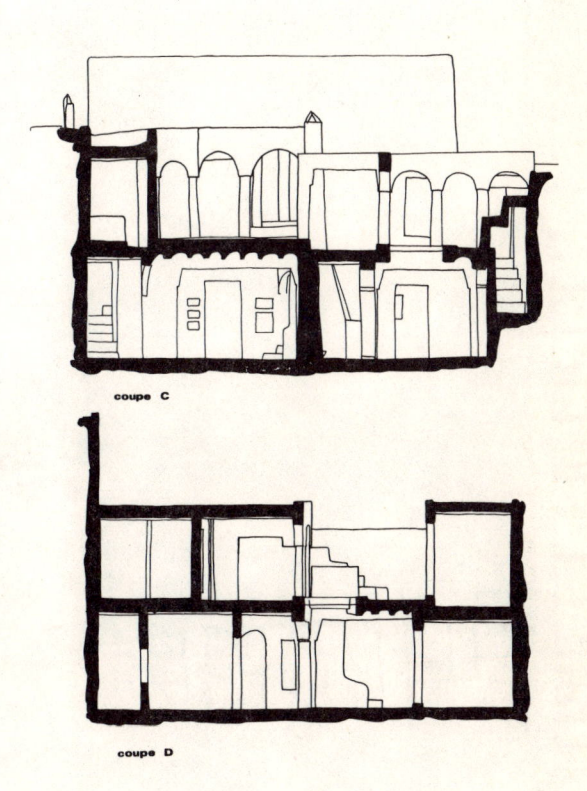

coupe C

coupe D

173

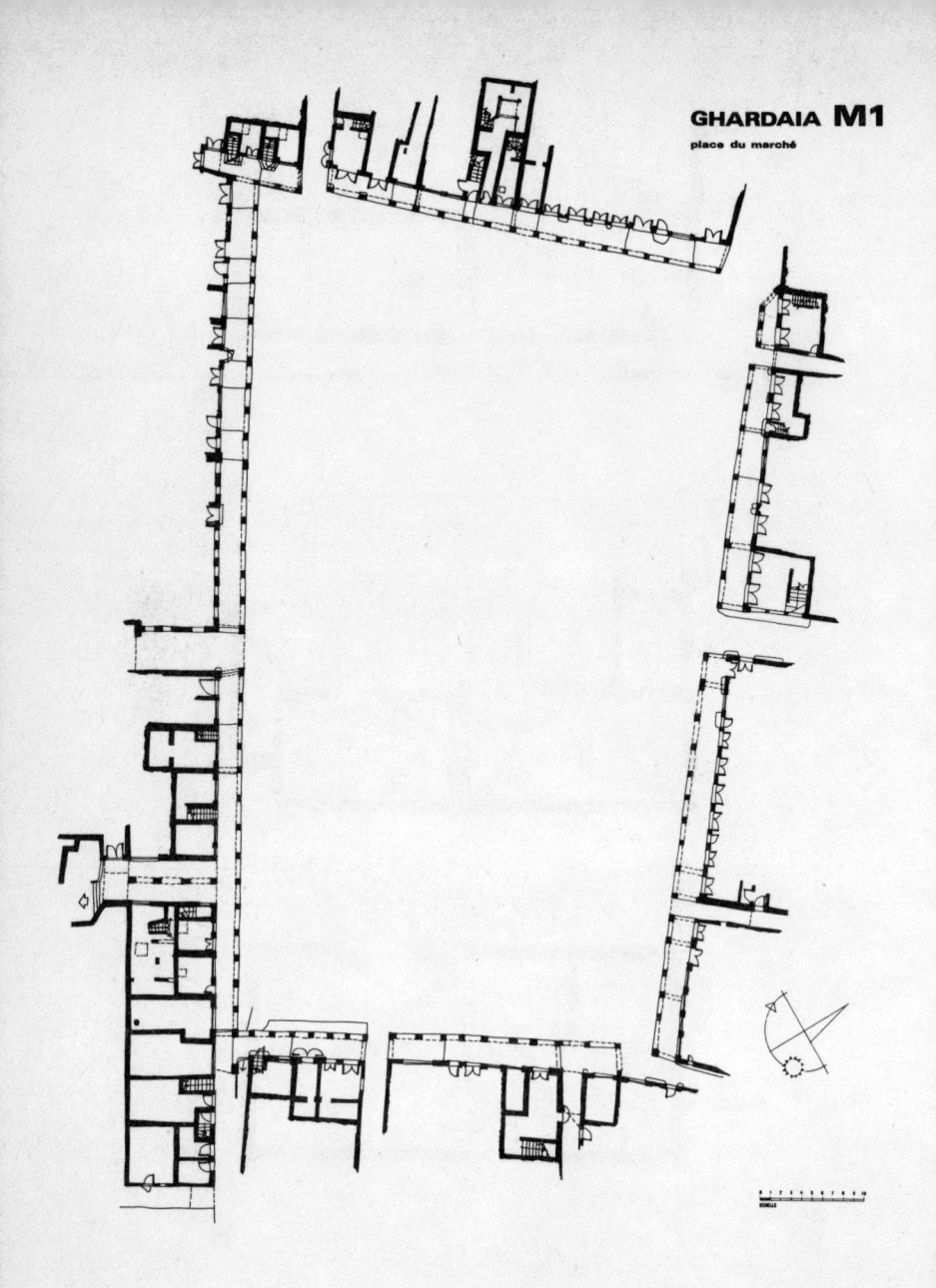

GHARDAIA M1
place du marché

Fig. 41. Détail de l'arcature.

façade SE

façade NO

façade NE

façade SO

GHARDAIA M 1

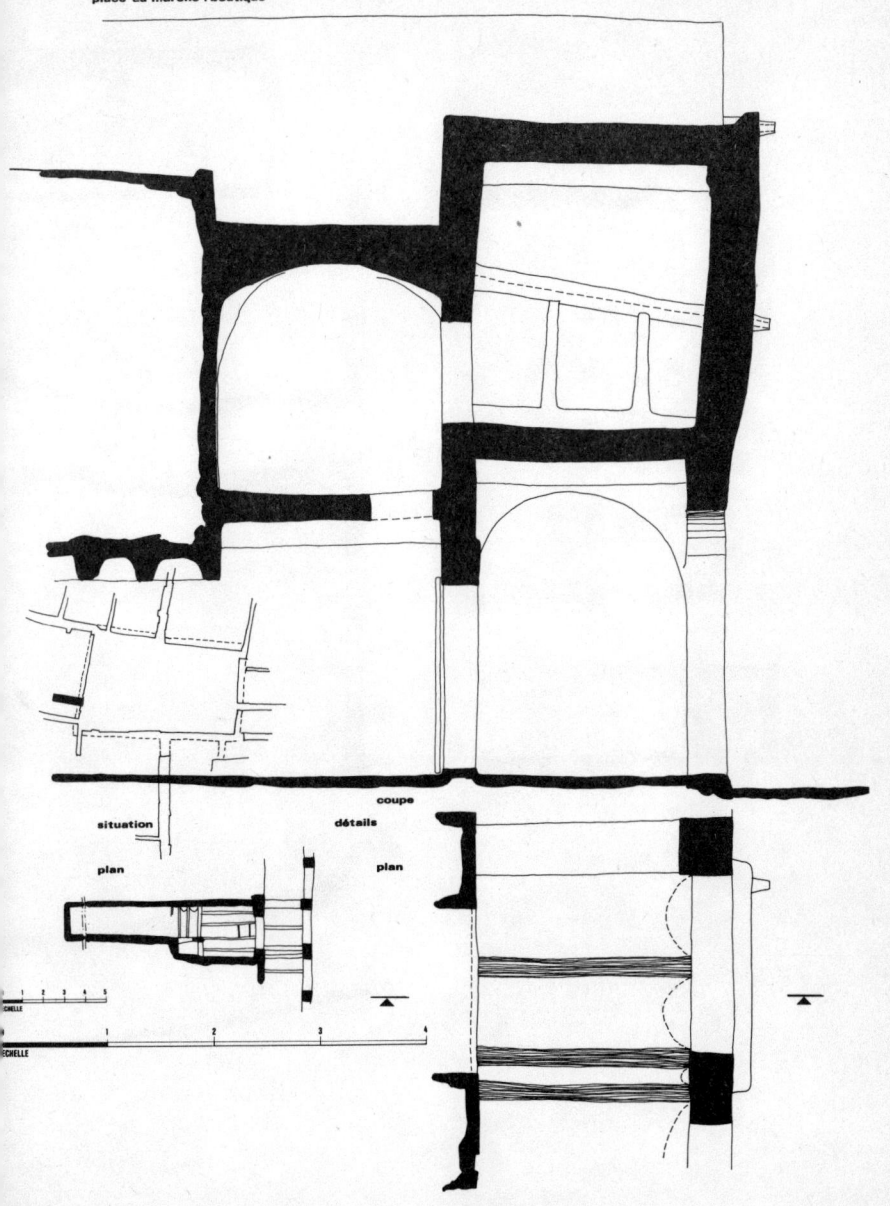

GHARDAIA M2
place du marché : boutique

coupe

situation   détails
plan   plan

180

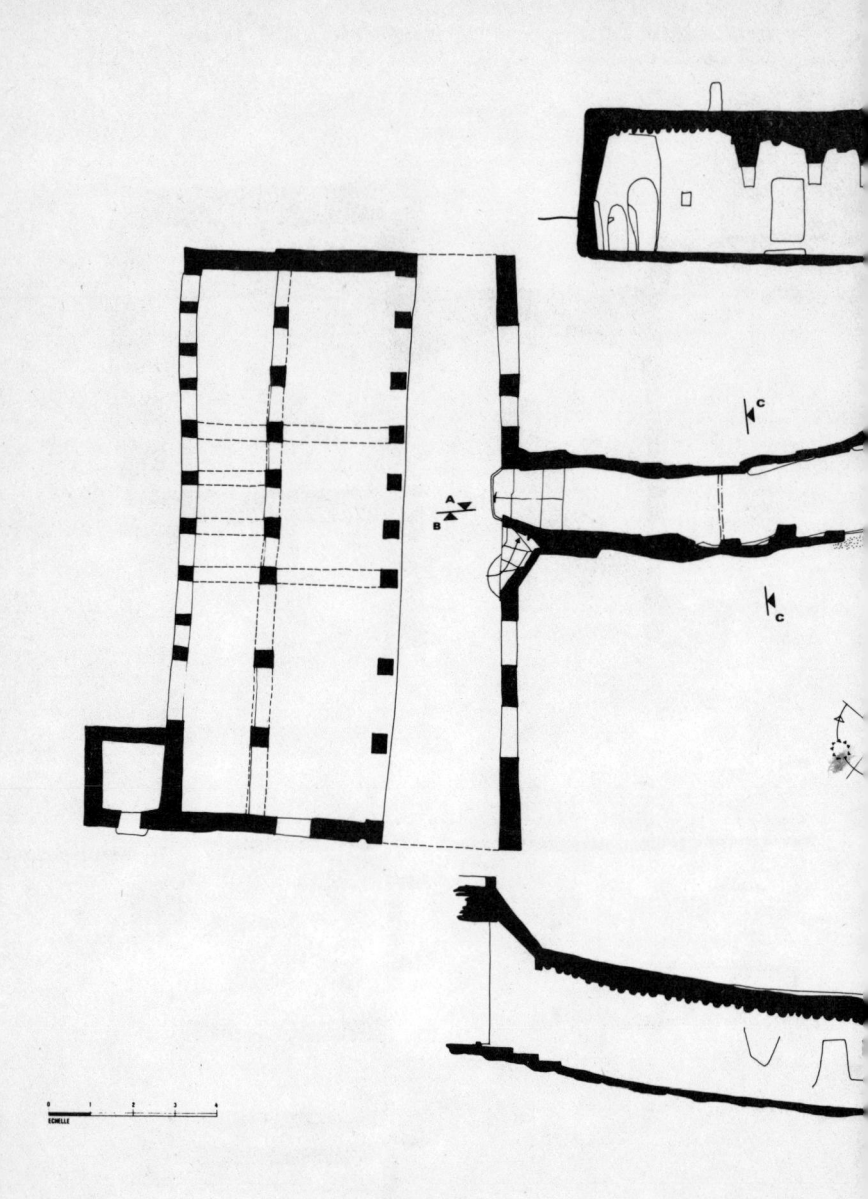

ARDAIA **N1**
AMMI SAID

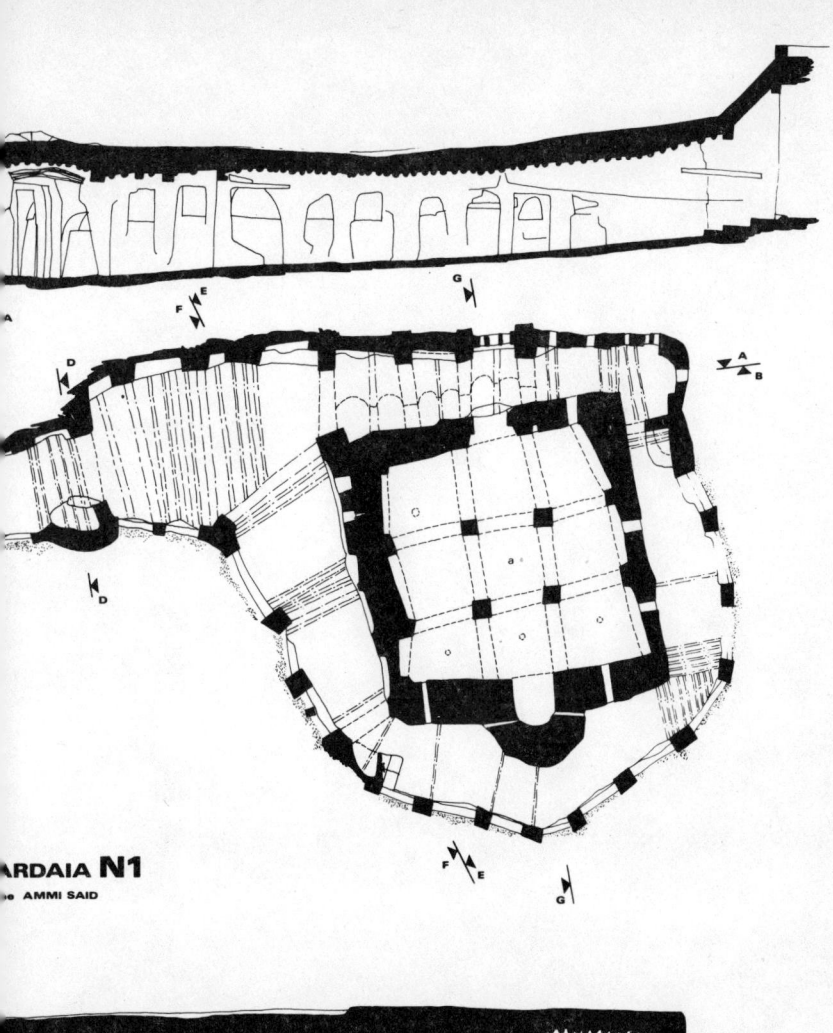

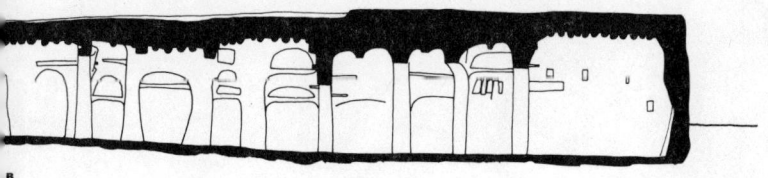

a mosquée

élévation

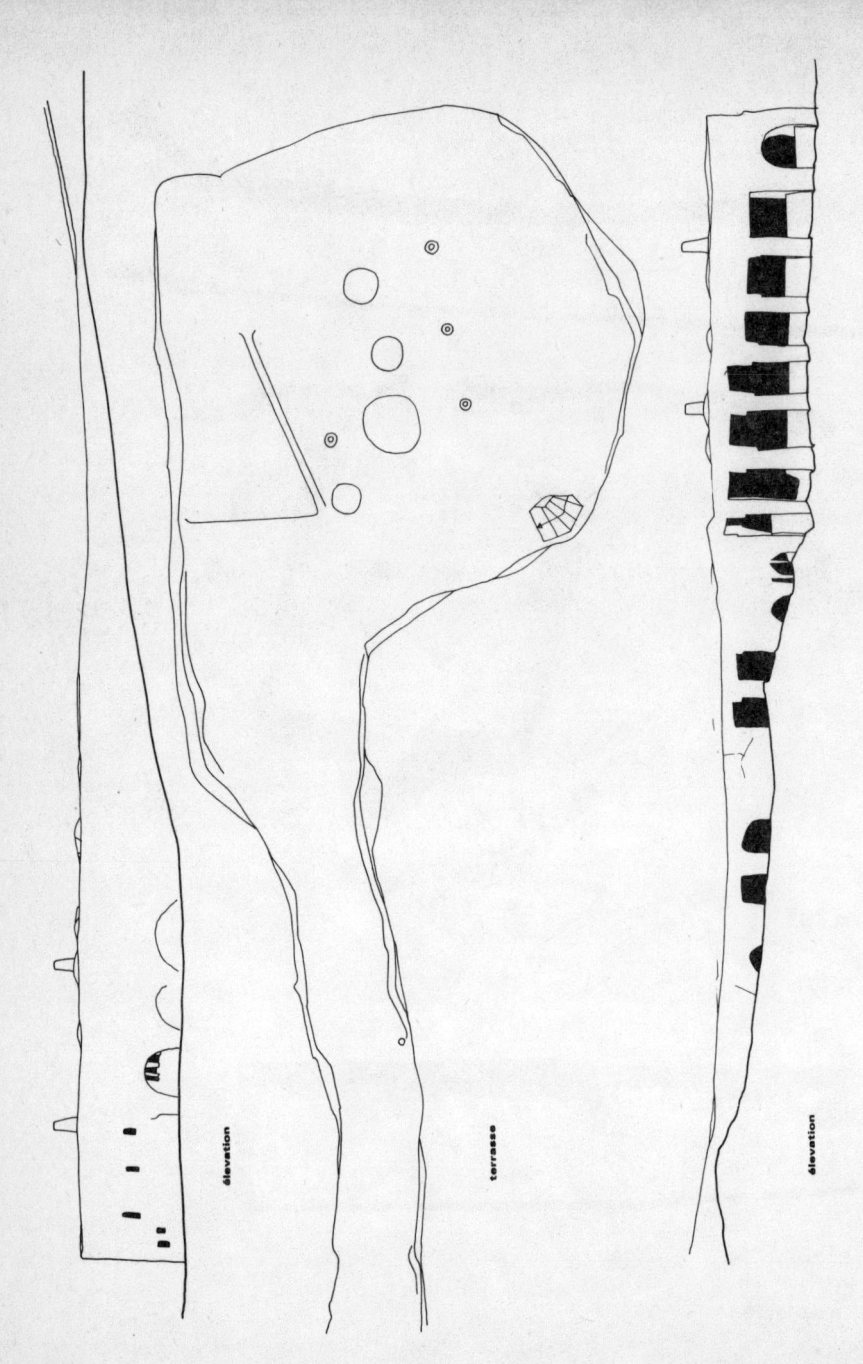

terrasse

élévation

Fig. 42. Mosquée et cimetière Ammi Saïd (Ghardaïa).

Fig. 43. Détail intérieur.

coupe E

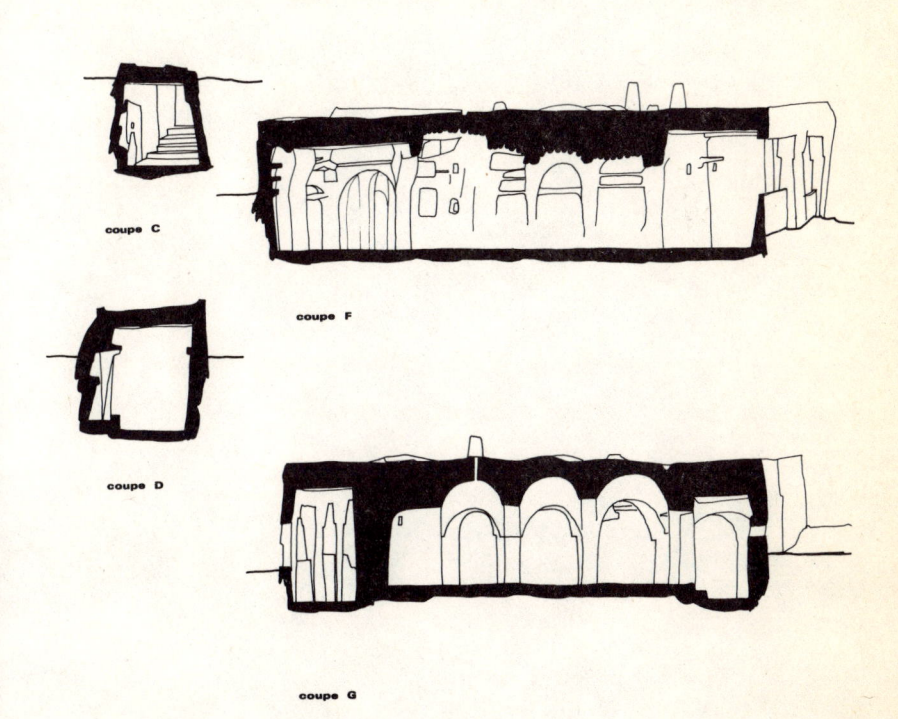

coupe C

coupe F

coupe D

coupe G

AP

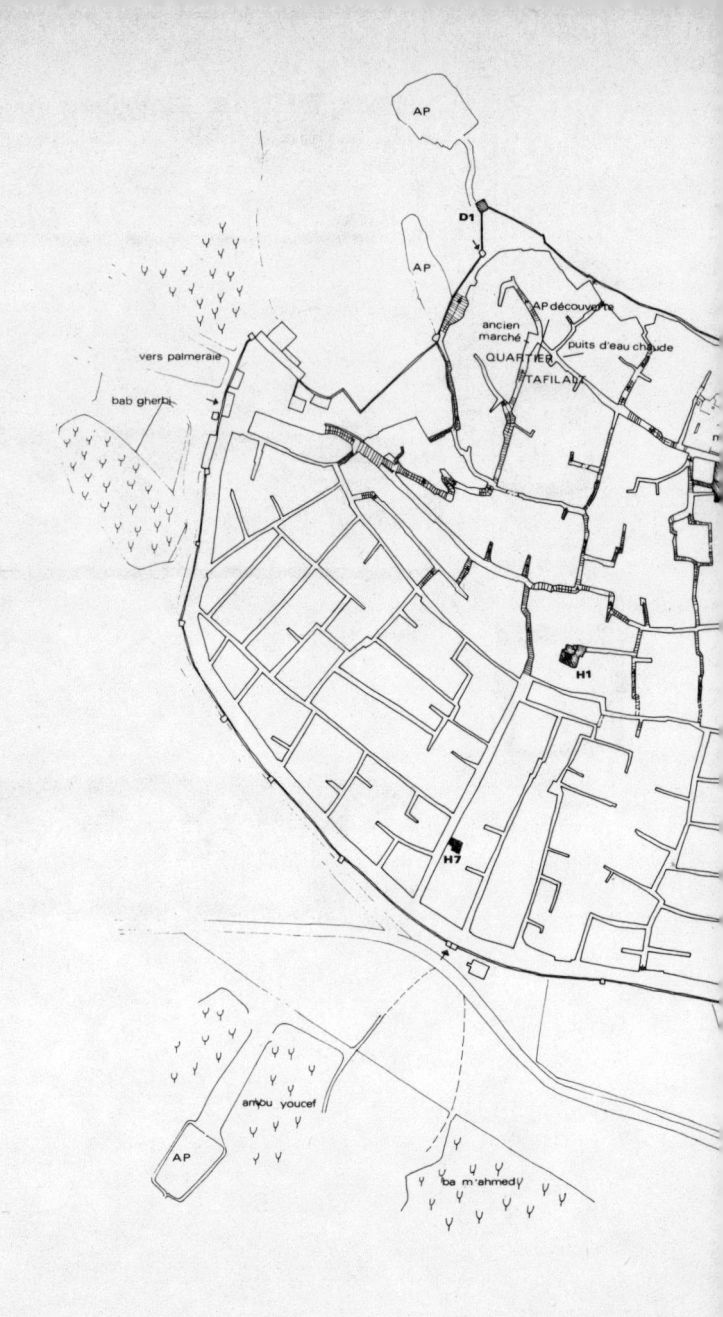

D1

AP

AP découverte
ancien marché
puits d'eau chaude
QUARTIER TAFILALT

vers palmeraie

bab gherbi

H1

H7

amou youcef

AP

ba m'ahmed

AT ISJEN
BENI ISGUEN

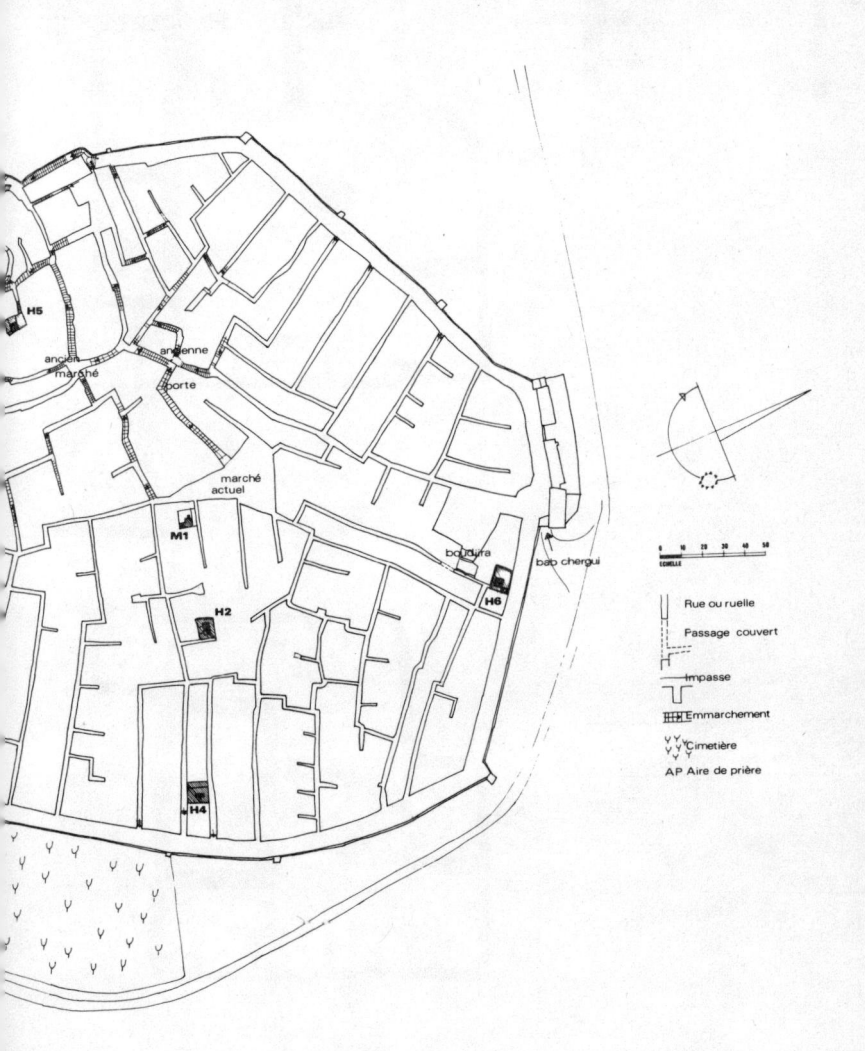

ancien marché
ancienne porte
marché actuel
M1
bordjra
H2
bab chergui
H6
H4
H5

ECHELLE 0 10 20 30 40 50

Rue ou ruelle
Passage couvert
Impasse
Emmarchement
Cimetière
AP Aire de prière

187

BENI ISGUEN H1

terrasses

étage

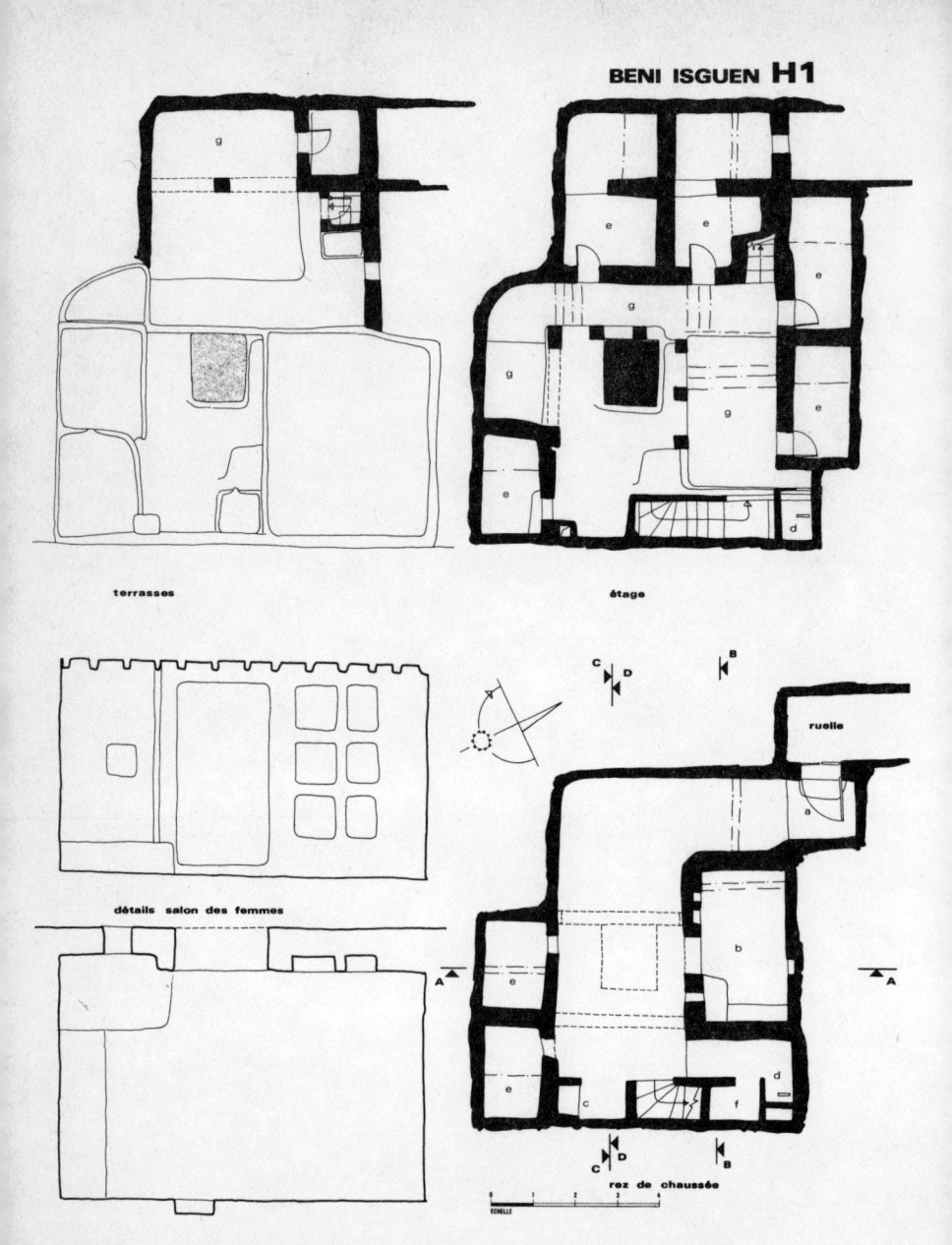

détails salon des femmes

ruelle

rez de chaussée

a entrée   b salon f.   c cuisine   d wc   e chambre   f toilette   g portique

coupe A

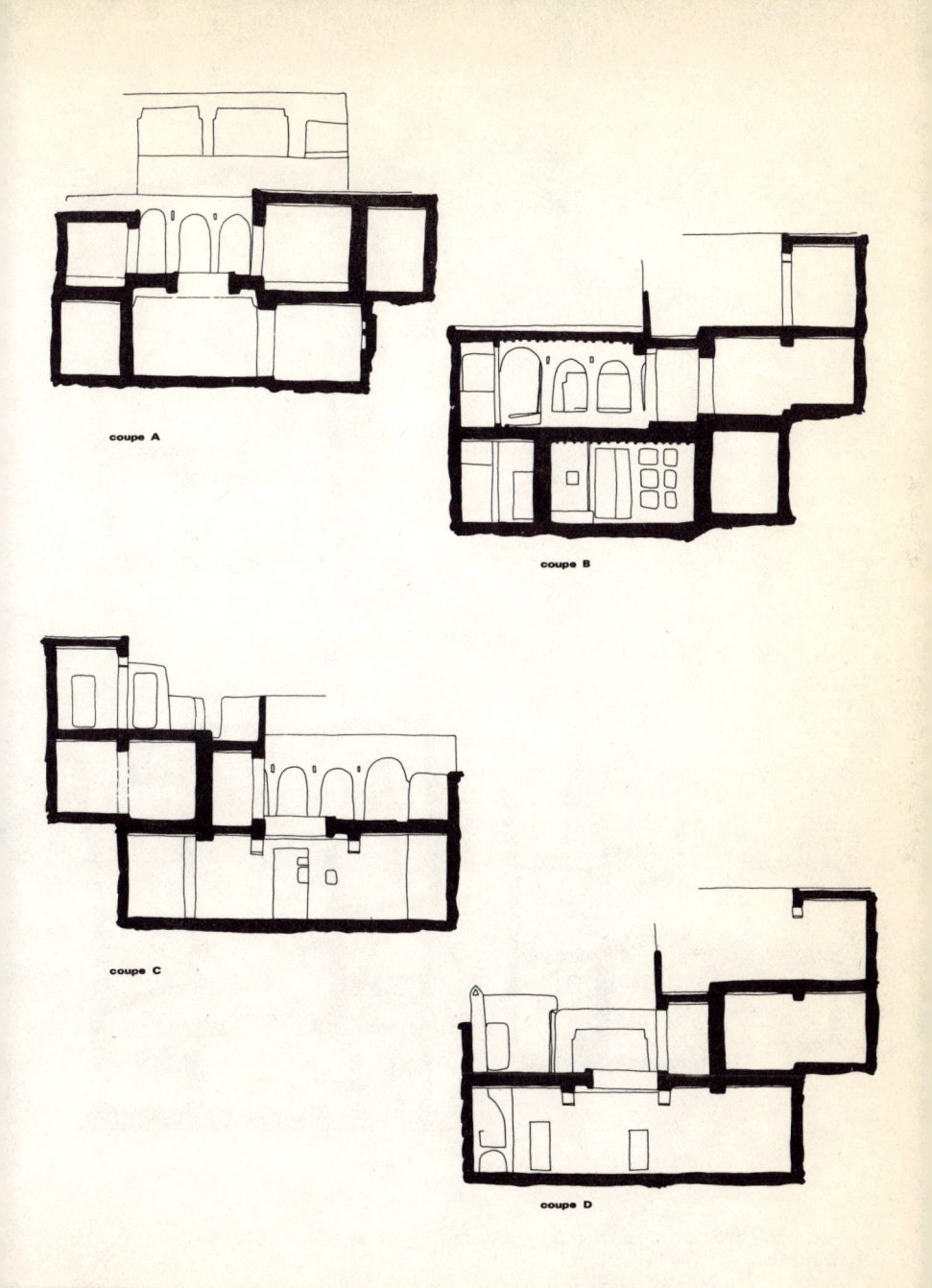

coupe B

coupe C

coupe D

BENI ISGUEN H 2

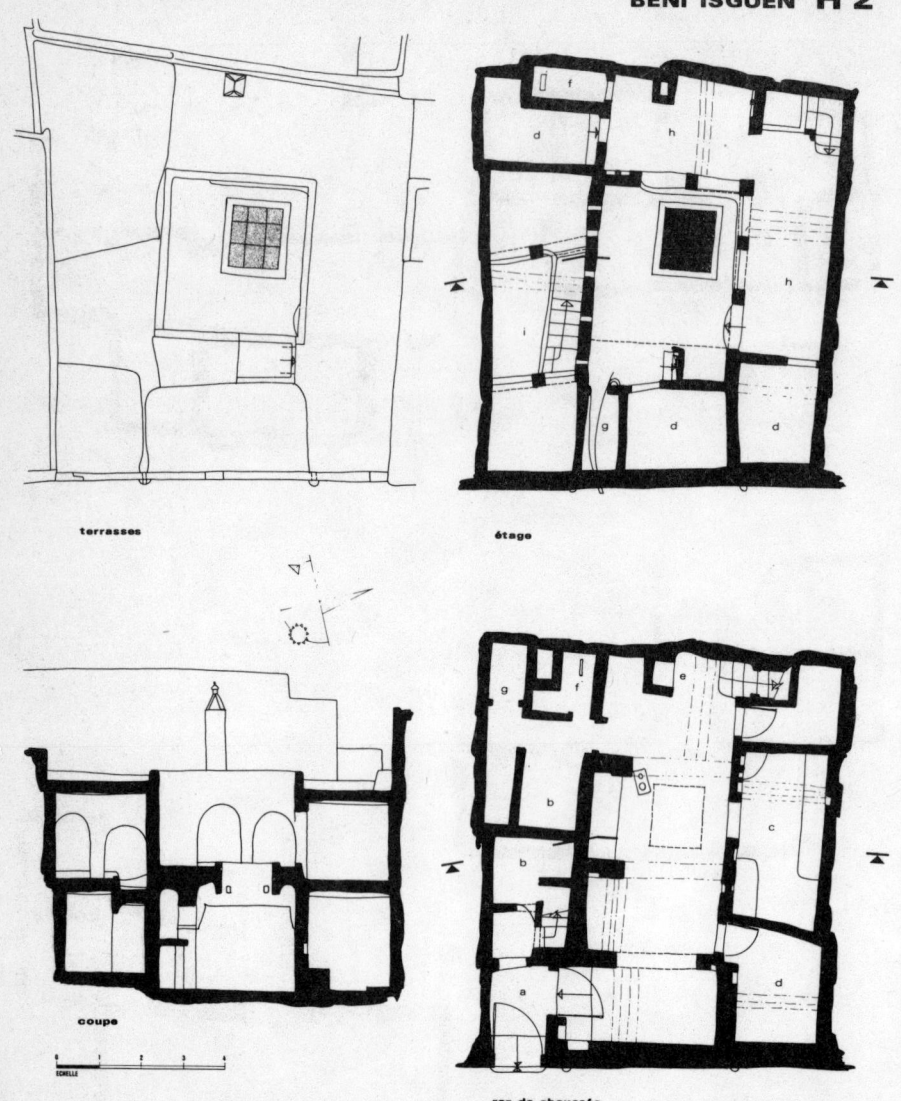

terrasses

étage

coupe

rez de chaussée

a entrée   b débarras   c salon f.   d chambre   e cuisine   f wc   g toilette
h portique   j salon h.

BENI ISGUEN H3

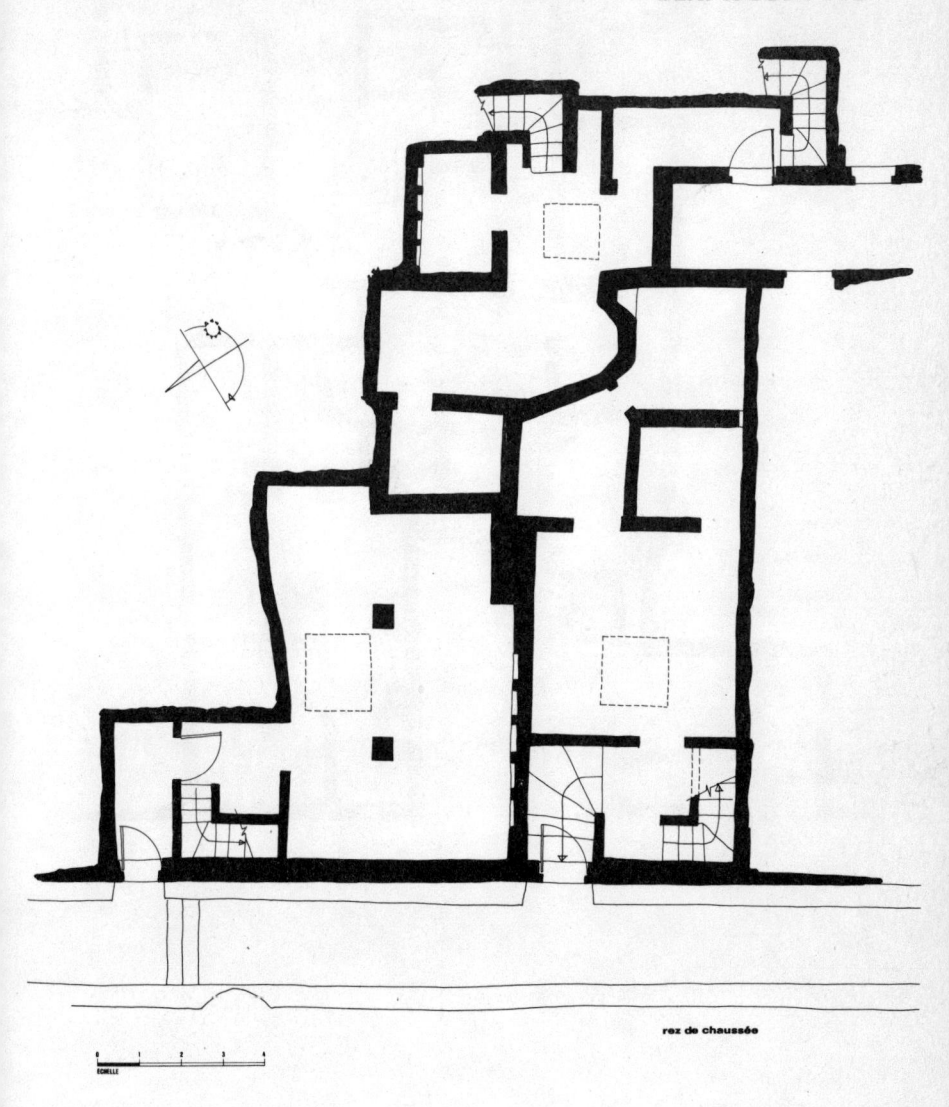

rez de chaussée

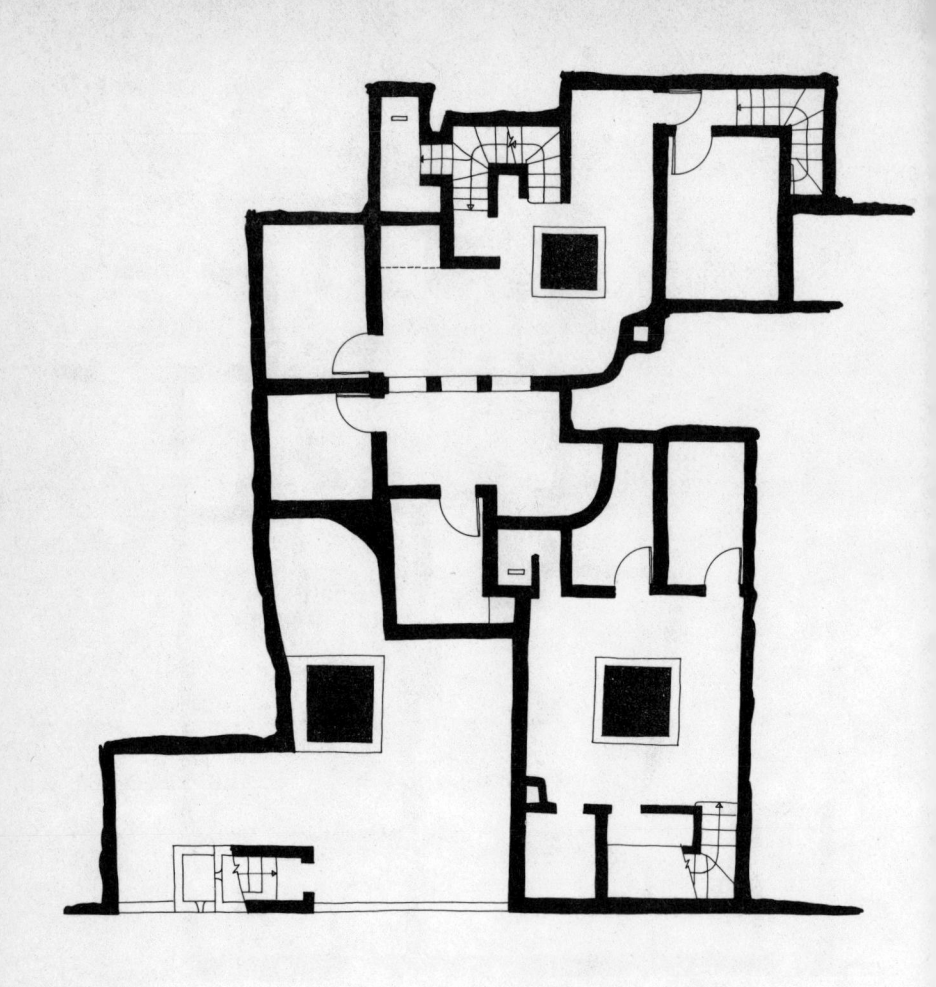

étage

BENI ISGUEN H4

étage

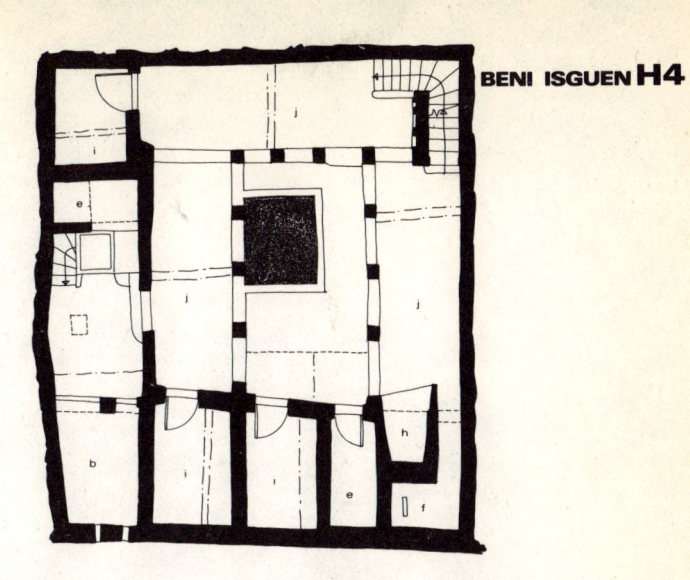

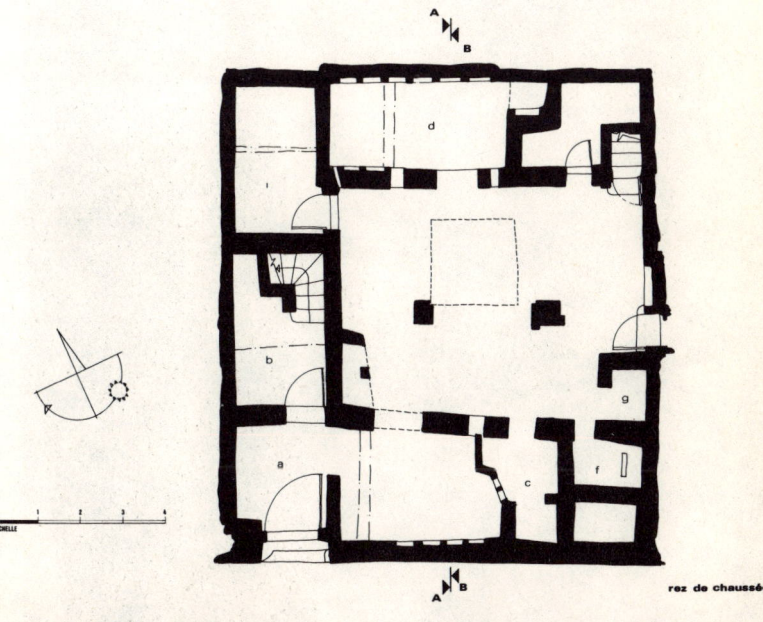

rez de chaussée

a entrée b salon h. c écurie d salon f. e débarras f wc g toilette h cuisine
i chambre j portique

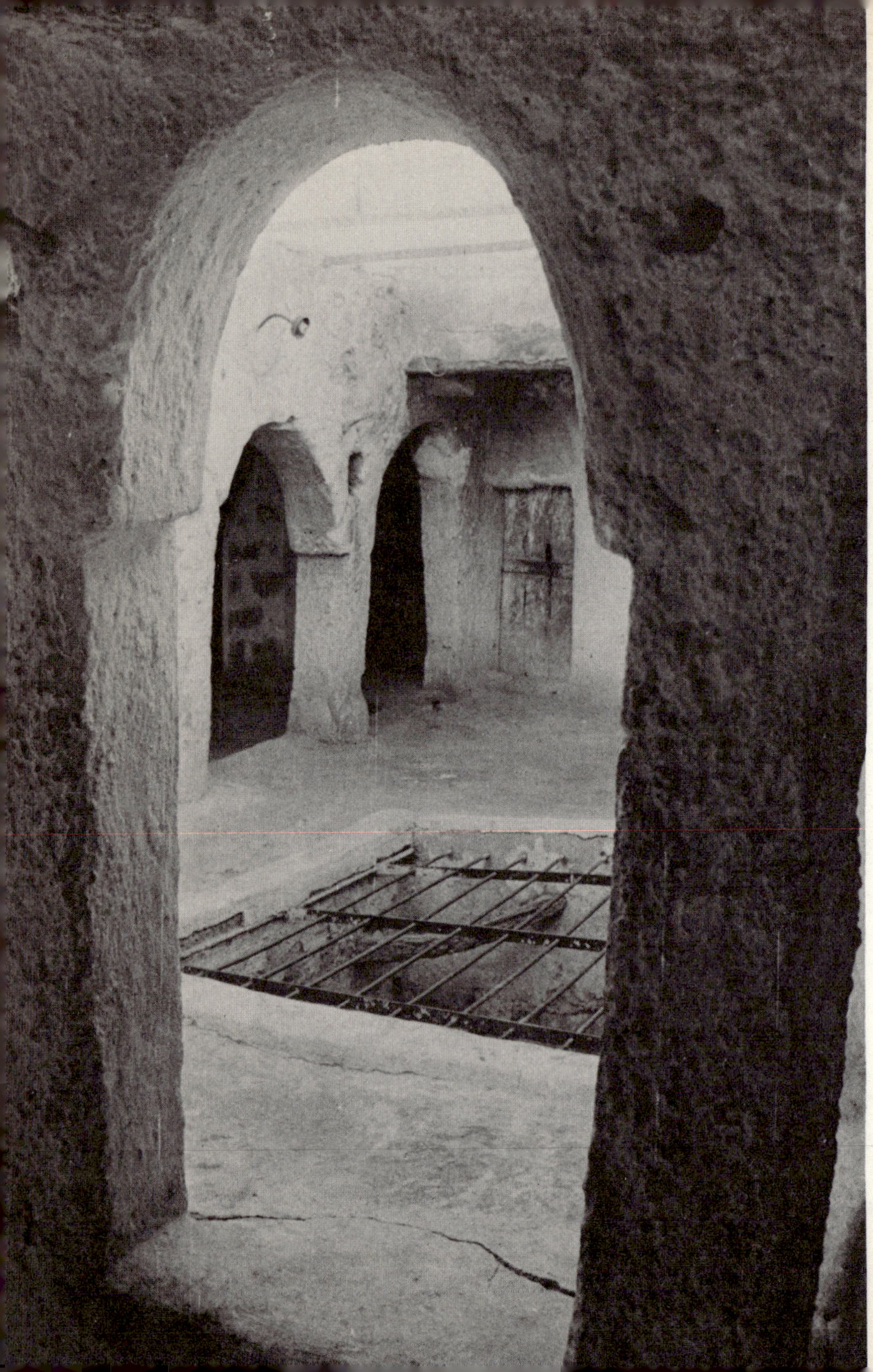

terrasse 1

terrasse 2

coupe A

coupe B

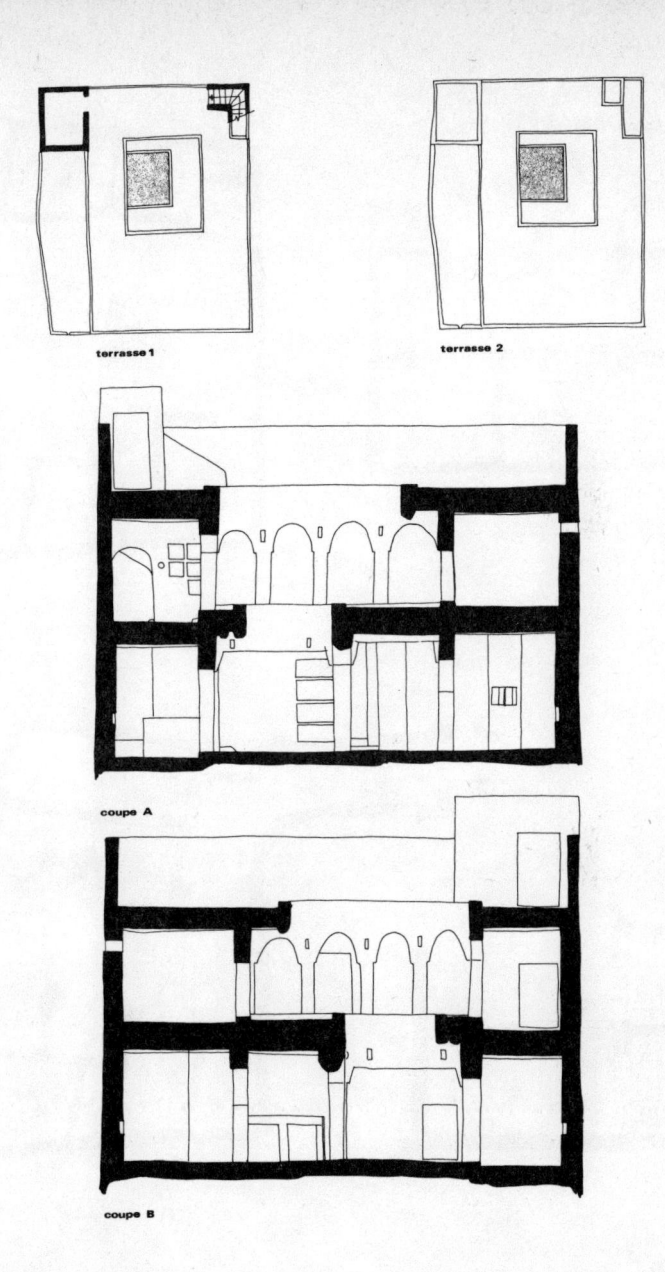

← Fig. 44. L'étage.

BENI ISGUEN H5

coupe A

étage

coupe B

rez de chaussée

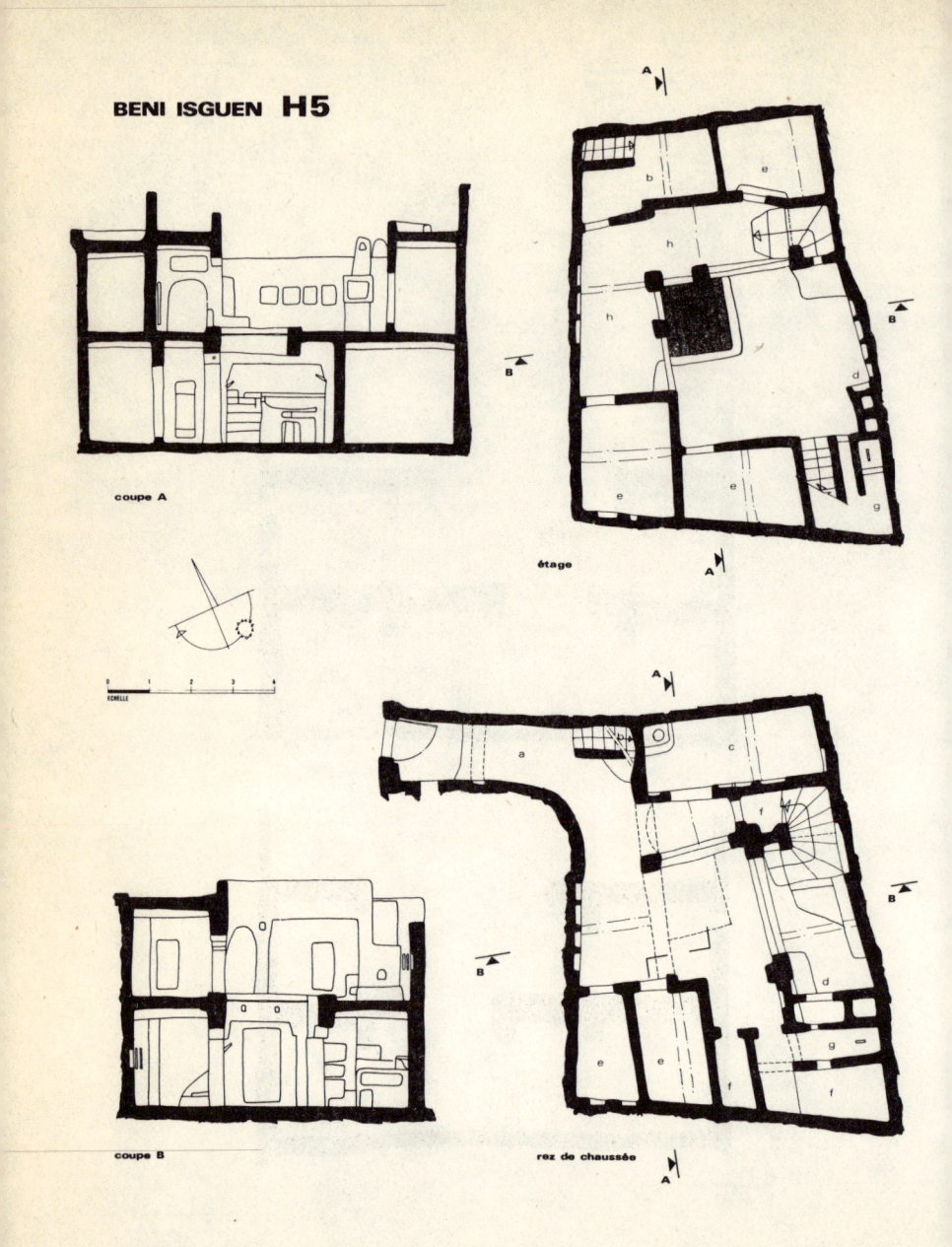

a entrée   b salon h.   c salon f.   d cuisine   e chambre   f débarras   g wc   h portique

Fig. 45. Vers l'étage...

Fig. 46. Arcs irréguliers à l'étage.

terrasses étage

BENI ISGUEN H6

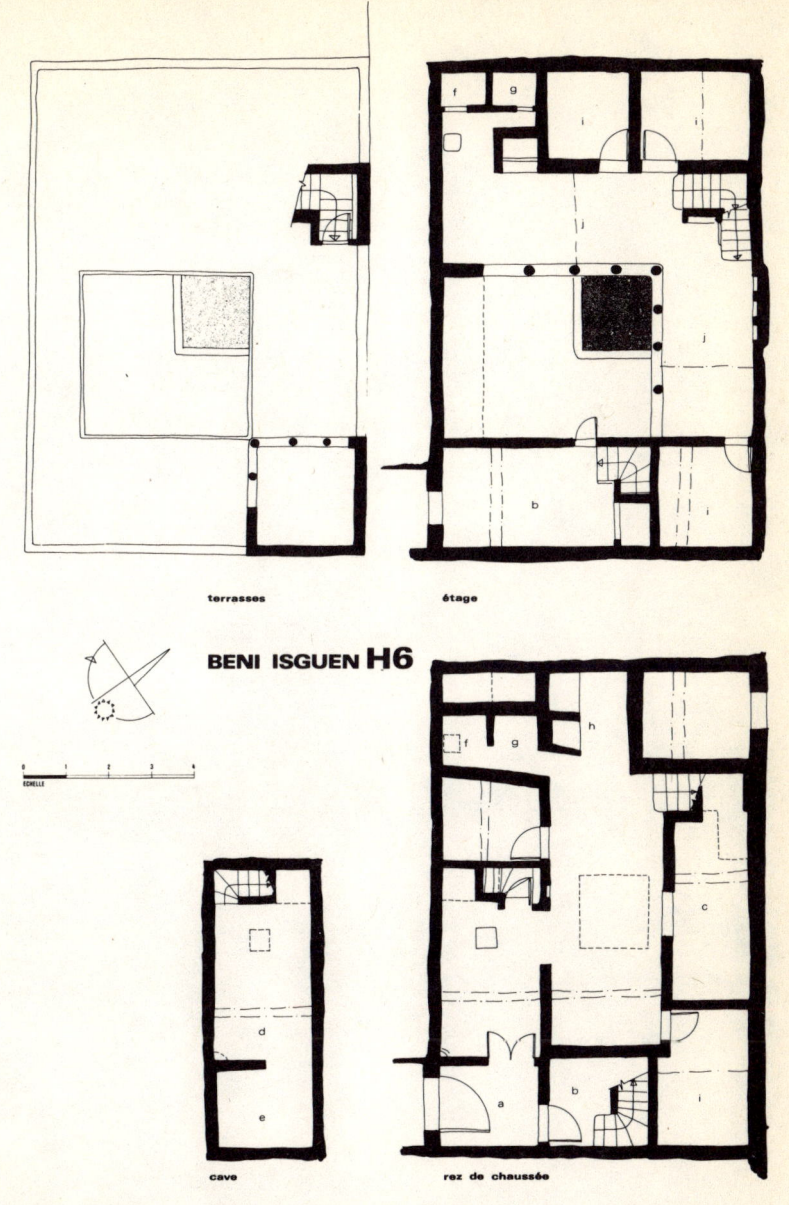

cave rez de chaussée

a entrée b salon h. c salon f. d salon cave e chambre cave f wc g toilette
h débarras i chambre j portique

199

ECHELLE 0 1 2 3

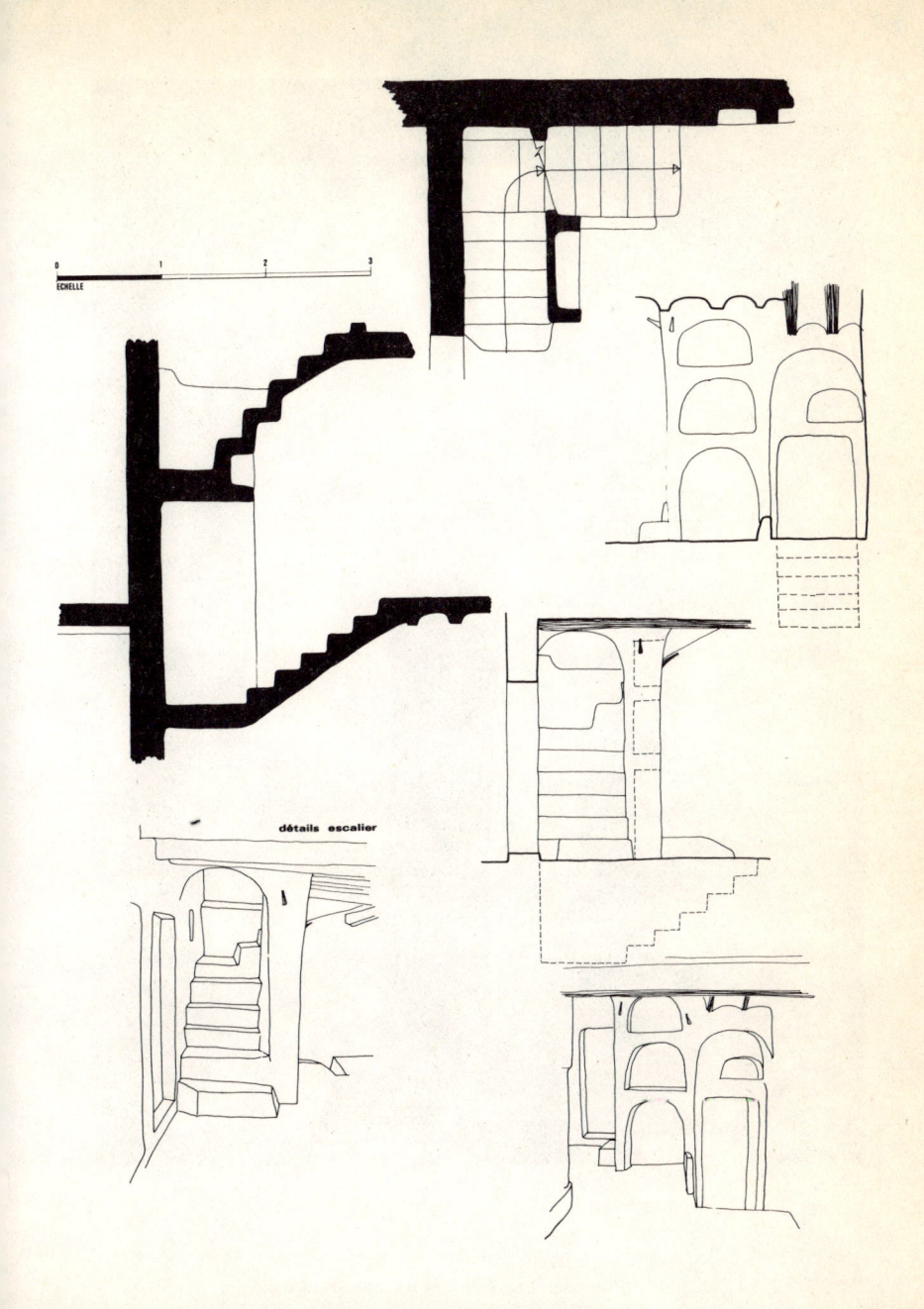

détails escalier

201

Fig. 47. Accès étroits à la terrasse haute et à la douche traditionnelle.

BENI ISGUEN **H7**

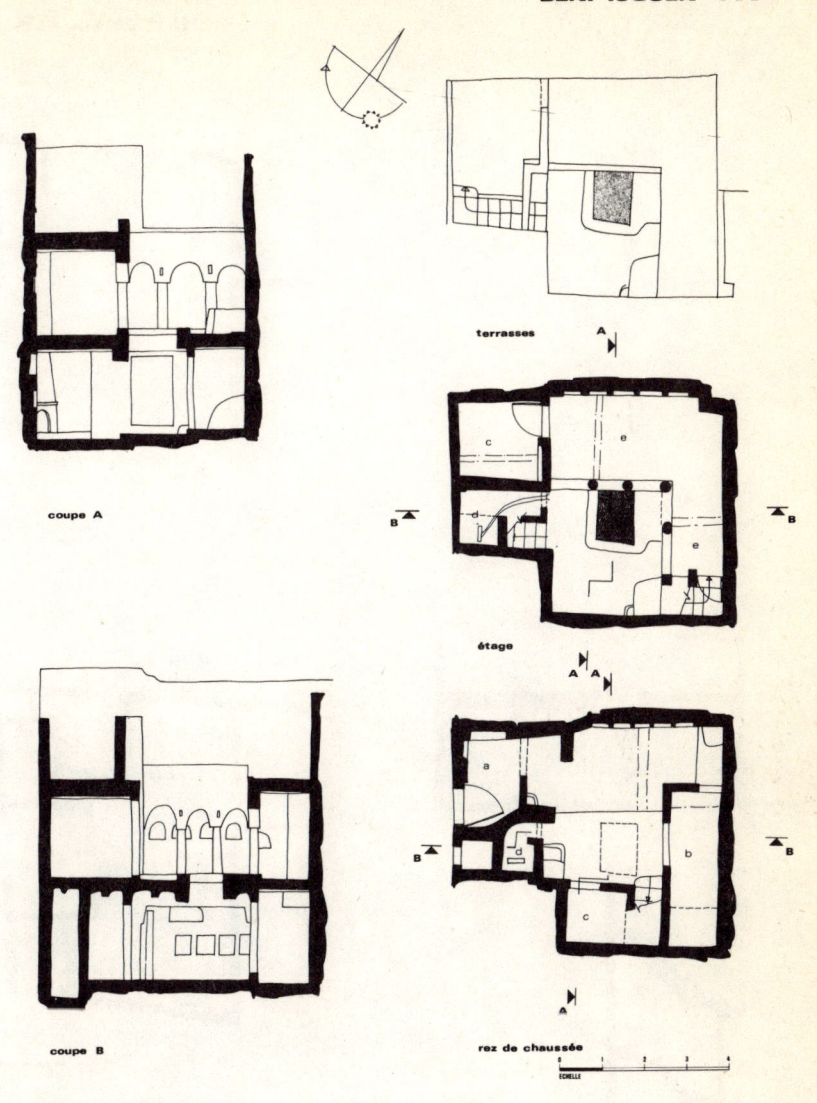

coupe A

coupe B

terrasses

étage

rez de chaussée
ECHELLE

a entrée b salon f. c chambre d wc e portique

BENI ISGUEN H8
palmeraie

terrasses

étage

coupe A

coupe B

rez de chaussée

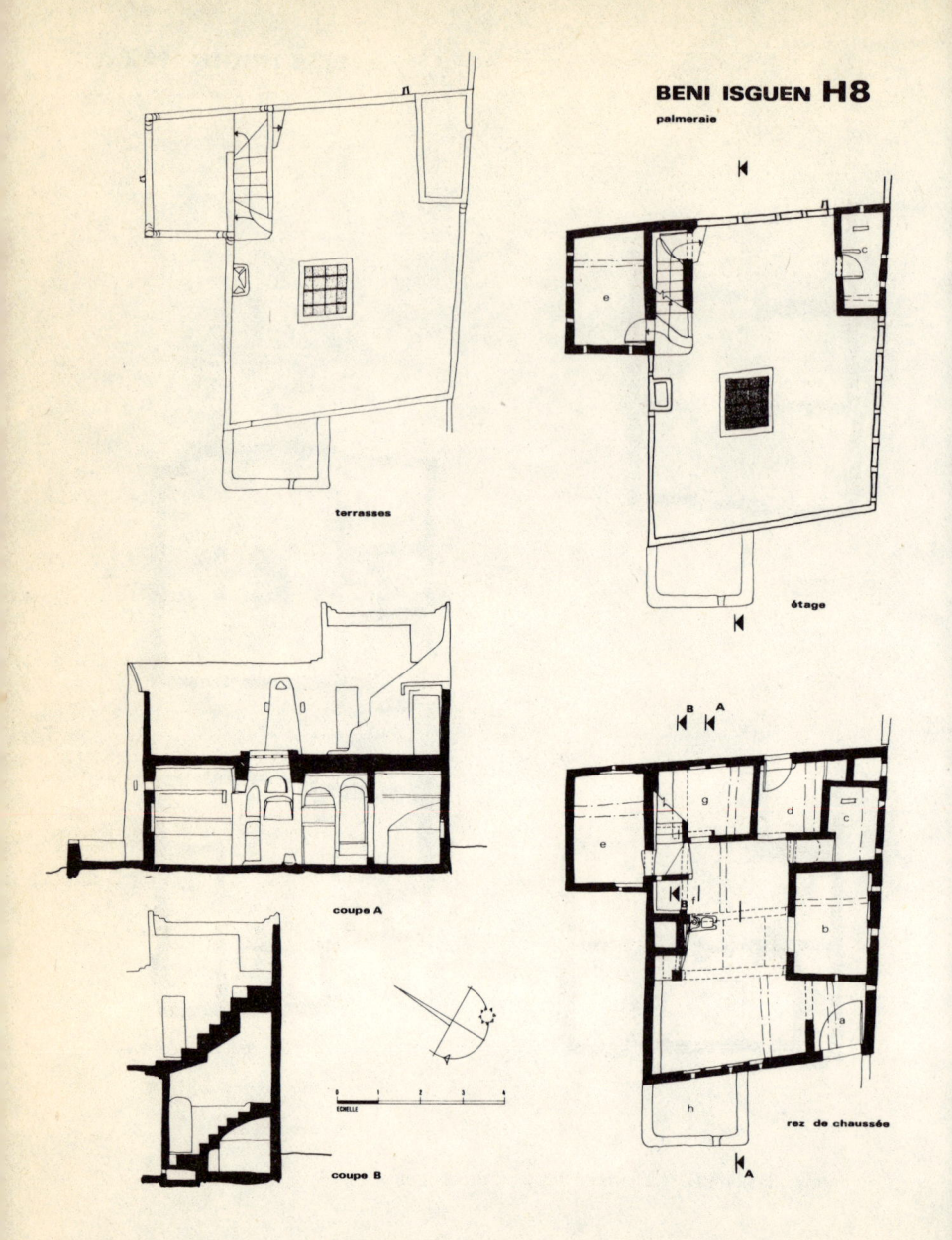

a entrée   b salon f.   c wc   d écurie   e chambre   f cuisine   g débarras   h bassin

Fig. 48. Pilastre et niches de l'espace central. Rez-de-chaussée.

BENI ISGUEN H9
palmeraie

terrasses

étage

rez de chaussée

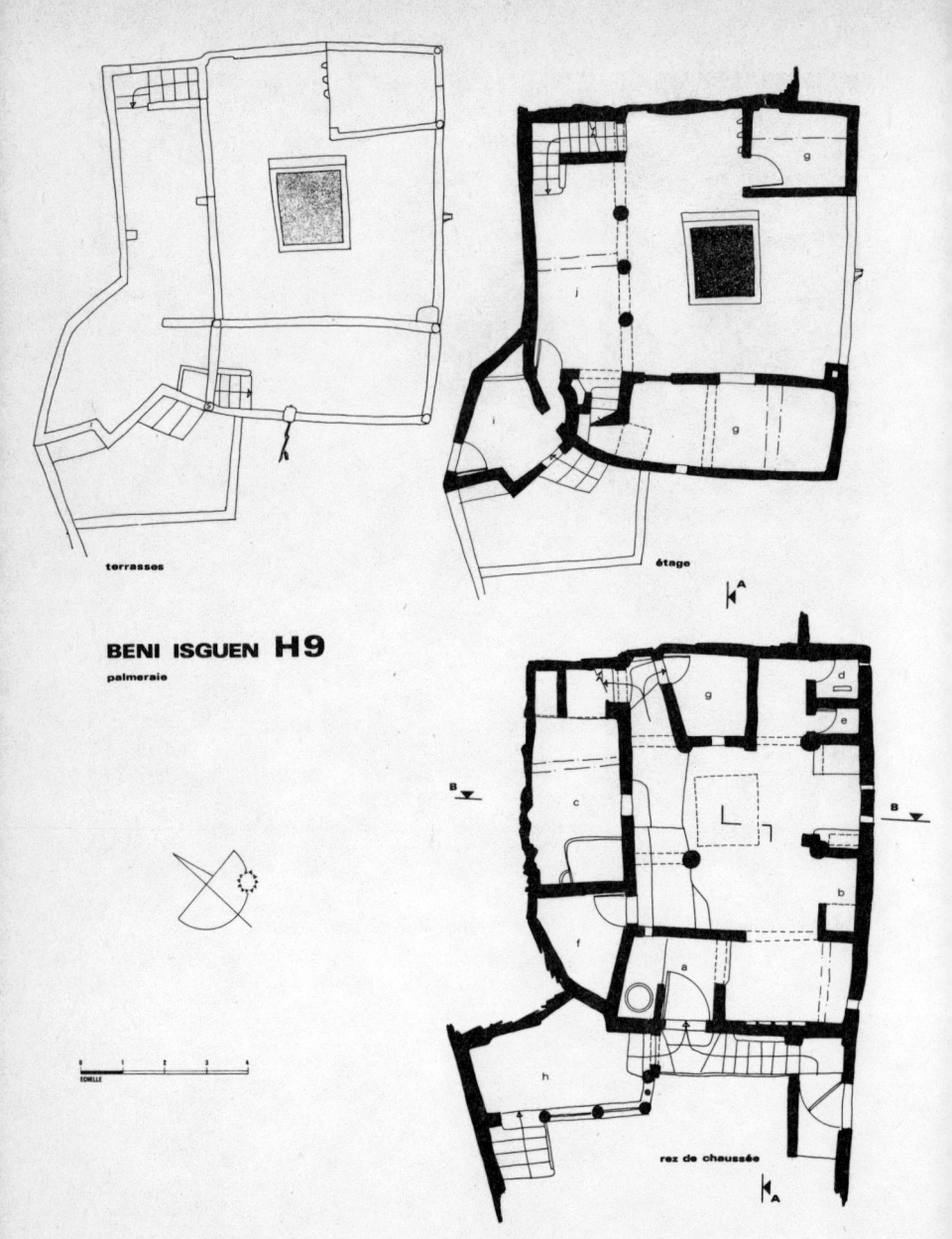

a entrée b cuisine c salon f. d wc e toilette f débarras g chambre
h salon extérieur i écurie j portique

coupe A

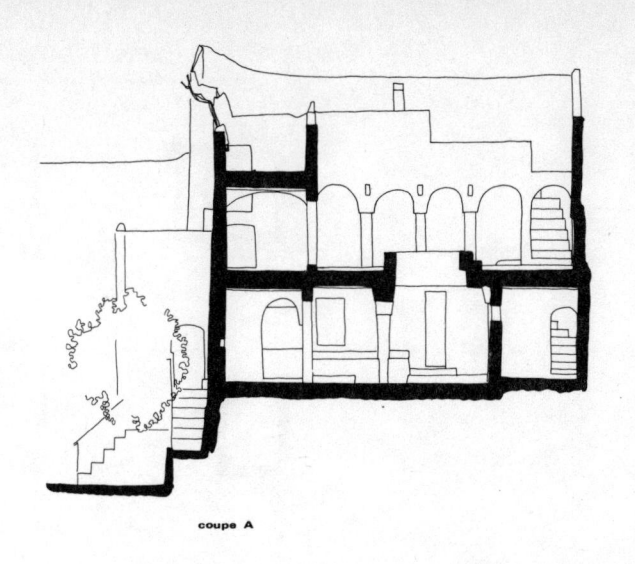

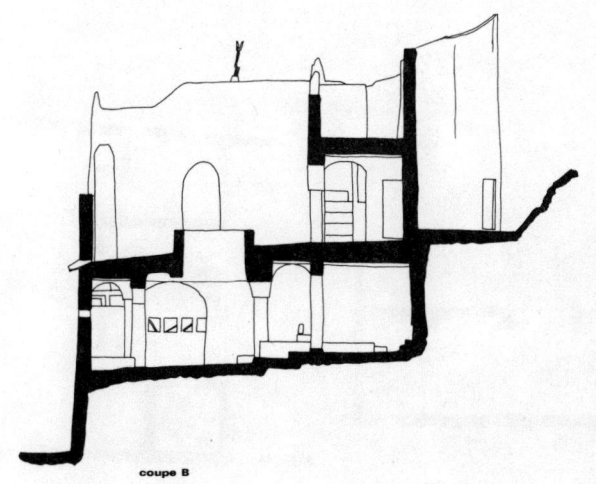

coupe B

BENI ISGUEN H10

palmeraie

terrasses

étage

coupe

rez de chaussée

a entrée b salon f. c cuisine d chambre e salon extérieur f wc g toilette
h portique

BENI ISGUEN H11
palmeraie

coupe A

terrasses

étage

coupe B

rez de chaussée

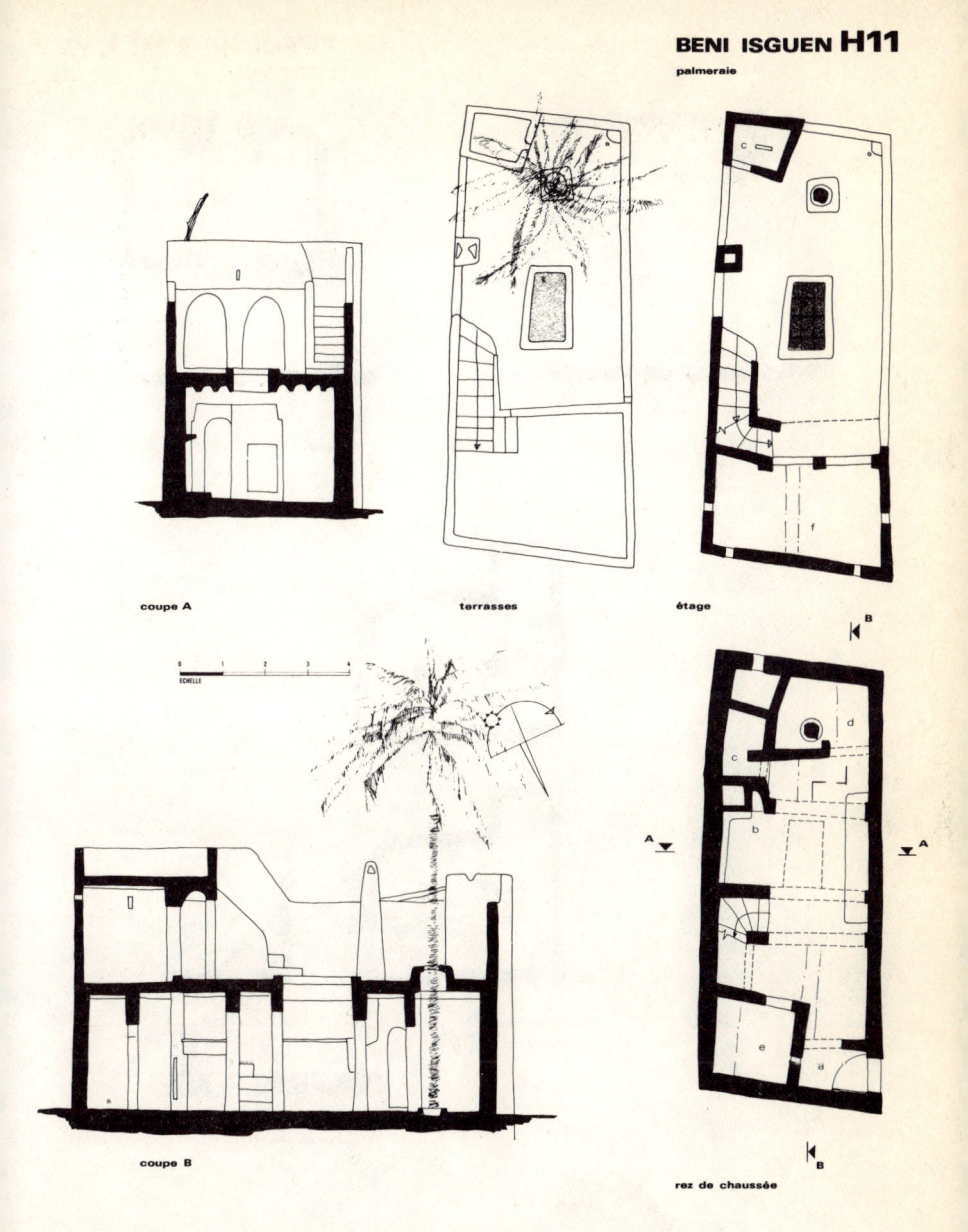

a entrée   b cuisine   c wc   d débarras   e chambre   f portique

BENI ISGUEN **M1**
boutique dépôt

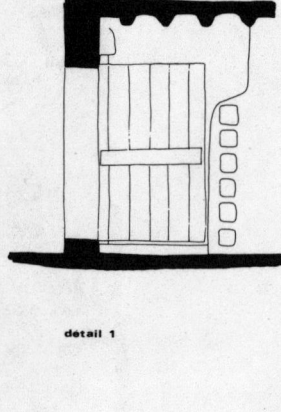

détail 1

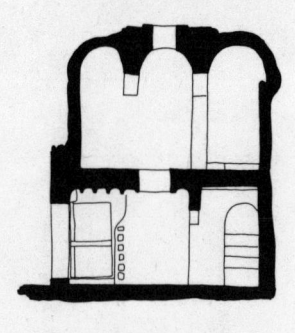

coupe

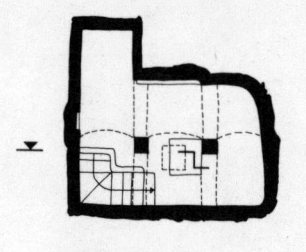

étage

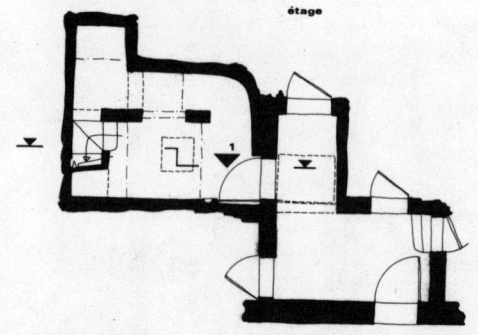

rez de chaussée

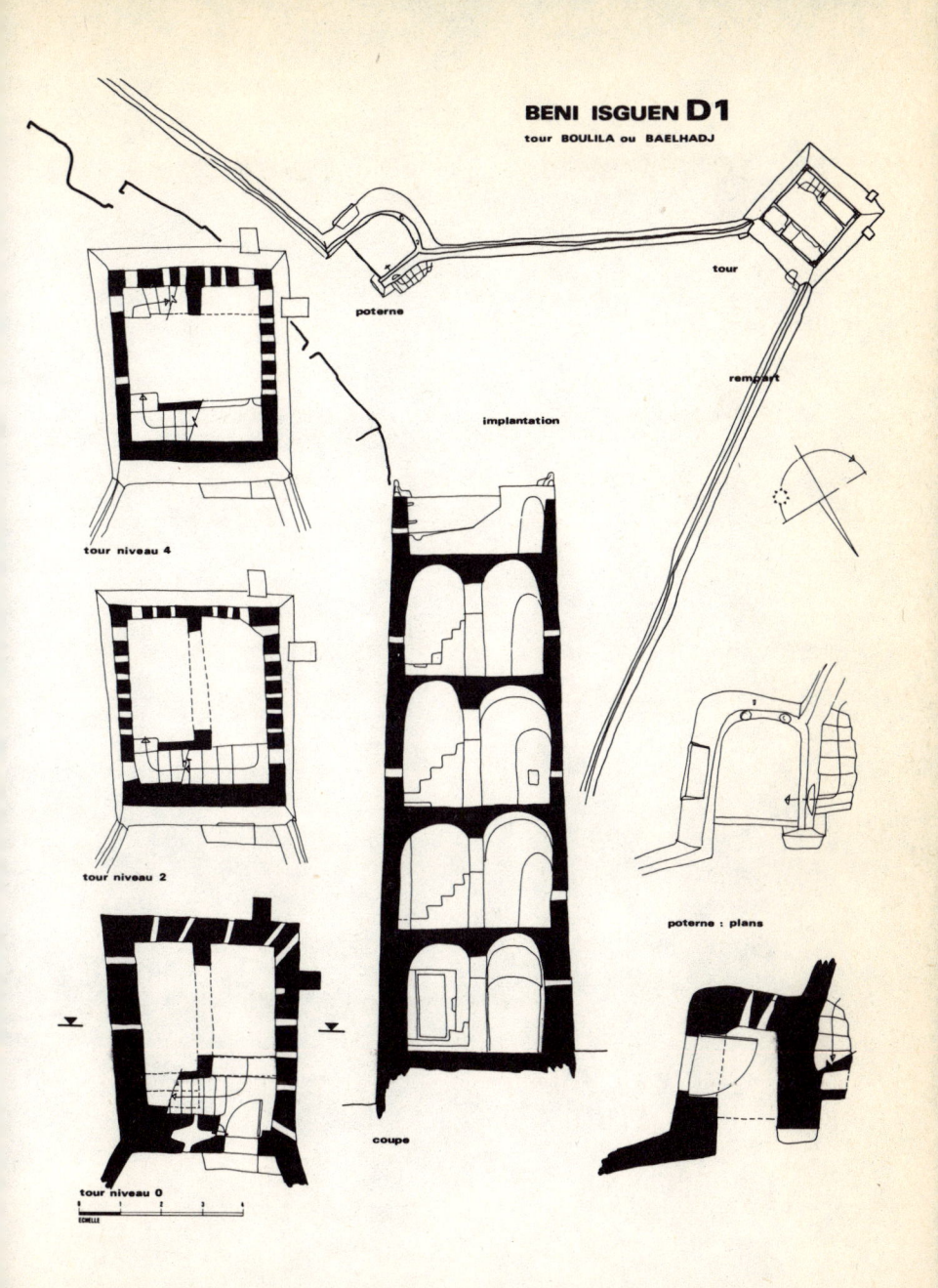

BENI ISGUEN **D1**
tour BOULILA ou BAELHADJ

poterne

tour

rempart

implantation

tour niveau 4

tour niveau 2

poterne : plans

tour niveau 0
ECHELLE

coupe

211

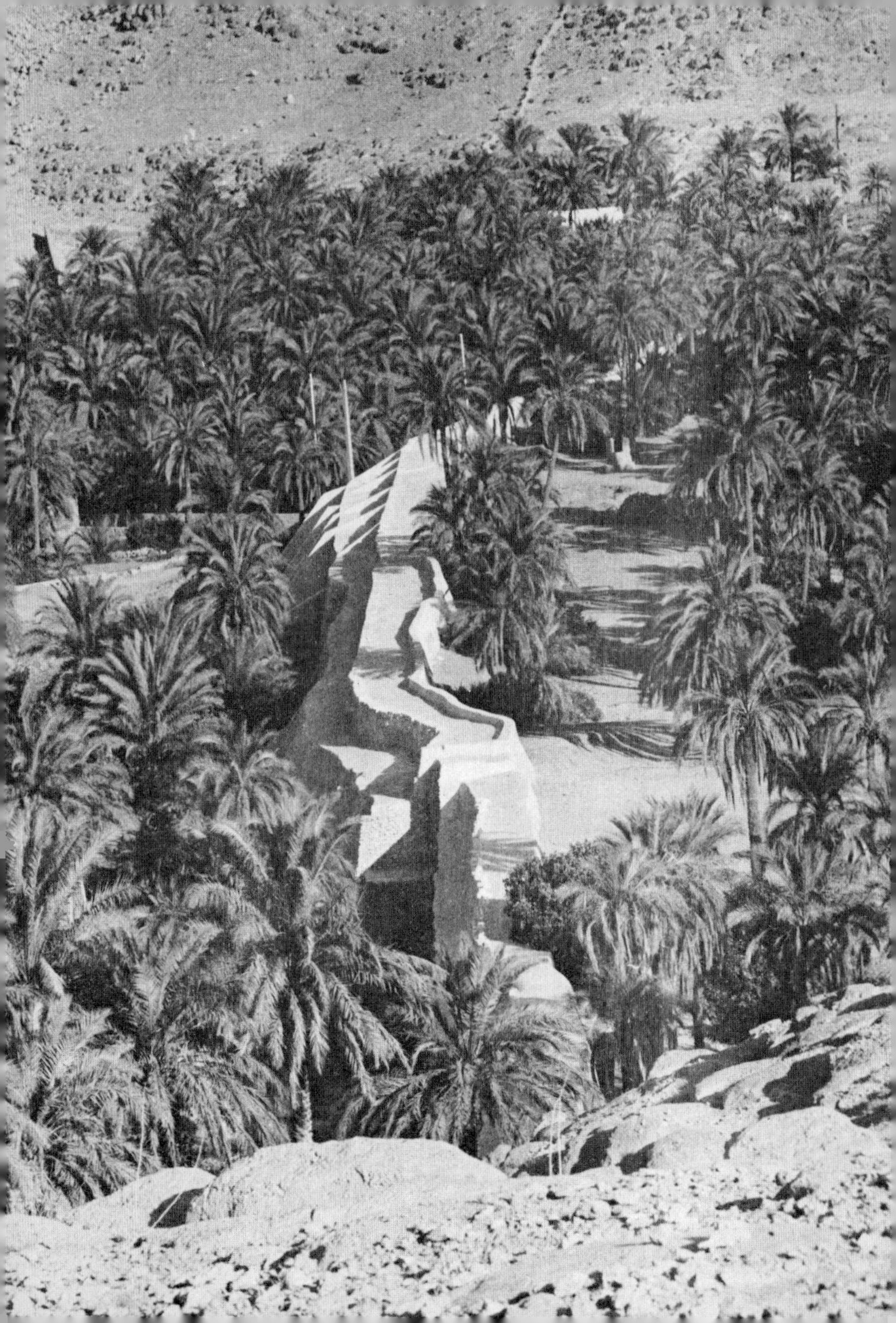

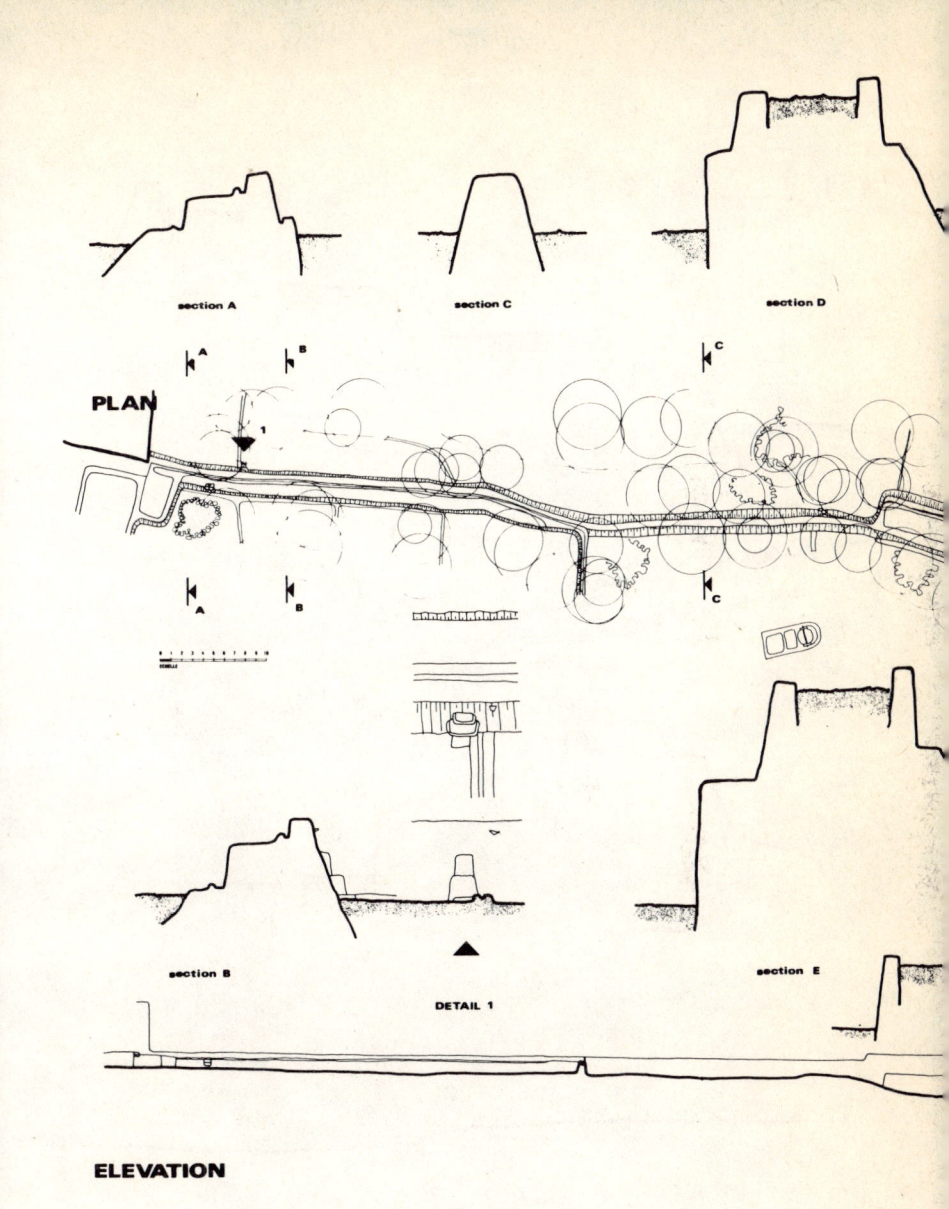

Fig. 49. Barrage de Beni Isguen.

DETAIL 2

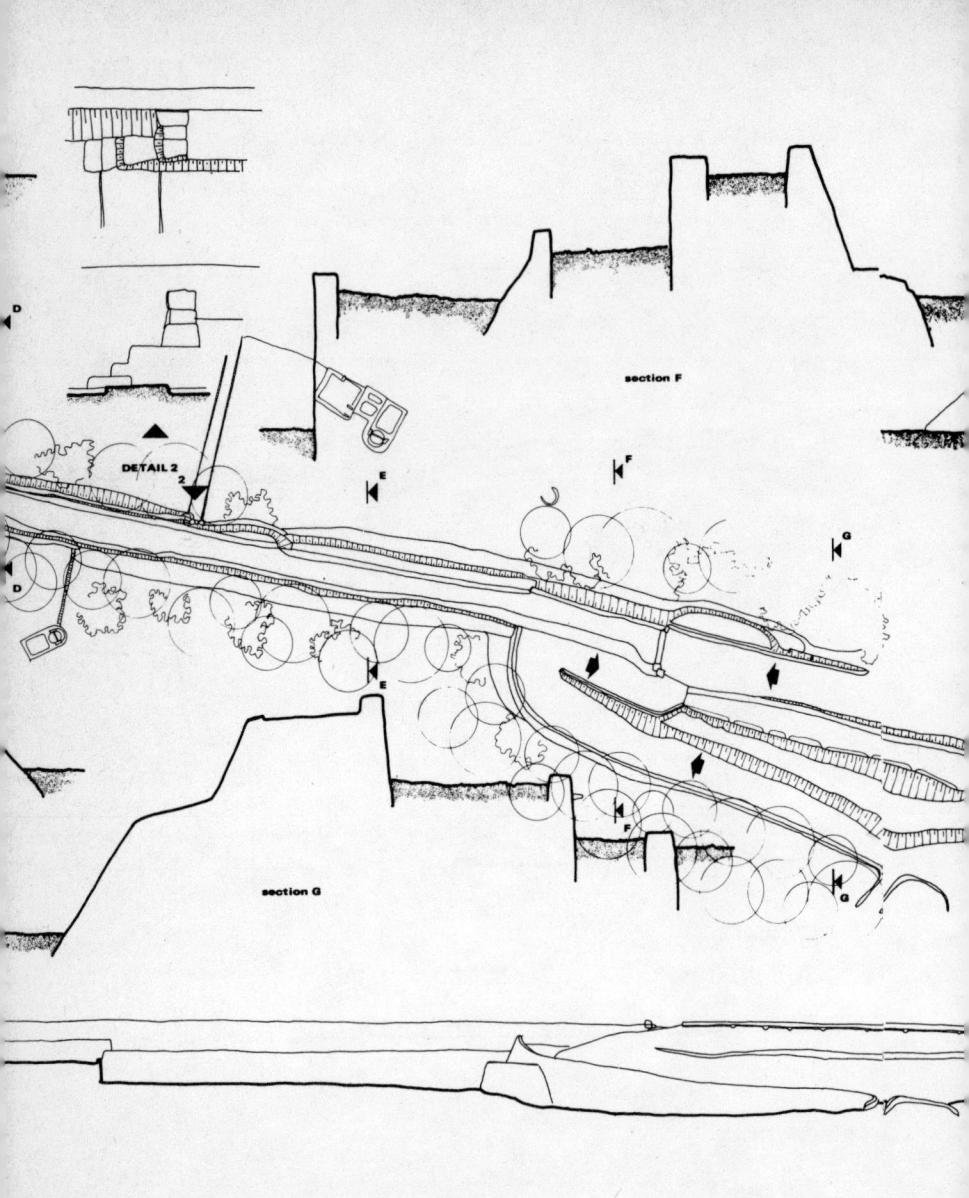

section F

section G

section H

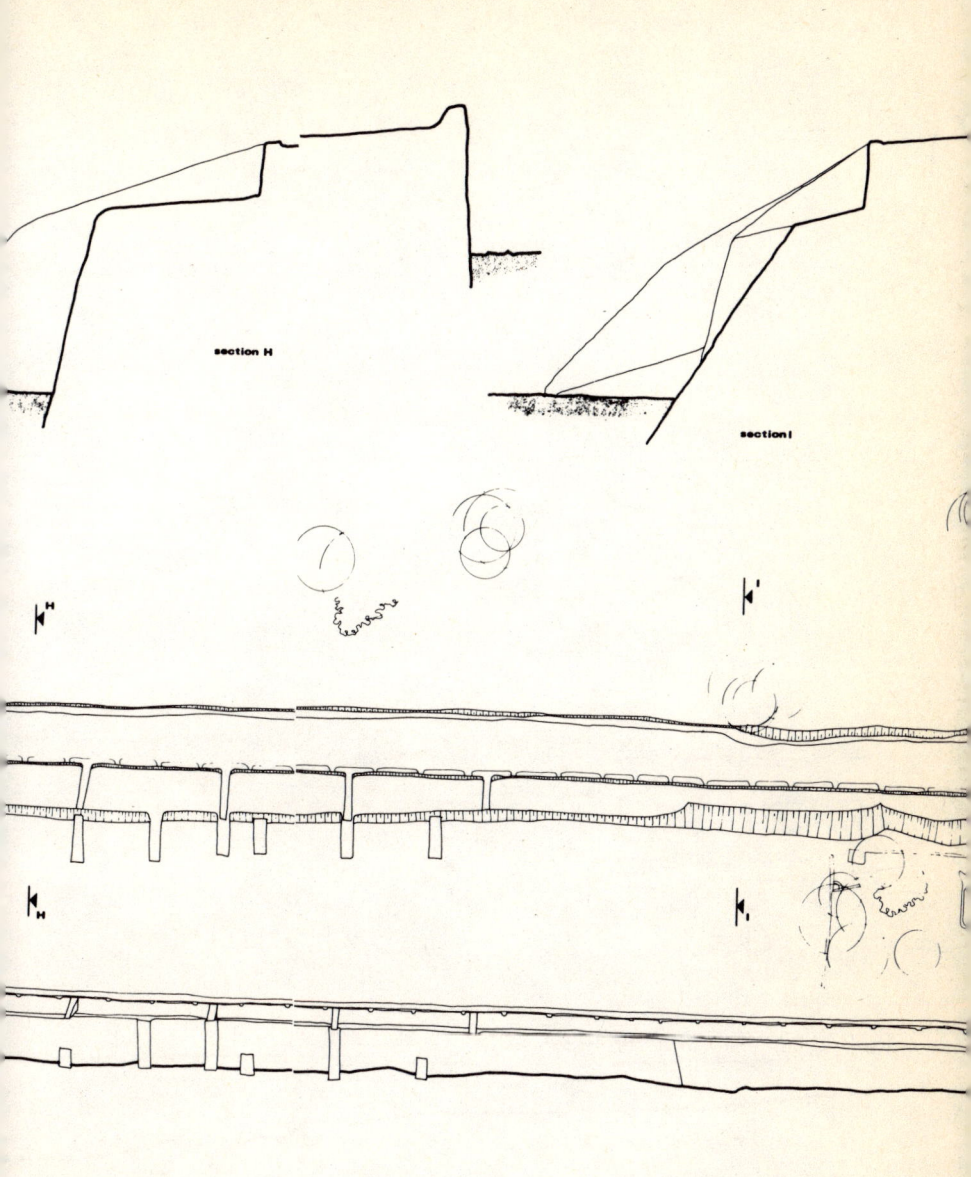

section I

DETAIL 3

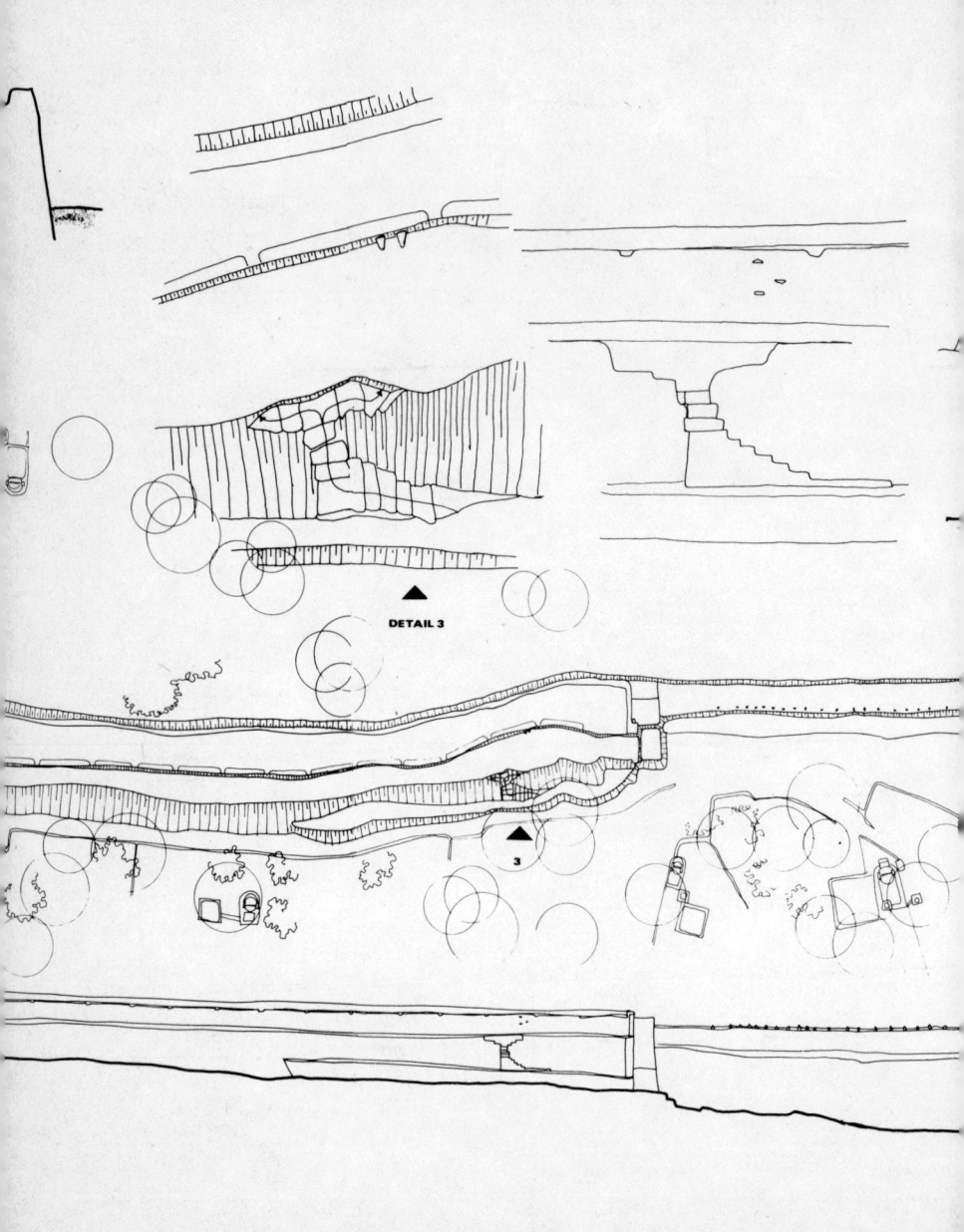

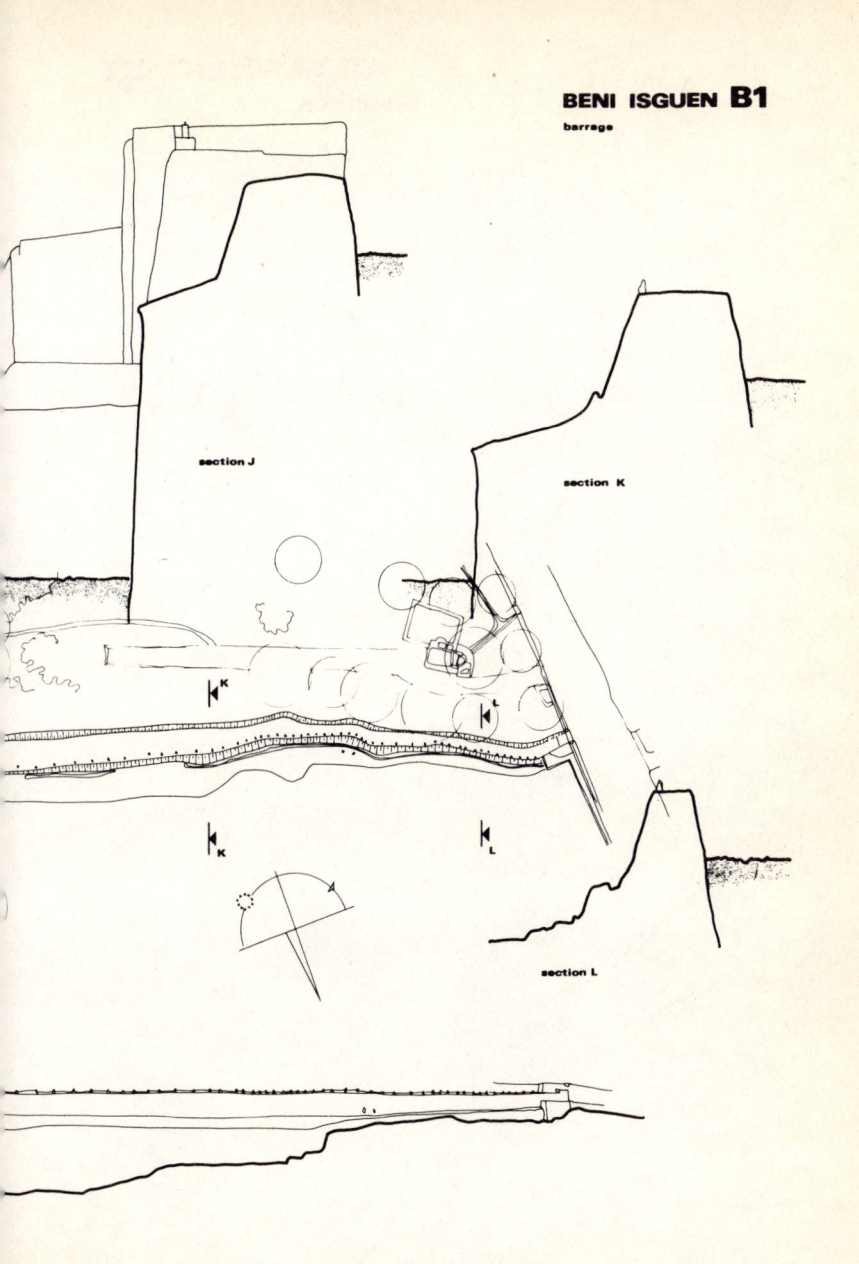

BENI ISGUEN B1
barrage

section J

section K

K

L

K

L

section L

217

AT TAMELICHET
MELIKA

bab el argoub
bab abdallah
sidi aïssa
marché
mosquée
mosquée
bab amidoul
mosquée
bab ben trach

les emmarchements ne sont pas figurés

ECHELLE 0 10 20 30 40 50

	Rue ou ruelle
	Passage couvert
	Impasse
	Maison rempart
⋎⋎⋎	Cimetière
A P	Aire de prière

MELIKA H1

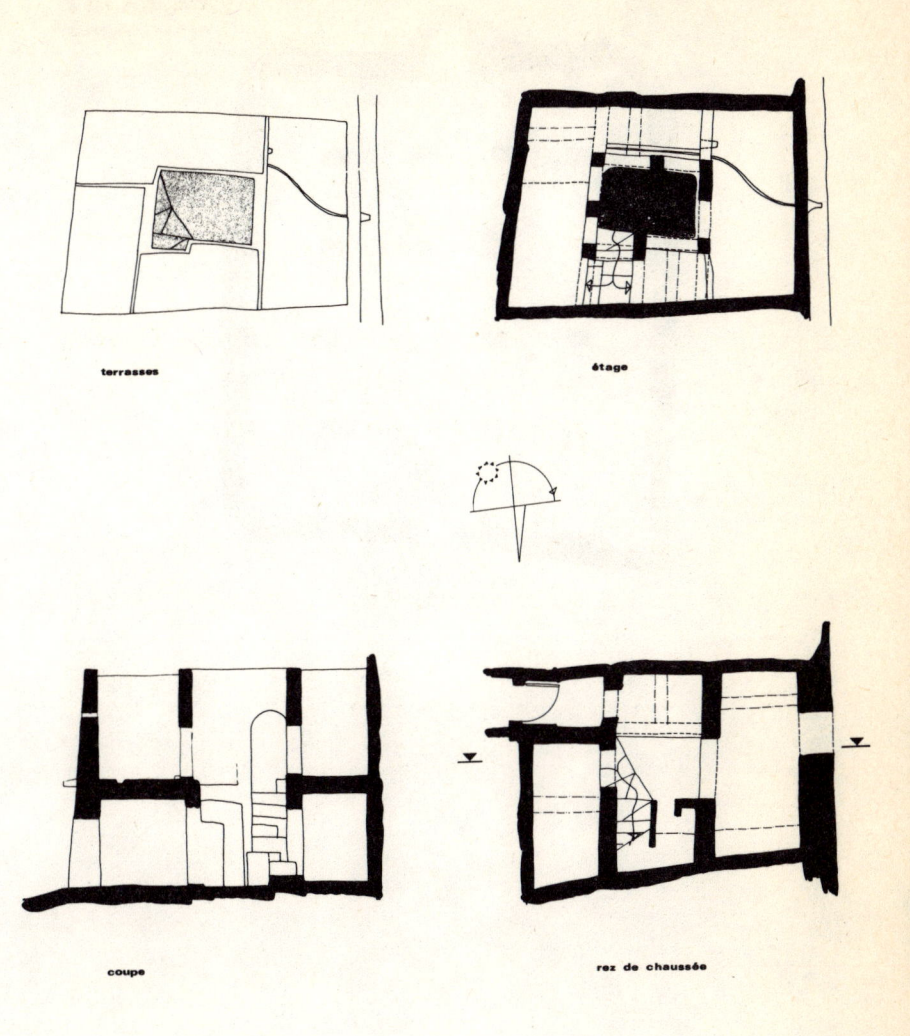

terrasses

étage

coupe

rez de chaussée

219

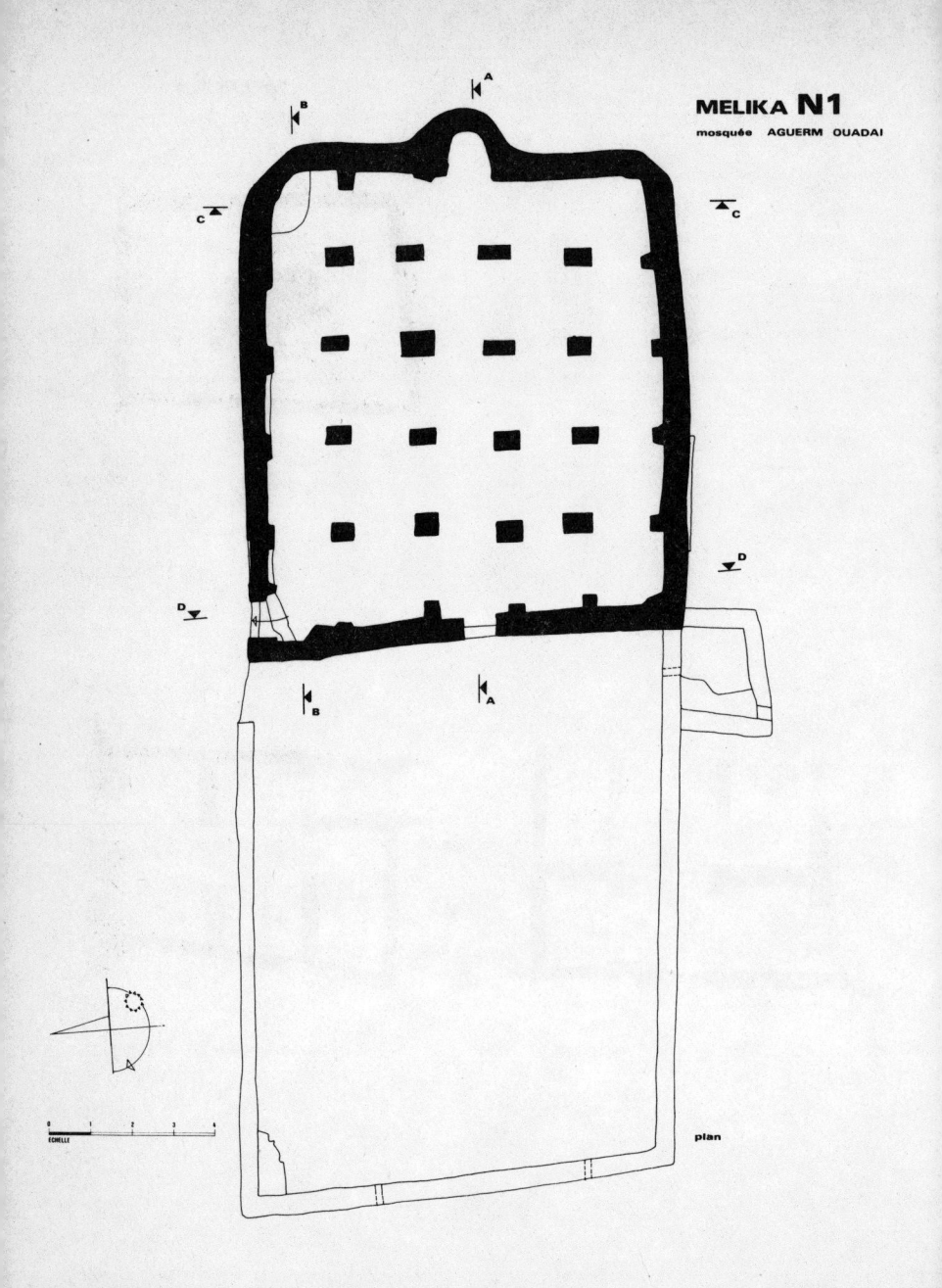

MELIKA **N1**

mosquée AGUERM OUADAI

plan

ECHELLI

terrasse

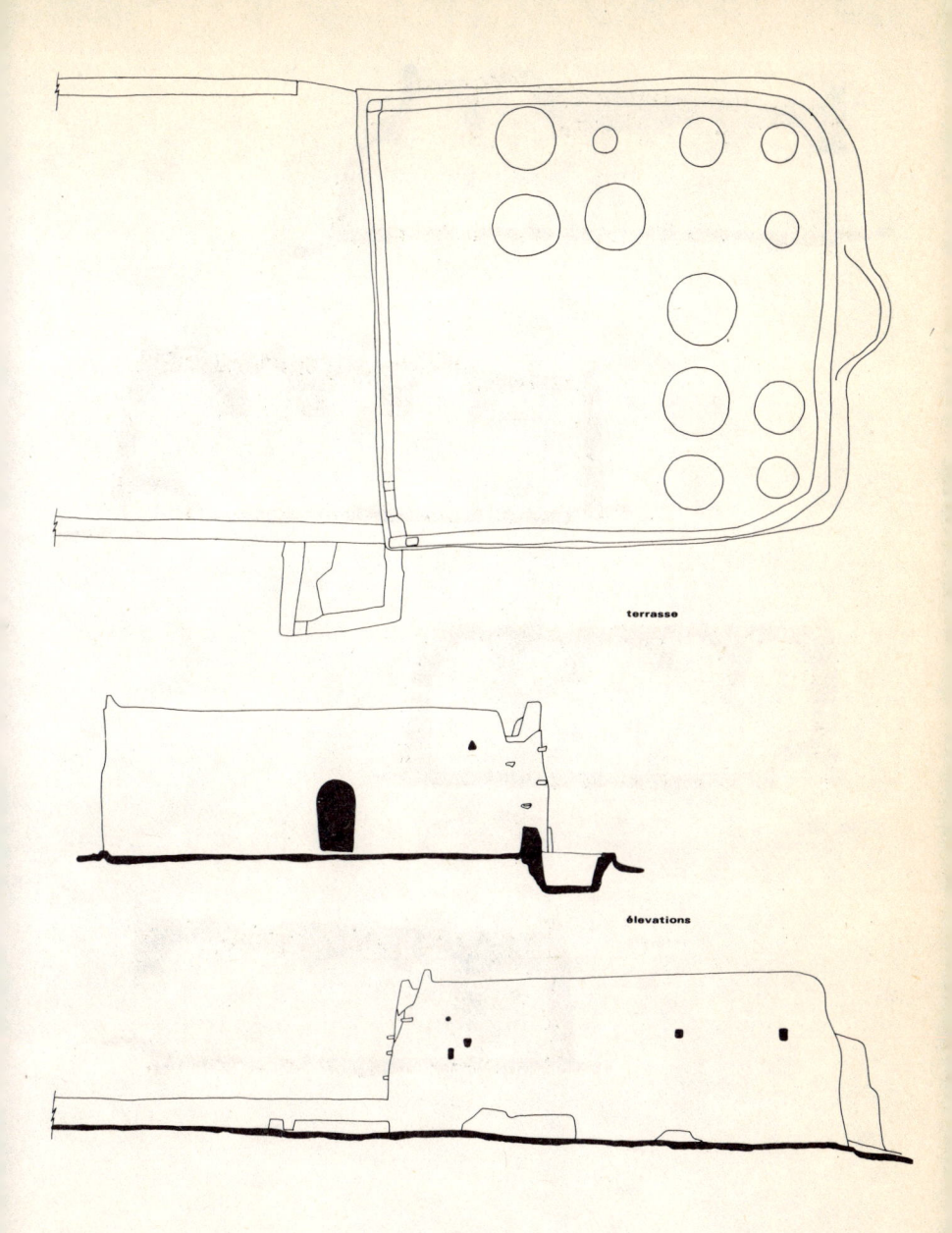

élevations

221

coupe A

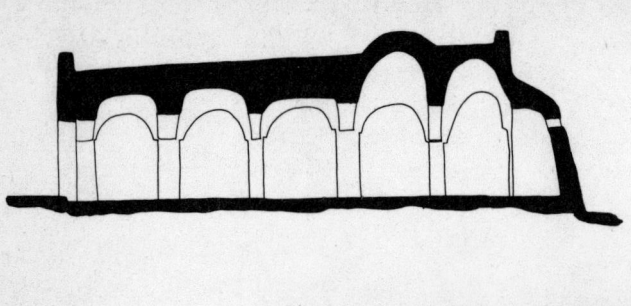

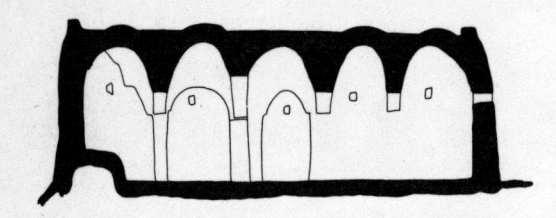

coupe B

coupe C

coupe D

AT BOUNOURE
BOU NOURA

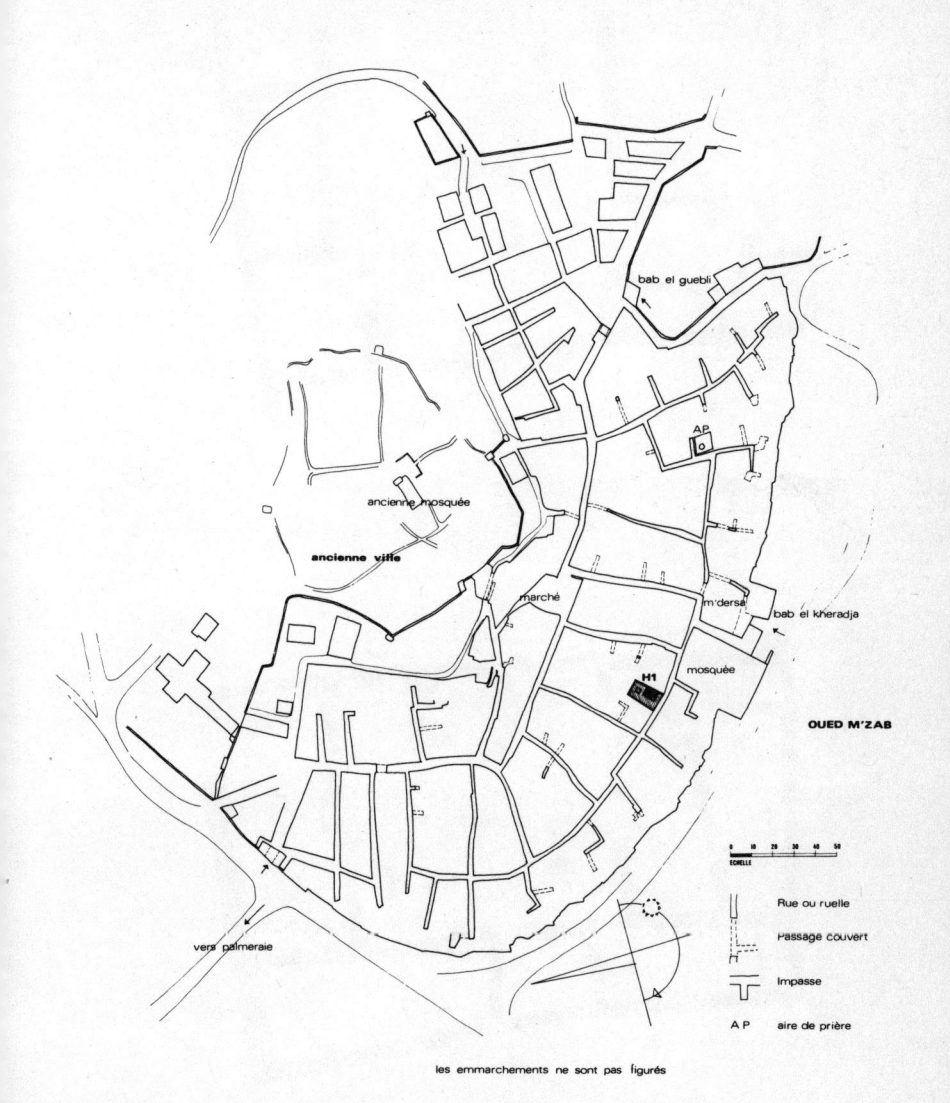

bab el guebli

A.P.

ancienne mosquée

ancienne ville

marché

m'dersa

bab el kheradja

mosquée

H1

OUED M'ZAB

vers palmeraie

ÉCHELLE 0 10 20 30 40 50

Rue ou ruelle
Passage couvert
Impasse
A.P. aire de prière

les emmarchements ne sont pas figurés

223

BOU NOURA H1

étage

rez de chaussée

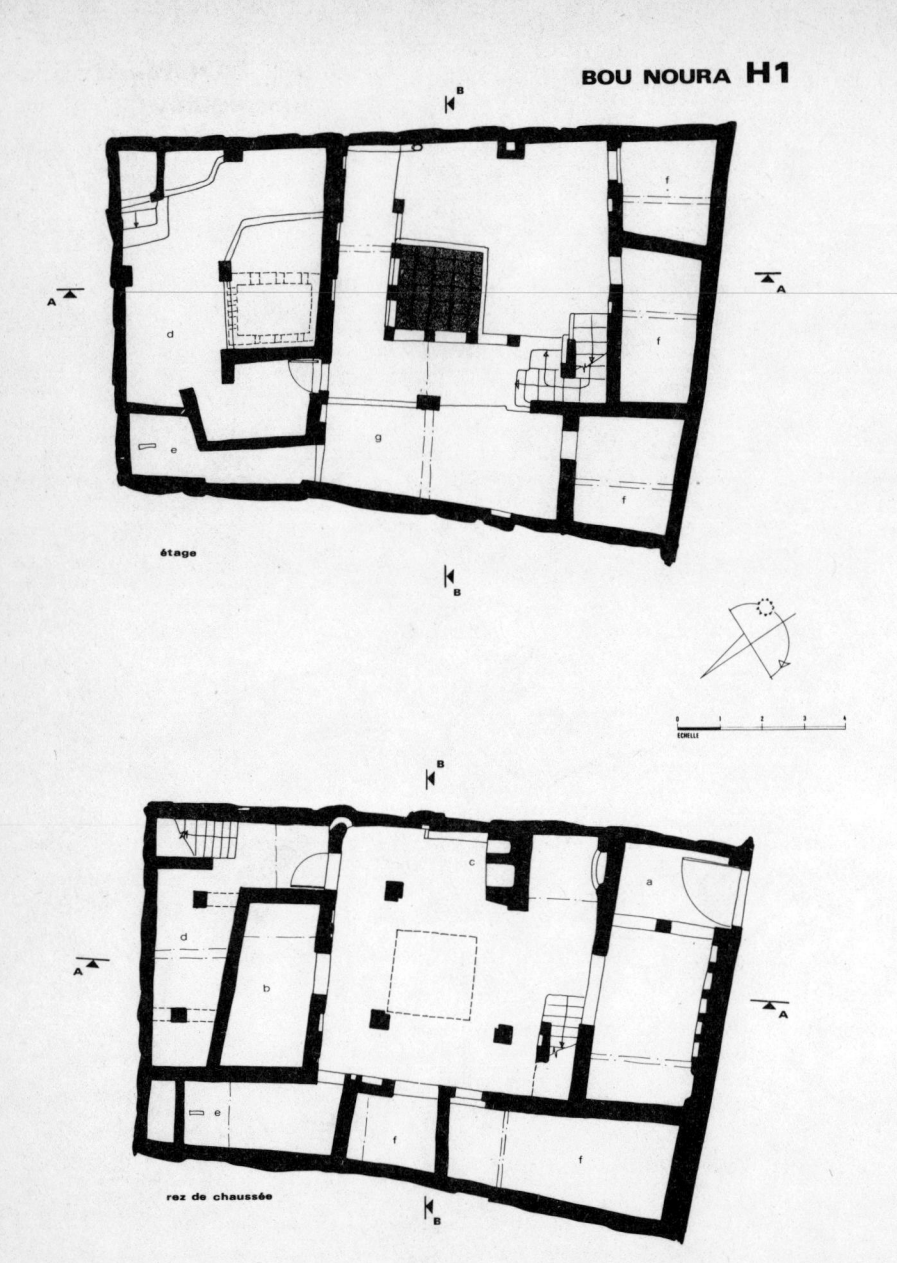

a entrée b salon f. c cuisine d dépôt e wc f chambre g portique

coupe A

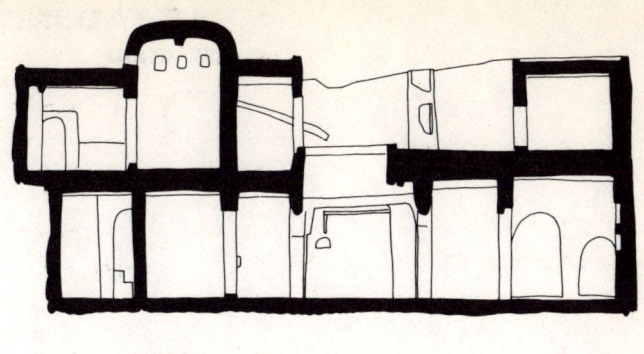

coupe B

AT TADJNIT
EL ATEUF

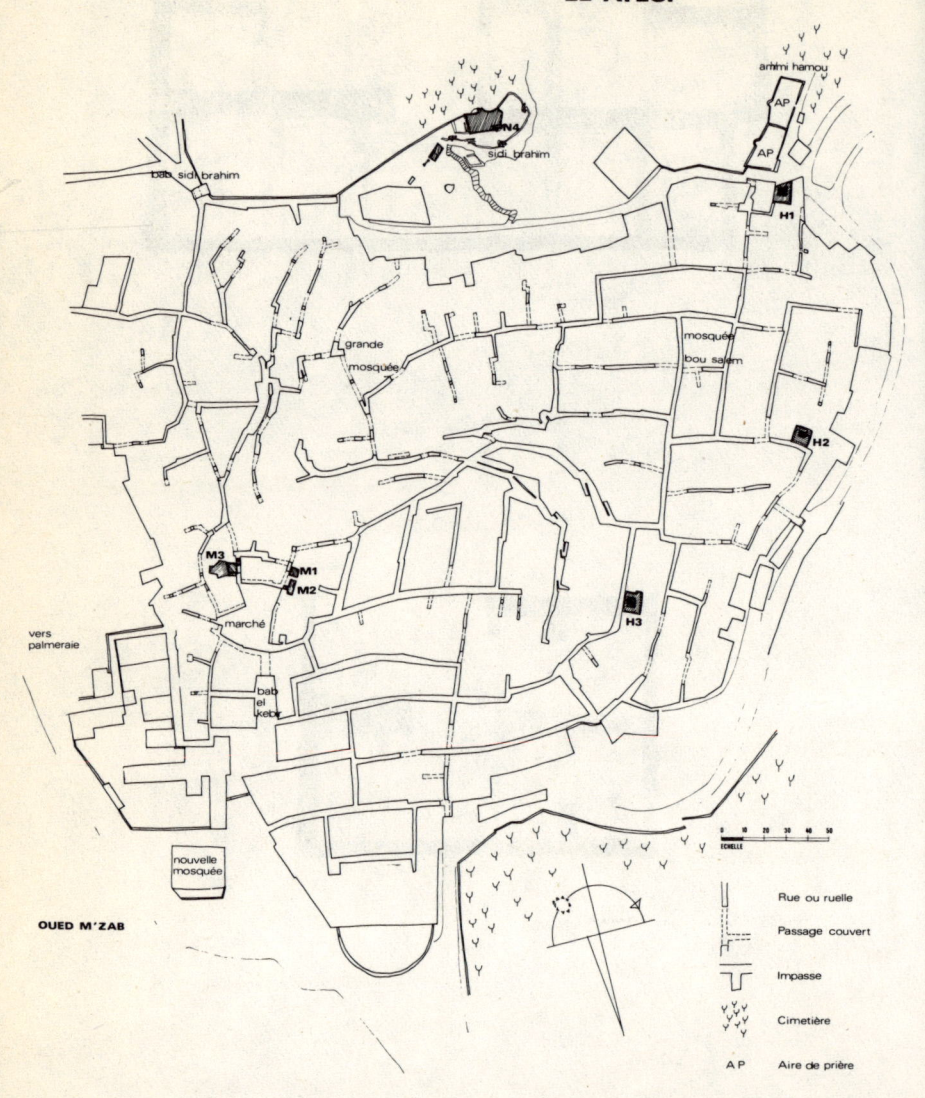

arhmi hamou
AP
AP

bab sidi brahim

sidi brahim

H1

grande mosquée

mosquée bou salem

H2

M3
M1
M2

marché

H3

vers palmeraie

bab el kebir

nouvelle mosquée

OUED M'ZAB

ECHELLE 0 10 20 30 40 50

	Rue ou ruelle
	Passage couvert
	Impasse
	Cimetière
AP	Aire de prière

les emmarchements ne sont pas figurés

EL ATEUF **H1**

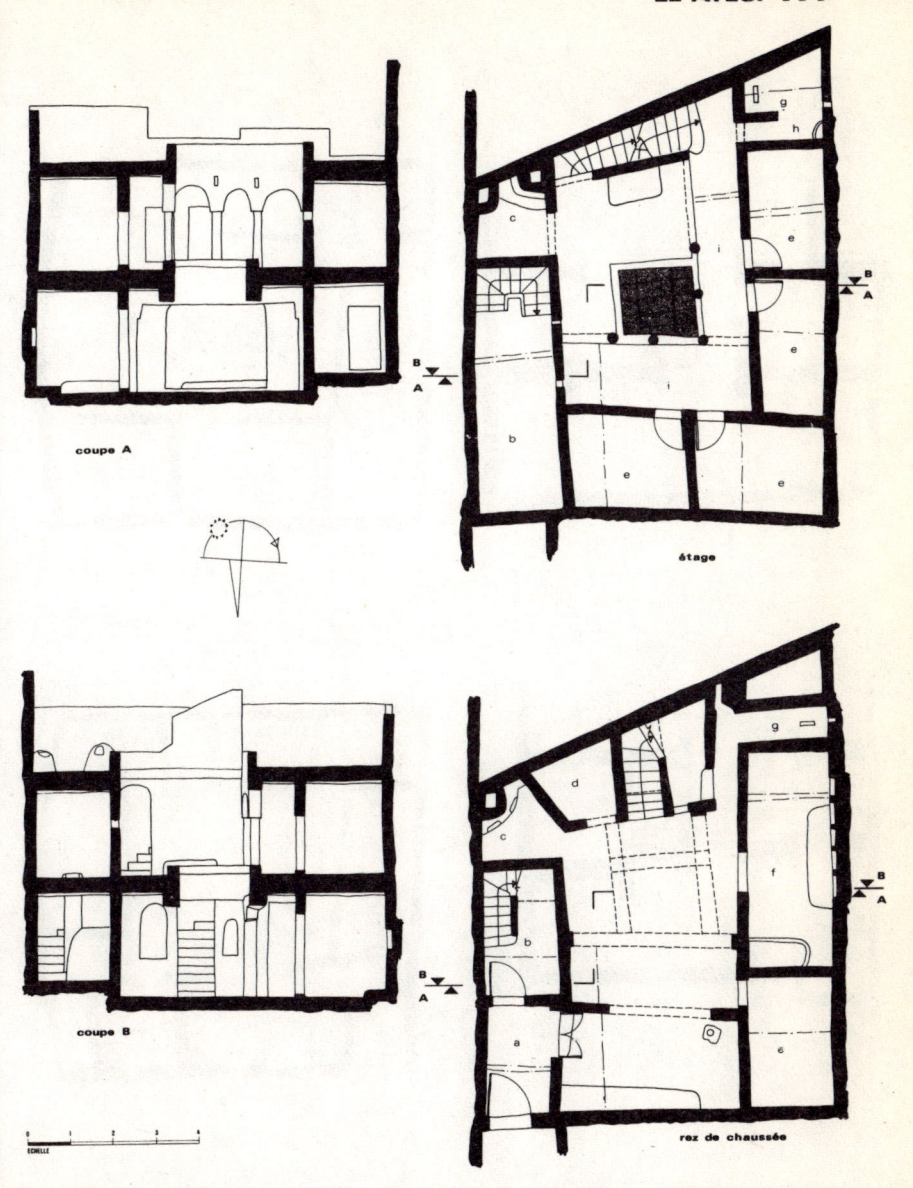

coupe A

étage

coupe B

rez de chaussée

a entrée   b salon h.   c cuisine   d dépôt   e chambre   f salon f.   g wc   h toilette
i portique

EL ATEUF H2

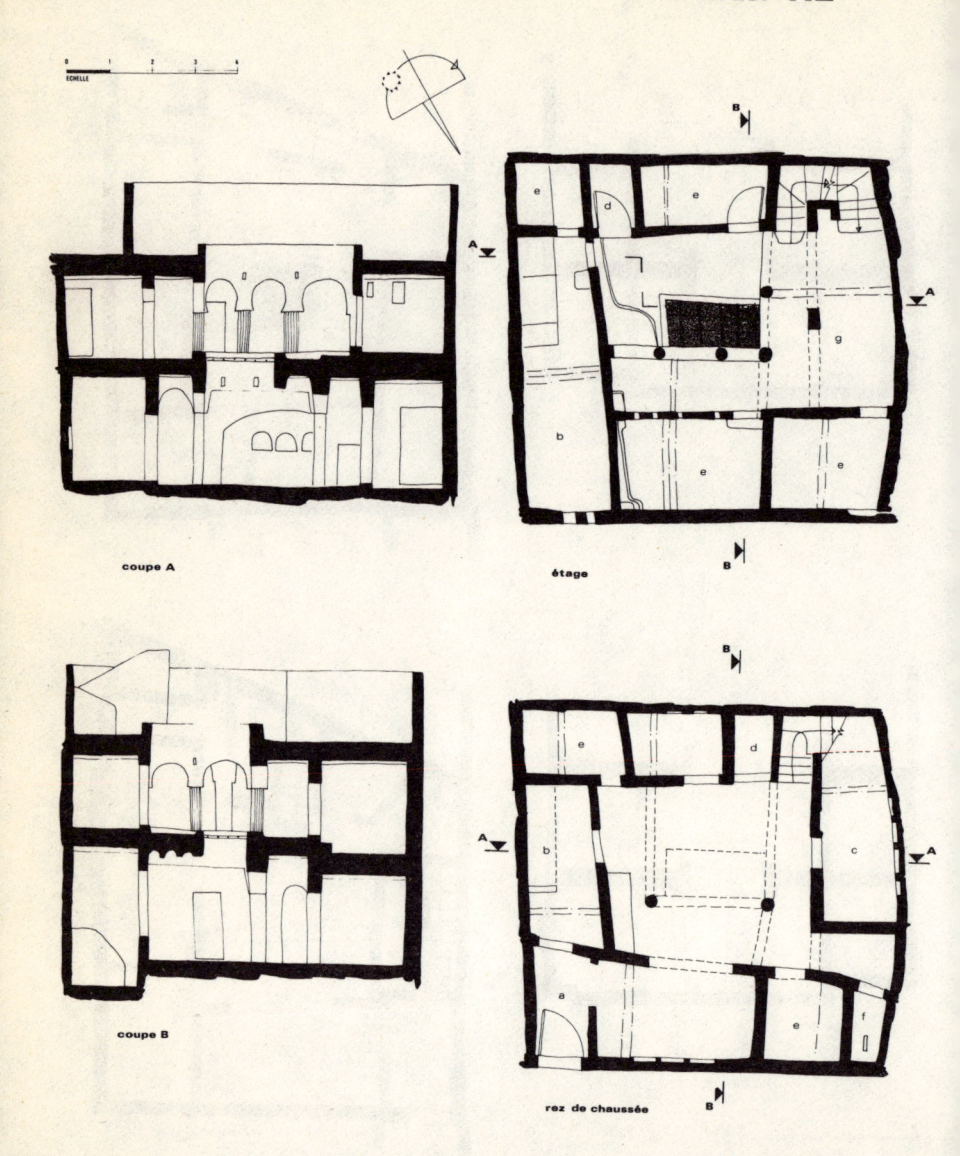

coupe A

étage

coupe B

rez de chaussée

a entrée   b salon h.   c salon f.   d débarras   e chambre   f wc   g portique

EL ATEUF H3

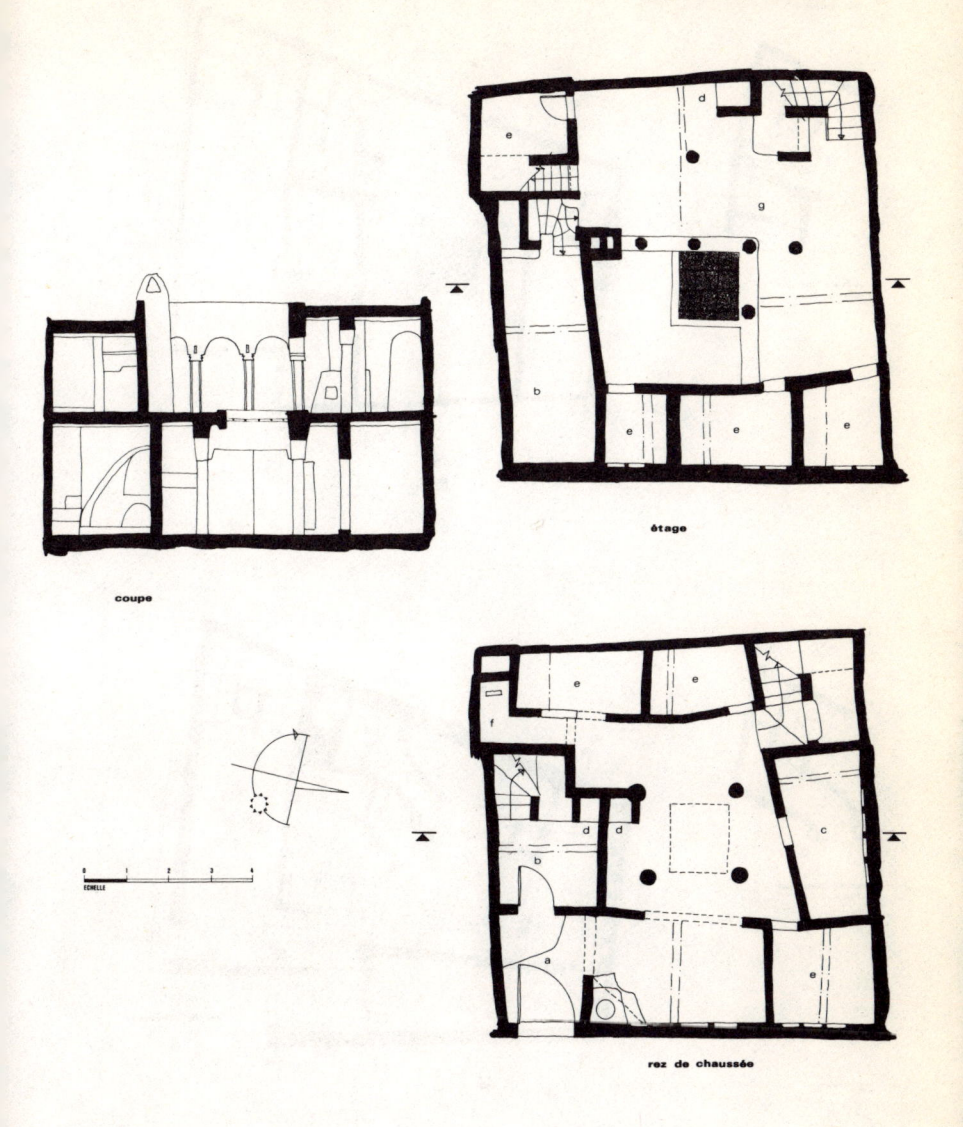

coupe

étage

rez de chaussée

a entrée b salon h. c salon f. d cuisine e chambre f wc g portique

EL ATEUF H4
palmeraie

détail escalier niveau 2

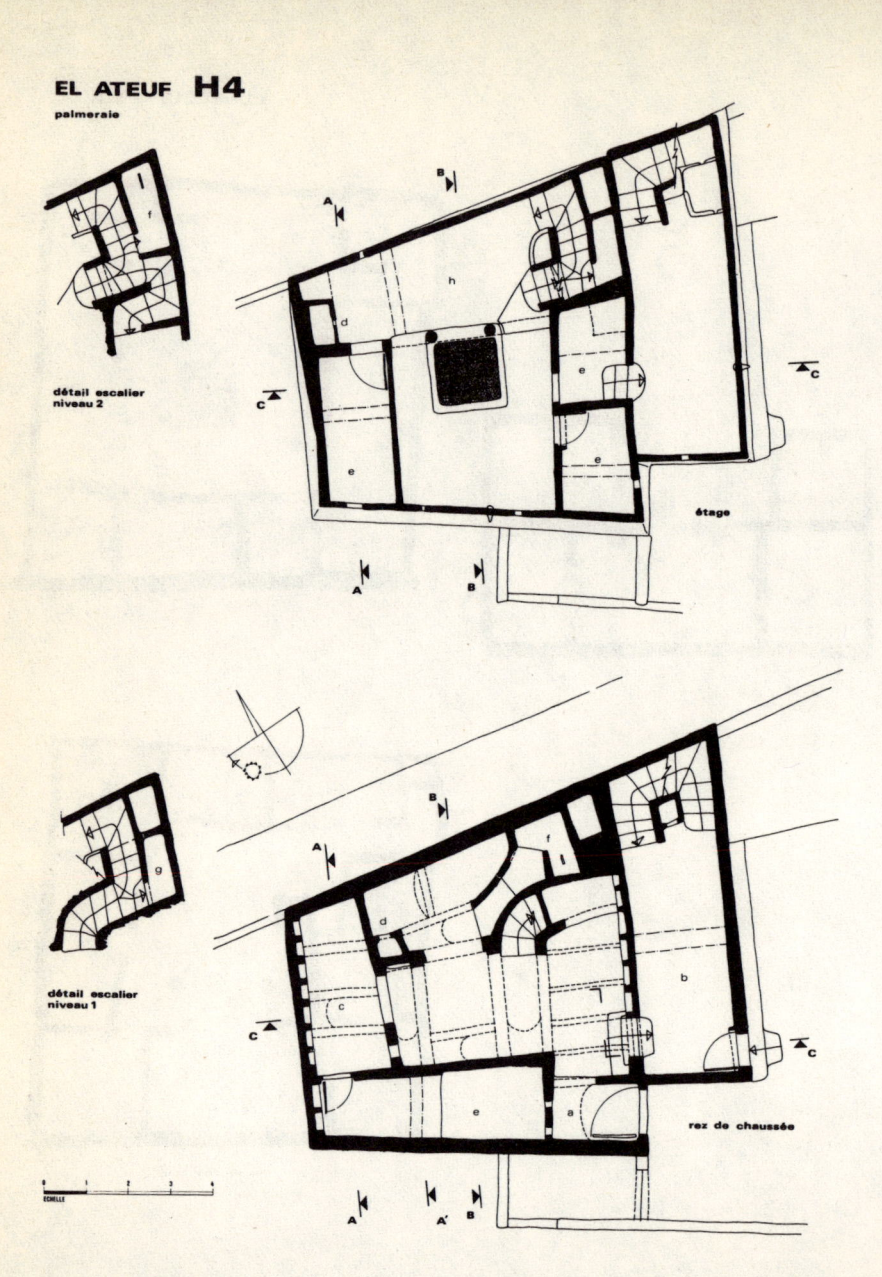

étage

détail escalier niveau 1

rez de chaussée

ECHELLE

a entrée   b salon h.   c salon f.   d cuisine   e chambre   f wc   g toilette   h portique

230

terrasses

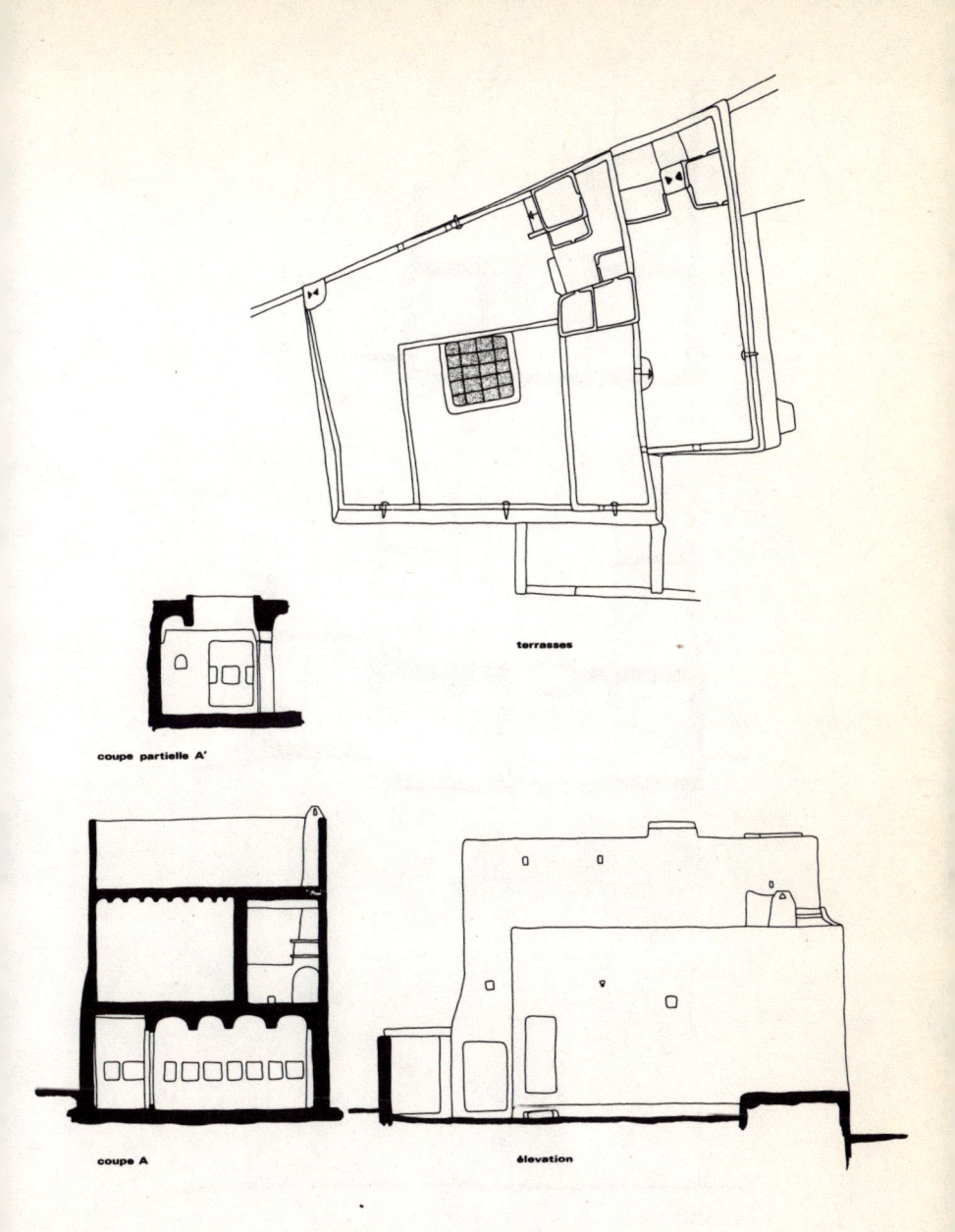

coupe partielle A'

coupe A

élévation

231

coupe B

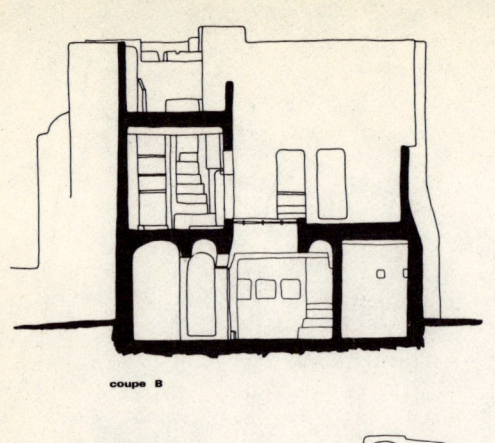

coupe C

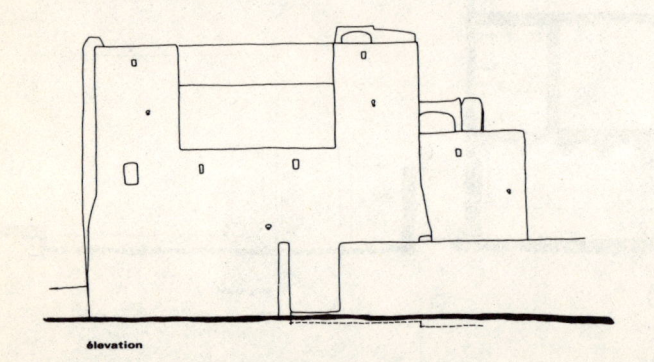

élévation

EL ATEUF H5
palmeraie

étage

rez de chaussée

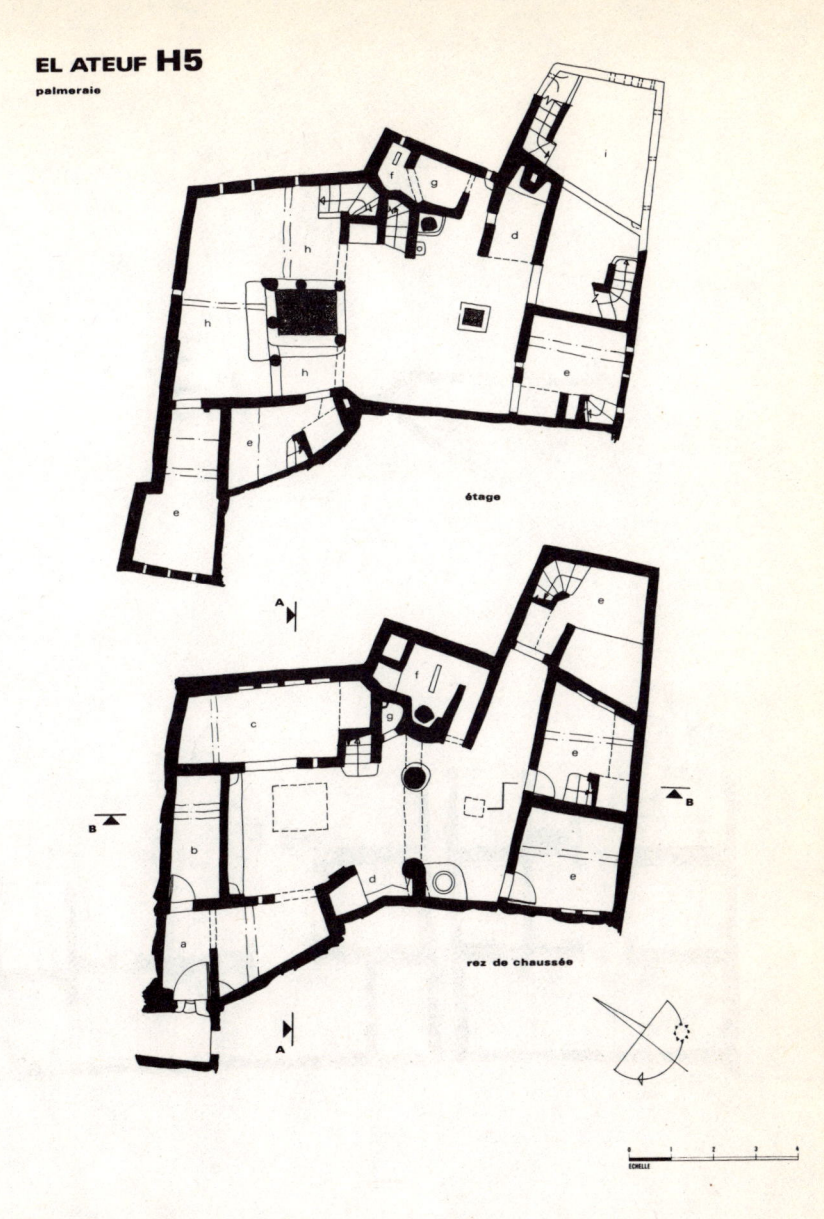

ECHELLE

a entrée b salon h. c salon f. d cuisine e chambre f wc g toilette h portique
i terrasse chambre

terrasses

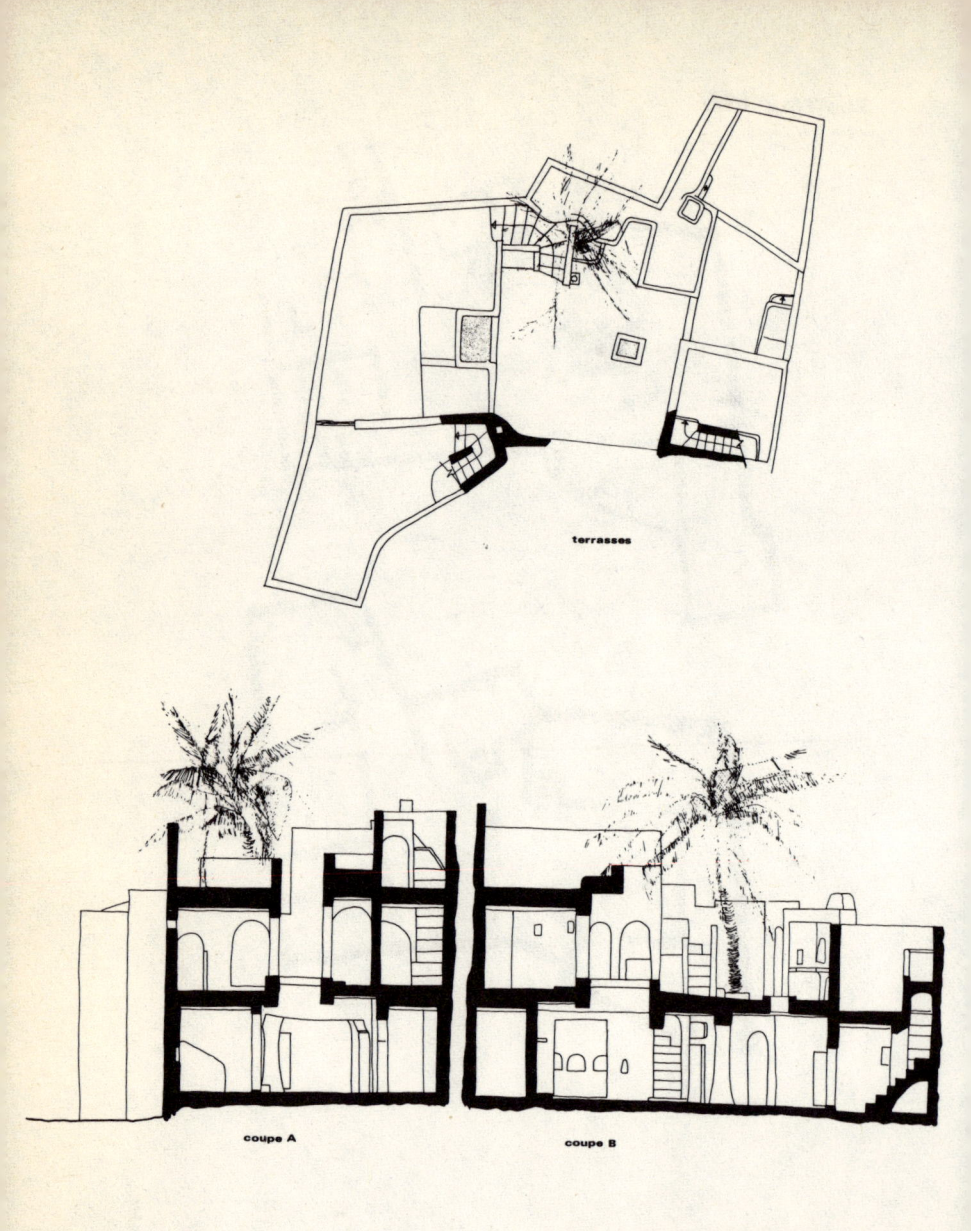

coupe A   coupe B

ruelle

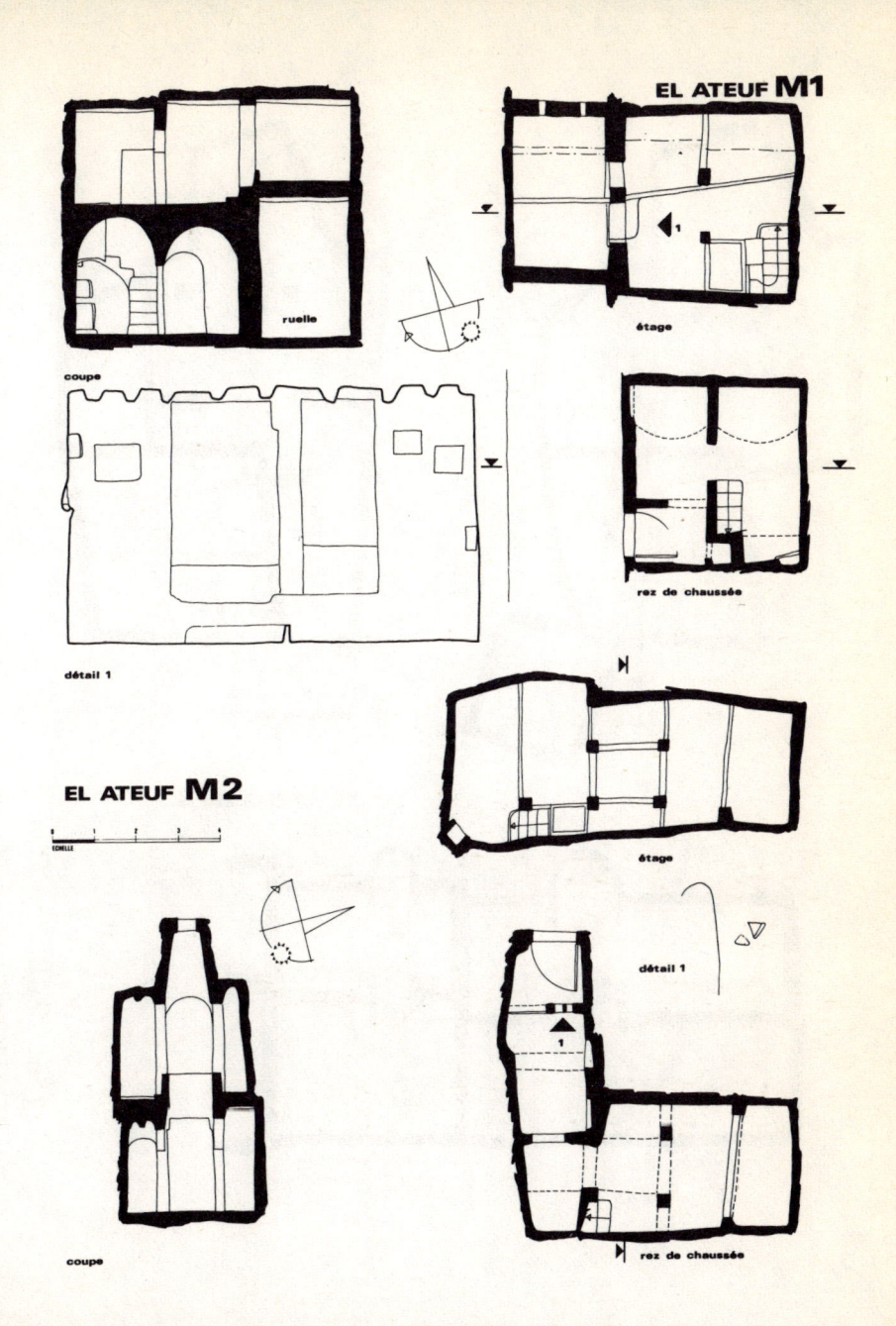

coupe

détail 1

EL ATEUF **M2**

coupe

EL ATEUF **M1**

étage

rez de chaussée

étage

détail 1

rez de chaussée

235

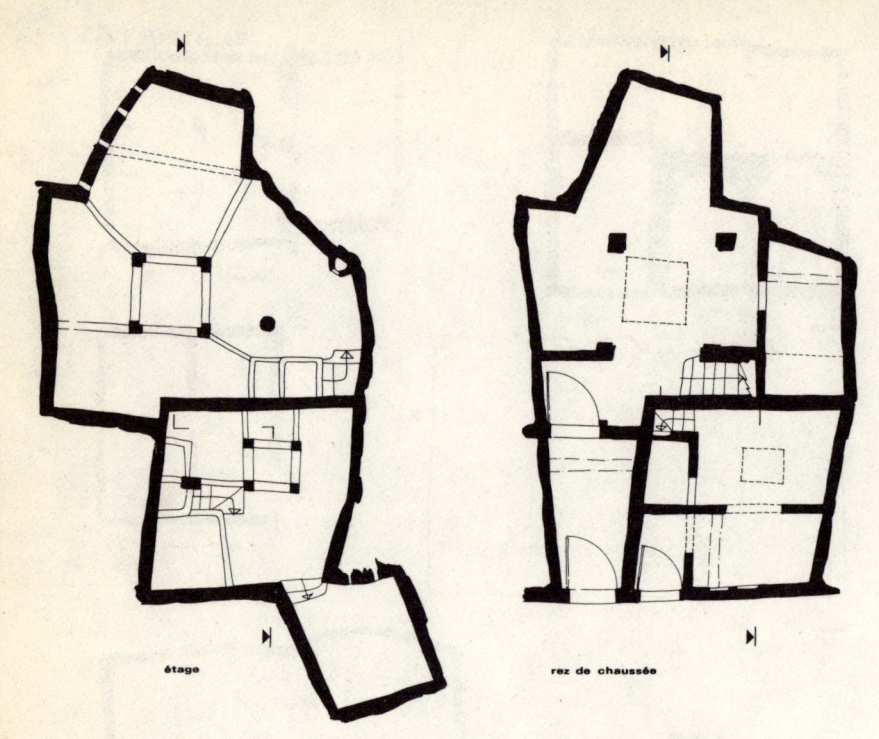

étage

rez de chaussée

EL ATEUF M3

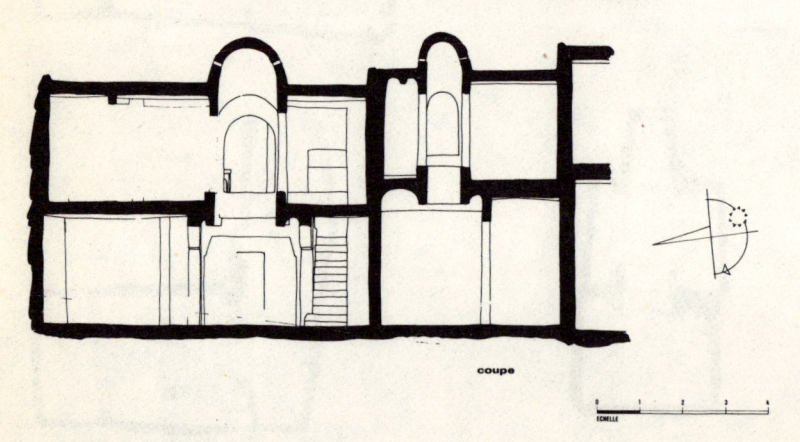

coupe

EL ATEUF N1
aire de prière   chikh AMMI M'HAMED

plan

élevations

EL ATEUF N2
mosquée BAYOUB BOUKACEM

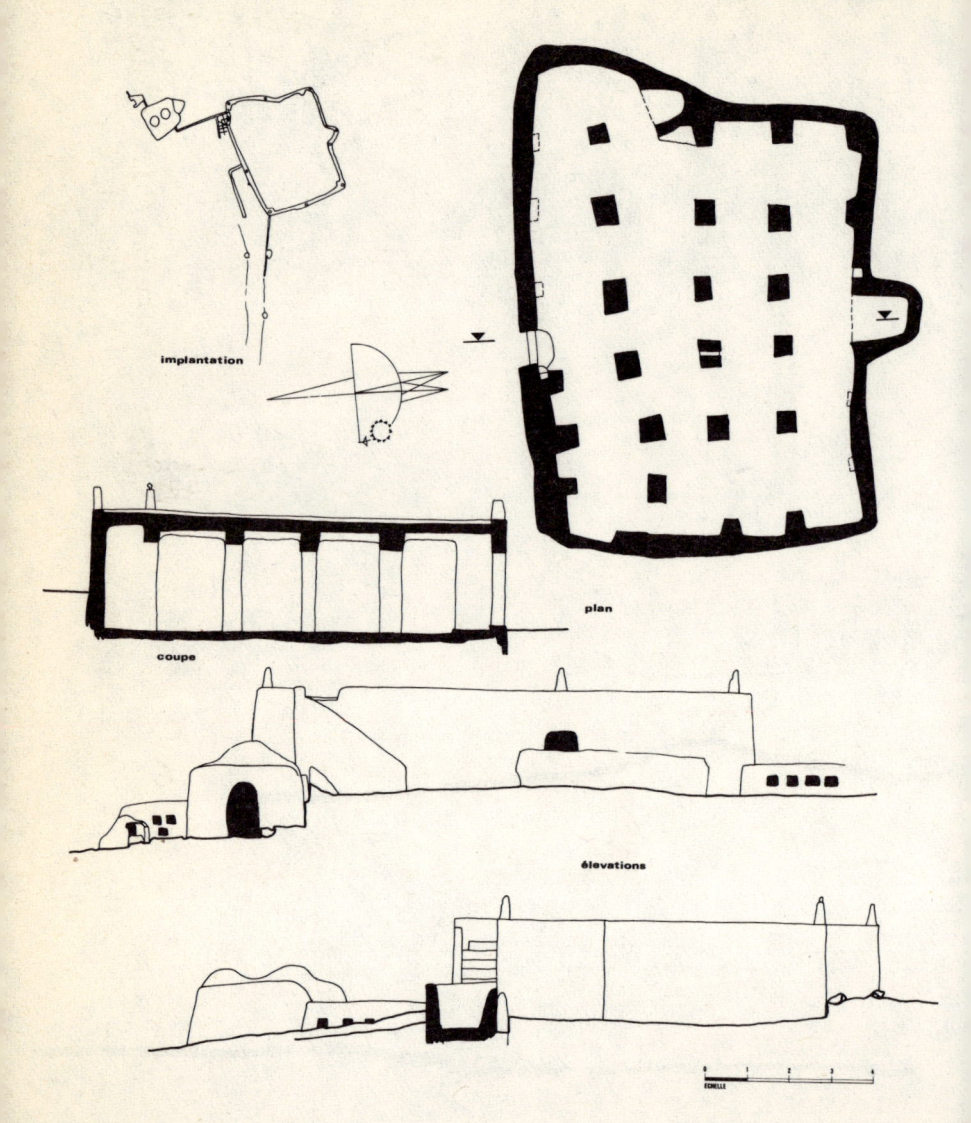

implantation

coupe

plan

élevations

ECHELLE

implantation plan

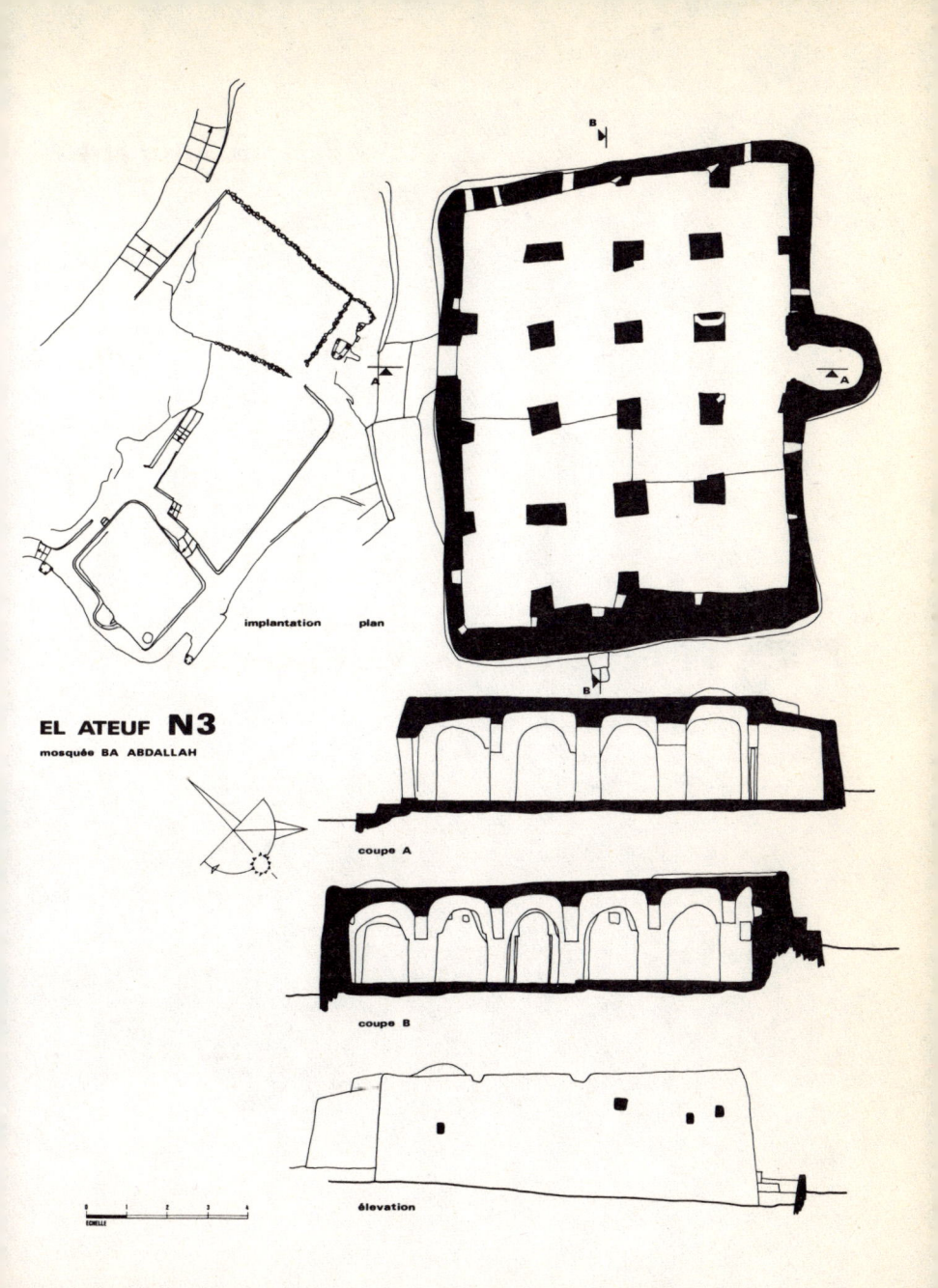

EL ATEUF N3
mosquée BA ABDALLAH

coupe A

coupe B

élevation

ECHELLE

EL ATEUF N4
mosquée SIDI BRAHIM

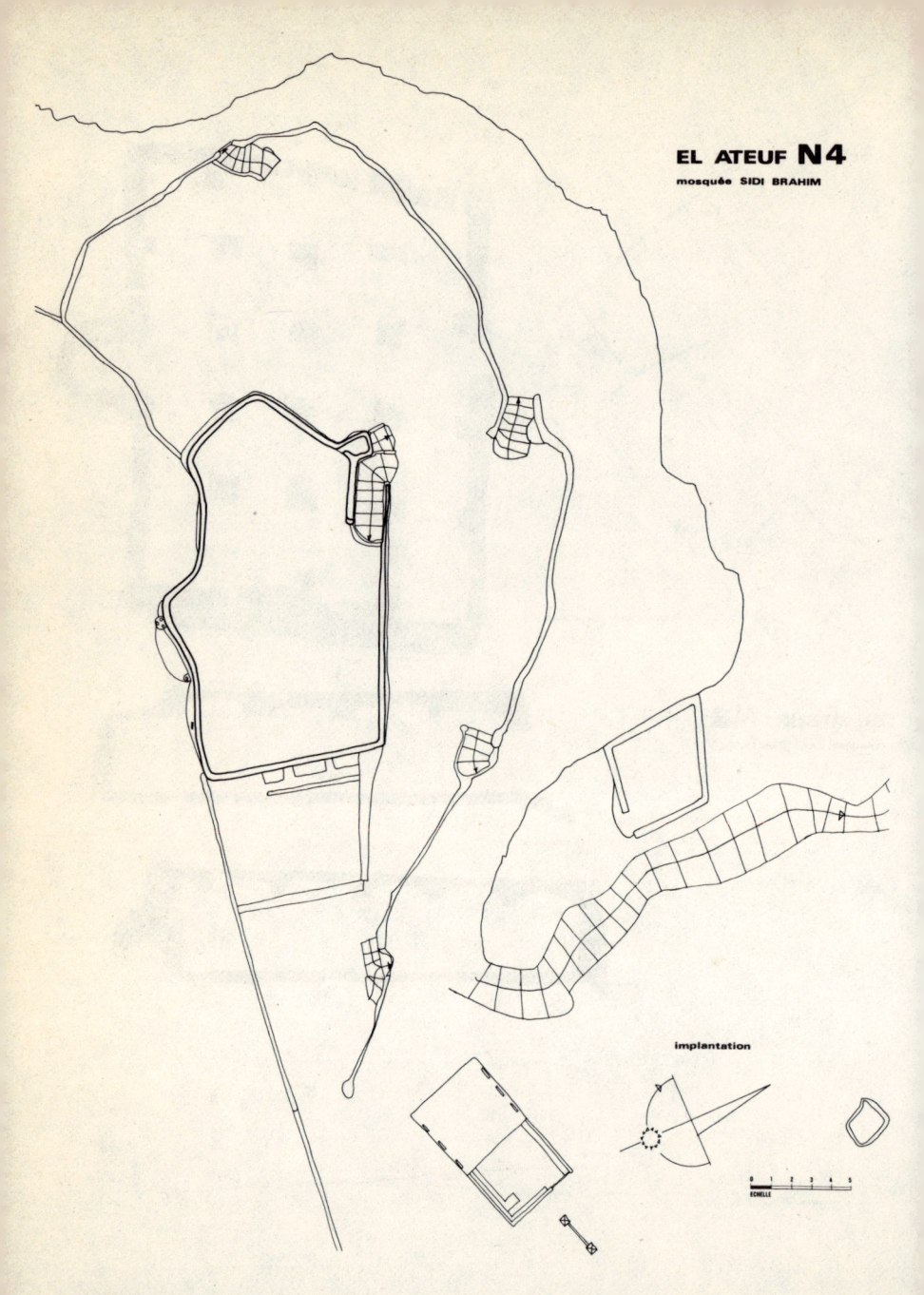

implantation

ECHELLE 0 1 2 3 4 5

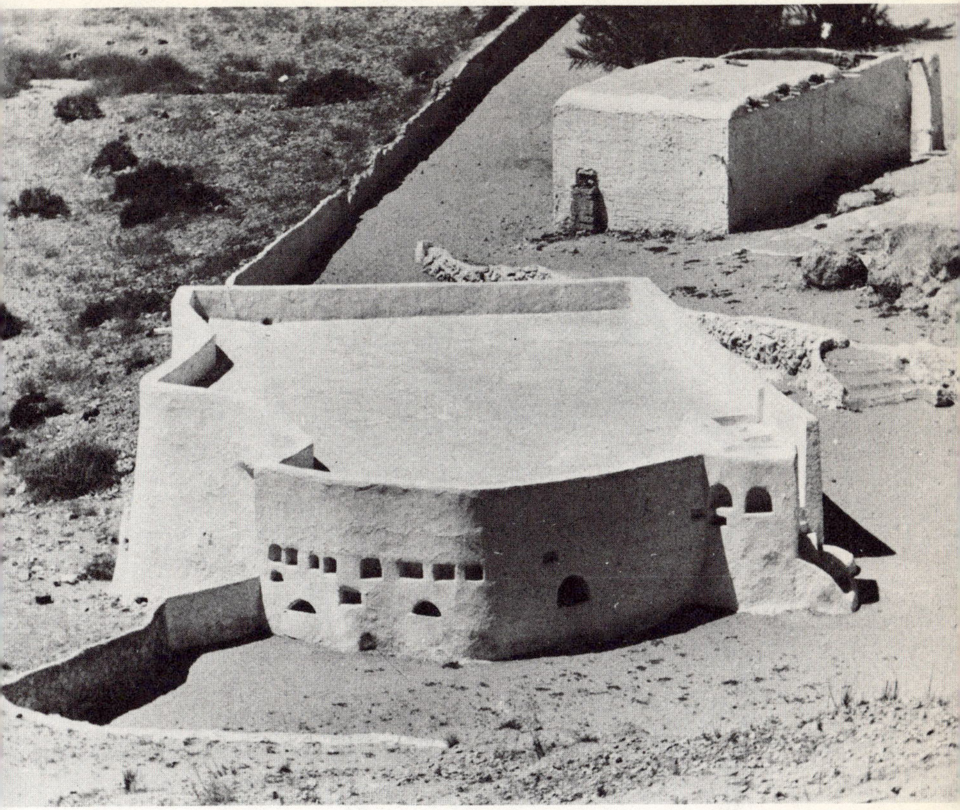

plan niveau bas

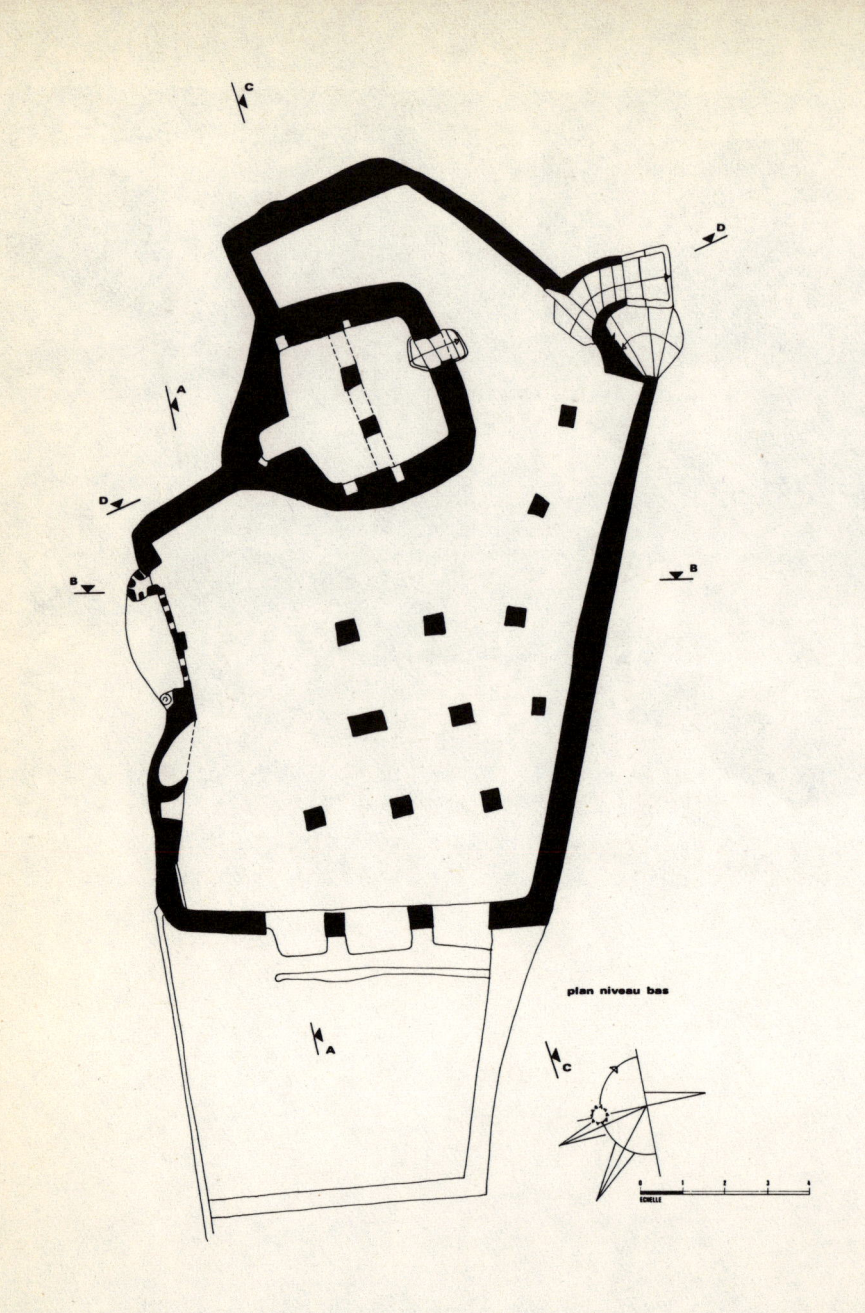

242

tombeau de
SIDI BRAHIM

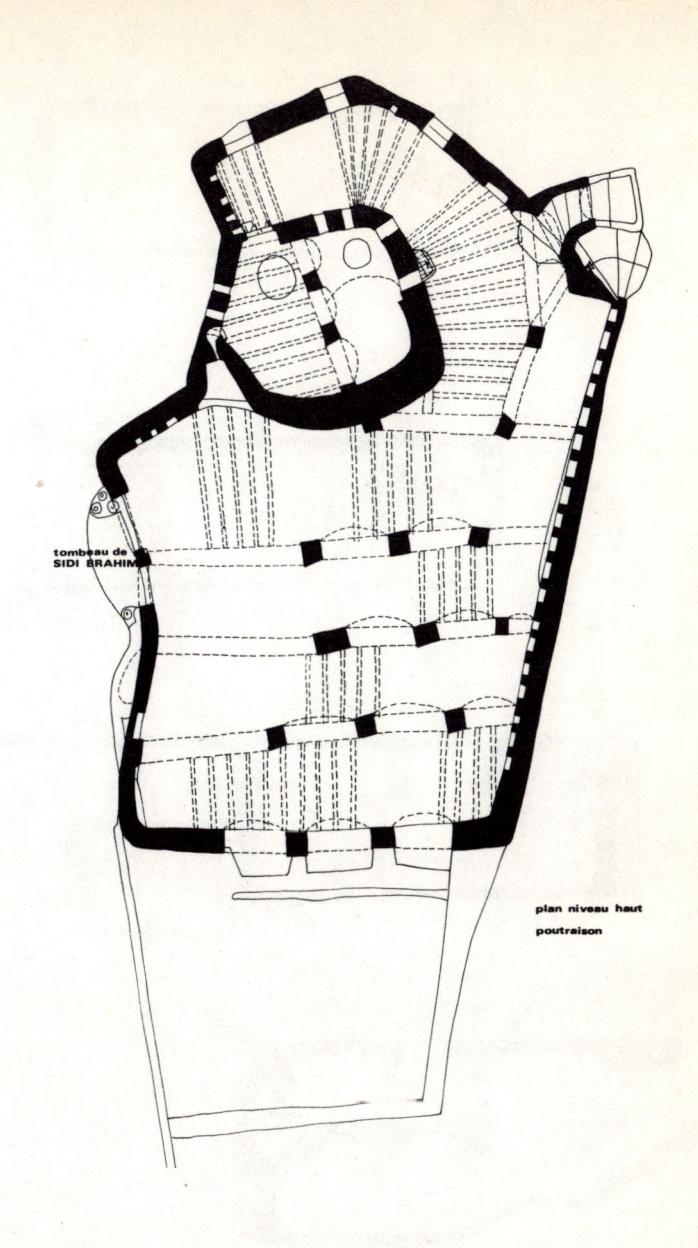

plan niveau haut
poutraison

coupe A

coupe B

coupe C

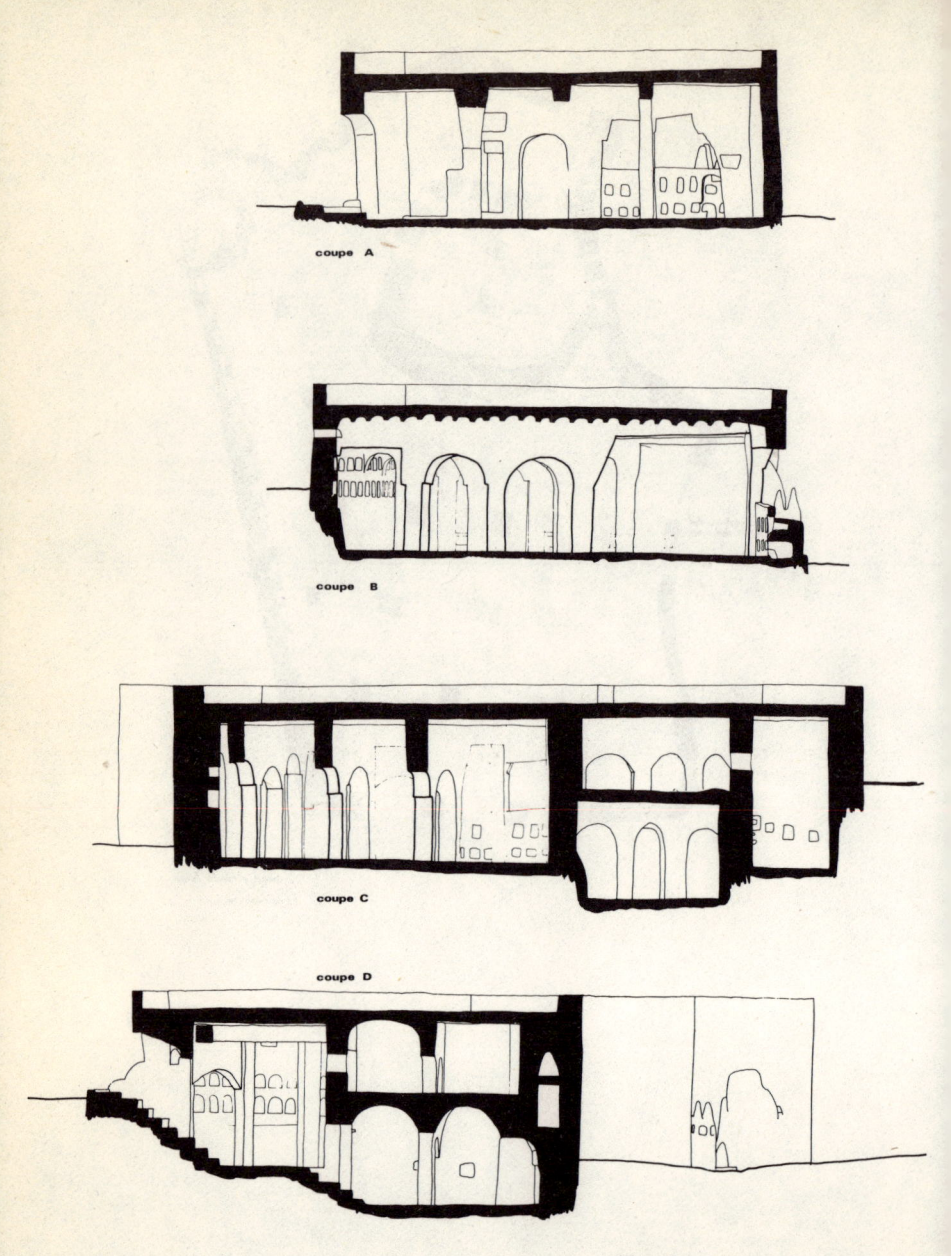

coupe D

Fig. 50. Le *mirhab*. ➡

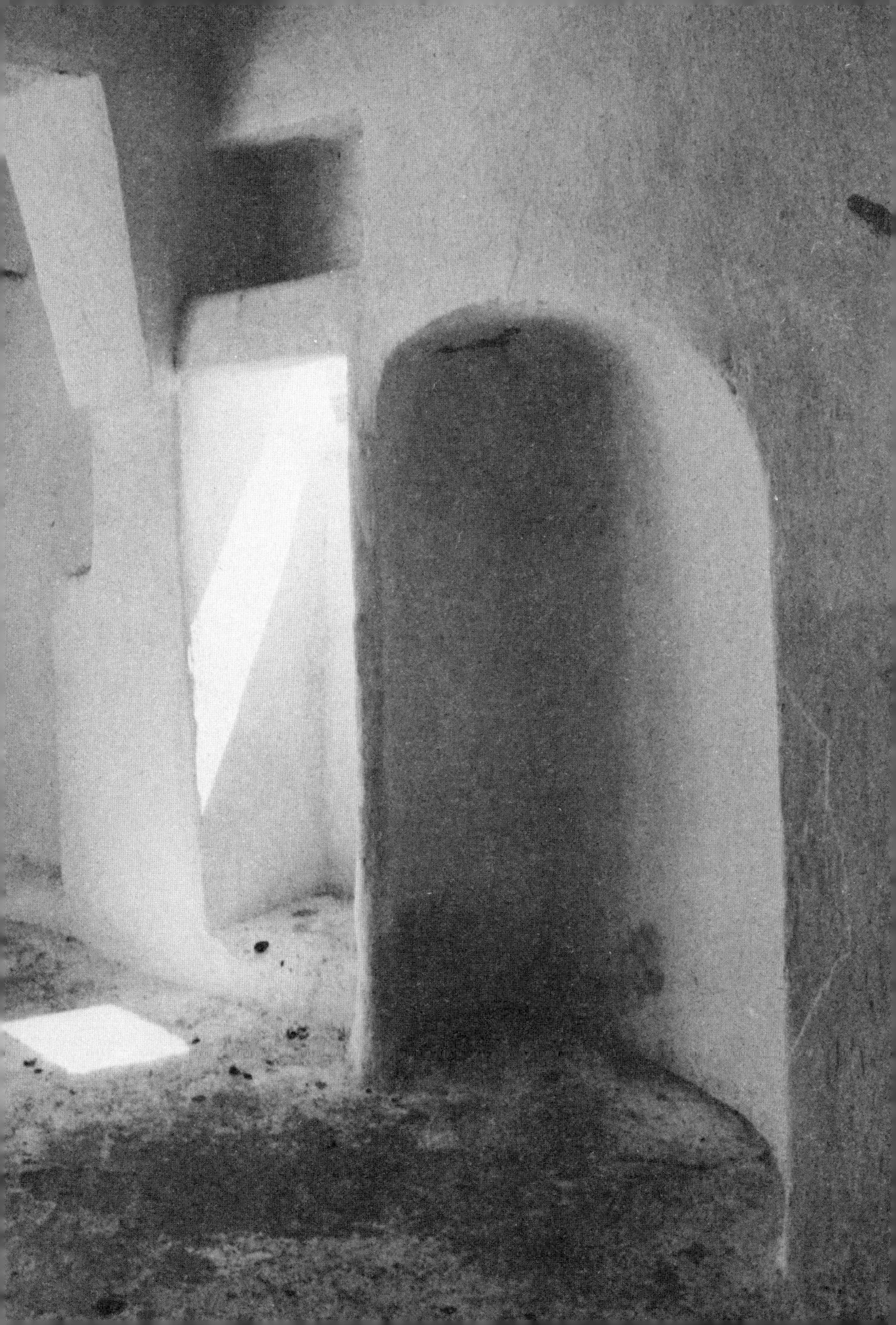

élevations

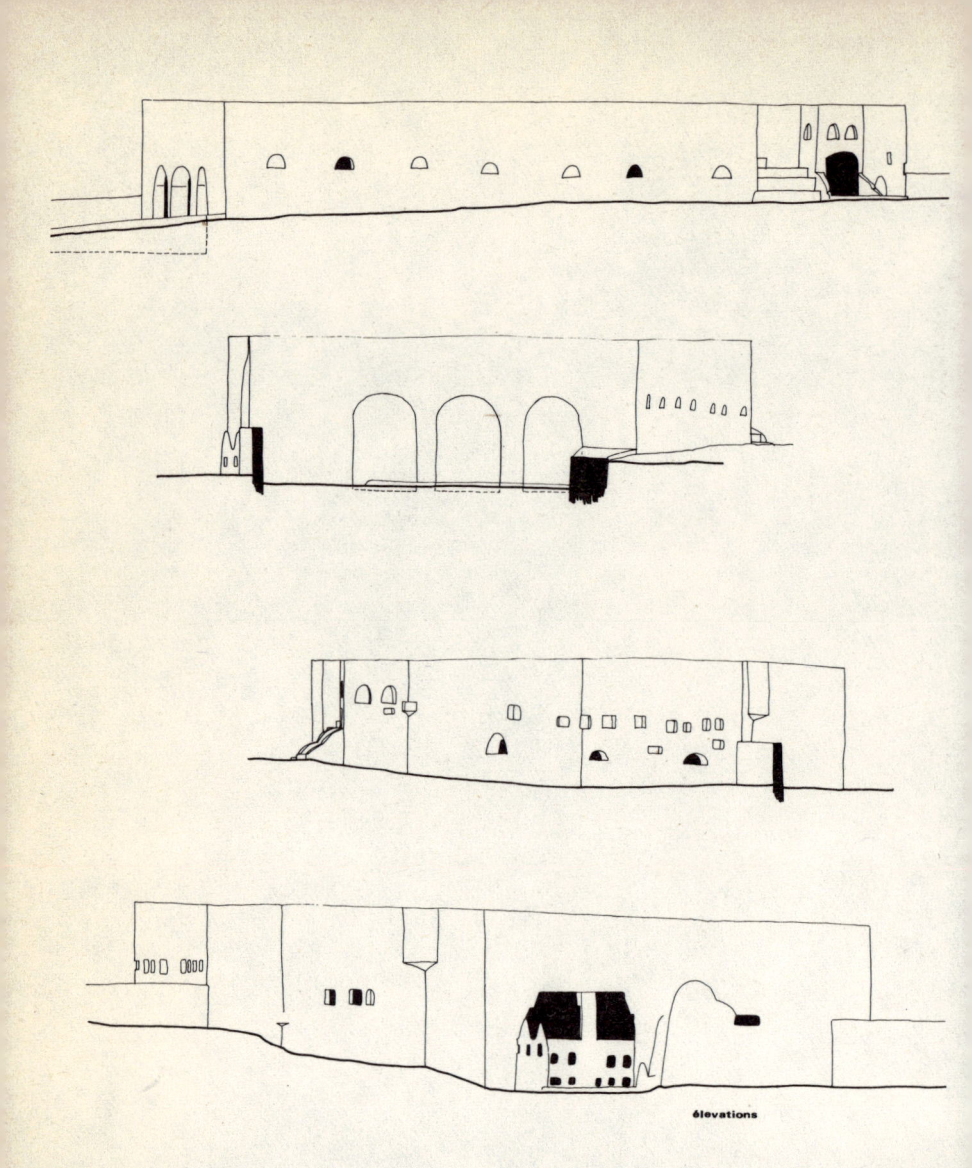

Fig. 51. Niches dans la salle de prières.

Index

1. Noms propres de lieux

Dans la vallée du M'Zab: ville, *ksour*, *oueds*, cimetières, mosquées, lieux-dits.

Ammi Saïd (cimetière et mosquée), 41, 49, 91, 117, 130. Relevé pp. 180 à 185.
Aouelaouel (*ksar*), 32.
Ar'ram baba Saad (*ksar*), 32
Ar'ram tal Azdit (*ksar*), 32
Azouil (*oued*), 27, 63.
Baba Ahmed (cimetière et mosquée), 49.
Beni Isguen, 15, 27, 32, 67, 41, 43 à 45, 49, 55 à 63, 72, 73, 107, 114. Relevé pp. 186-187.
Beni Isguen (marché), 58 à 61.
Beni Isguen (barrage), 61, 62, 134. Relevé pp. 212 à 217.
Bou Noura, 15, 27, 32, 36, 45, 49, 63, 67. Relevé p. 223.
Boukiaou (*ksar*), 32.
Daya ben Dahoua, 15, 27, 35, 66.
El Ateuf, 27, 32, 36, 45, 63 à 65, 108, 115, 117. Relevé p. 226.
El Ateuf (barrage), 27, 65.
El Ateuf (palmeraie), 32, 65.
Ghardaïa, 27, 32, 35, 43, 45, 49 à 55, 61 à 63, 66, 67, 92, 101, 113, 120. Relevé pp. 152, 153.
Ghardaïa (marché), 15, 50, 51 à 54, 130. Relevé pp. 174 à 179.
Mabertekh (*ksar*), 32.
Mamou Youssef (cimetière et mosquée), 49.
Melika, 27, 32, 35, 45, 49, 61 à 63, 107, 108, 120. Relevé pp. 218.
M'Zab (*oued*), 24, 27, 55, 62, 63, 65, 66.
Noumerate, 29, 66, 88.
N'Tissa (*oued*), 27, 55, 61, 134.
Ouadaï (*ksar*), 32, 62.
Rahbat (place). Ghardaïa, 50, 53.
Siddi Abbas (petite agglomération), 61.
Sidi Aïssa (cimetière et mosquée), 49, 62.
Sidi Bougdemma (cimetière et mosquée), 49, 99.
Sidi Brahim (cimetière et mosquée), 49, 65, 136. Relevé pp. 240 à 247.
Tafilalt (vieille ville de Beni Isguen), 55, 56, 58.
Tighzert (*ksar*), 32, 62, 67.
Tirichine (*ksar*), 32.

2. Noms propres de lieux

Hors de la vallée du M'Zab

Adrar, 20.
Alger, 23, 33.
Alger (*casbah*), 14.
Aoudaghost, 30, 67.
Aurès, 19.
Baçra, 30.

Berriane, 27, 32, 36, 39.
Chebka, 24, 31, 88.
Ciffin (bataille de), 29.
Dayas (région des), 23.
Djebel Nefoussa, 19, 30.
Djerba, 19, 30, 34, 36, 37, 67, 103.
El Goléa, 23, 28.
Gao, 30.
Guerrara, 27, 32, 33, 36, 39.
Hamada, 23.
Hassi Messaoud, 29.
Hassi R'Mel, 29, 66.
Ifriquiya, 30.
In Salah, 28.
Kairouan, 30.
Laghouat, 30, 33, 66.
La Mecque, 71.
Medéa, 28.
Metlili, 27, 35, 67.
Oman, 30.
Ouargla, 23, 28, 30, 50, 66, 67.
Righ (*oued*), 30.
Seb-Seb, 27.
Sedrata (Isedraten), 19, 30, 31, 32, 67, 110.
Sijilmassa, 30, 33, 67.
Souf, 30.
Tamanrasset, 23.
Tell, 28, 33, 34, 77.
Tiaret (Tahert), 5, 30, 36, 37, 67, 90, 110.
Timimoun, 20
Zab (monts du), 30.
Zanzibar, 30.
Zelfana, 27.
Zibans, 19, 30.

3. Le cadre de vie:

les villes et les maisons, les lieux, les matériaux, les éléments de construction.

Acrotères, 84, 91, 108, 111.
Arcs, arcatures, 92, 94, 101, 105, 116, 159, 175, 194, 198.
Cimetières (cfr aussi au nom du Santon), 48, 49, 50, 55, 61 à 65, 72, 100.
Colonnes (cfr piliers).
Coupoles, 100.
Défense (ouvrages de) cfr remparts.
Dellou, 24, 77.
Eau (alimentation et distribution), 23, 24, 39, 44, 45, 50, 55, 61, 65, 66, 77, 83.
Escaliers, 83, 84, 101, 104, 105, 197, 202. Relevé p. 201 , 202.
Foggara, 50.
Haouita (lieu de réunion de la *djemaa*), 53, 54.
M'çolla (lieu de prière en plein air), 49, 53, 58, 115. Relevé p. 237.
Médersa (école religieuse), 36, 38, 48, 55, 67, 107.
Mirhab, 48, 57, 58, 115, 245.
Mosquée (cfr aussi au nom du Santon), 42, 48 à 51, 55 à 58, 62 à 66, 91, 92, 100, 101, 105 à 108, 114, 117. Relevés pp. 180 à 185, 220 à 222, 238 à 241, 247.
Palmeraies, 50, 55, 61, 62, 63, 65, 66, 72, 85, 91, 92, 110.
Piliers, colonnes, 77, 92, 94, 100, 104, 116, 198.
Population, 36, 45.
Portes d'entrée des maisons, 46, 73, 74, 75, 90, 103.
Portiques, 51, 83, 92, 109, 117, 159, 161, 175, 194, 198.
Poutres, 77, 89, 90, 92, 94, 101, 104, 105, 110, 111. Relevé p. 243.
Remparts et ouvrages de défense, 43, 44, 50, 55, 56, 62, 63, 107, 114, 120. Relevé p. 211.
Rues, ruelles, 45 à 48, 53, 56, 61 à 63, 65, 108.
Seguia, 24, 39, 50.
Souk (cfr Place Rahbat; Ghardaïa, Beni Isguen), 48, 51, 58 à 62, 63, 65, 108.
Timchent (plâtre traditionnel), 88, 92, 94, 95, 99, 100, 101, 104.
Tisefri (salon des femmes), 79 à 83, 117, 161.

Tissage, métier à tisser, 28, 38, 72, 75, 77, 79 à 82, 117.
Toub (argile crue), 87, 92.
Voûtes, 99.

4. Les hommes, les groupes, les institutions

Vocabulaire politique et religieux.

Abdallah ben Ibadh (ou Abadh), 66.
Abderrahmane ibn Rostem, 30.
Abou Hatim Youssef (*imam* de Tahert), 67.
Abou Zekaria, 67.
Achira (cfr *fraction*).
Aïd el Kebir , 83, 85.
Ali, 29.
Al Idrisi, 67.
Amin el Mal (clerc qui gère les biens religieux), 40.
Azzaba (clerc supérieur), 40, 42, 73, 91, 101.
Bénédiction, 37.
Beni Brahim (Ibadhites envoyés à Metlili), 35.
Beni Merzoug, 35, 49, 51.
Cadi, 40.
Caïd, *hakem*, 33, 39, 40.
Chaamba, 27, 35, 36, 51, 62.
Cheikh, 30, 33, 37, 40 à 42, 50, 66.
Cheikh Ammi Saïd, 67.
Cheikh Bayoud, 33.
Chiites, 30.
Chourat, 30.
Çoffs (partis), 33, 35, 37, 39, 40, 48, 49, 65.
Coran, 31, 37, 40, 75, 110.
Djemaa (assemblée exécutive), 37, 39, 40, 41, 49, 54.
Esclaves, 30, 34, 62, 67.
Fatiha (verset du Coran), 48, 58.
Fatimides, 30.
Fraction, *achira*, 34, 35, 37, 38, 39, 42, 48, 49, 65, 91.
Gouverneur Général Randon, 33.
Gouverneur Général Tirman, 33.
Habous (biens), 40.
Hadith, 31.
Hadjba (maison de *fraction*), 38, 65, 108.
Halgat (assemblée religieuse), 40, 41, 42.

Homris (anciens esclaves noirs), 34.
Ibadhisme, Ibadhites (cfr aussi Kharedjisme), 30, 31, 32, 34, 35, 36, 40, 50, 55, 67.
Ibn Khaldoun, 67.
Ijtihad, 31.
Iman, imâmat, 30, 31, 36, 37, 40, 63, 90.
Ittifaquat (règlements de la *djemaa*), 39, 41, 42, 66.
Juifs, 36, 49, 51.
Kharedjisme, Kharedjites (cfr aussi Ibadhites), 29, 30, 31, 36, 66.
Machayakhs (cfr *Cheikhs*).
Malédiction, 37.
Malekisme, Malekites, 29, 35, 36.
M'dabih, 27, 35, 49, 51, 66.
Médersa (école religieuse), 36, 38, 48, 55, 68, 108.
Medjeles Sidi Saïd (assemblée des Sages), 41.
Mekhama, 36.
Mohamed (Mahomet), 29.
Mokkadem (représentant de la *fraction*), 38, 39, 40.
Mouedden cfr *muezzin*.
Mou'awia, 29.
Mouloud, 85.
Muezzin ou *mouedden*, 40.
Naïb (suppléant du *mokkadem*), 39.
Ouacilites (tribu Zénète), 31.
Population, 36, 45.
Ramadhan, 85.
Rostémides, 30, 37.
Soffrites, 30.
Sunna, 31.
Taleb (pl. *tolba*) (clercs), 30, 40, 66, 67.
Tamazir't (langue berbère), 36.
Tebria (excommunication), 38, 42, 71.
Timsiridines (assemblée religieuse des femmes), 41, 42, 58, 71.
Yacoub ben Aflah (*imam* de Tahert), 67.
Zénètes, 30, 31, 67.

Table des matières

Avant-propos	5
1. Définitions et mises au point	9
2. Le milieu	23
1. Données géographiques	23
- situation	23
- géologie - hydrographie	23
- climat	25
- agriculture	26
- élevage	26
- établissements humains	27
2. Données économiques	28
3. Histoire et population	29
- éléments de doctrine religieuse	31
- peuplement du M'Zab	31
- influences étrangères sur la confédération	32
- population	34
- les langues	36
4. Les structures sociales, politiques et religieuses	36
- la famille	37
- les structures sociales et politiques	38
- les structures religieuses	40
- conclusion	42
5. L'urbain	42
- les villes de la valléc	42
- Ghardaïa	50
- Beni Isguen	55
- Melika	62
- Bou noura	63

- El Ateuf	63
- Daya ben Dahoua	66
- Noumerate	66

3. Dans la maison — 69

4. L'architecture — 87
   1. Les matériaux — 87
   2. Les techniques de construction — 90
     - les fondations — 91
     - les éléments porteurs — 91
     - le franchissement horizontal — 94
     - enduits et revêtements — 101
     - les escaliers — 101
     - les conduits de ventilation et de fumée — 103
     - les ouvertures: fenêtres et portes — 103
     - les évacuations — 104
     - les dimensions — 104
   3. A propos du type de construction — 106

5. Persistances et changements — 113

Glossaire — 123

Quelques remarques à propos des relevés — 127

Bibliographie — 137
   1. Bibliographie générale — 137
   2. Bibliographie spécifique — 137

Planches — 149

Index — 249

Printed in Belgium by Solédi - Liège.